Edelgard Spaude

Eigenwillige Frauen in Baden

Edelgard Spaude

Eigenwillige Frauen in Baden

ROMBACH VERLAG

Auf dem Umschlag: Emma Herwegh. Ausschnitt aus dem
                      Ölgemälde von Friederike Miethe, 1838

Die Deutsche Bibliothek – CIP-Einheitsaufnahme

Spaude, Edelgard:
Eigenwillige Frauen in Baden / Edelgard Spaude. –
1. Aufl. – Freiburg im Breisgau : Rombach, 1999
  ISBN 3-7930-0890-8

© 1999. Rombach Druck- und Verlagshaus GmbH & Co. KG,
Freiburg im Breisgau
1. Auflage. Alle Rechte vorbehalten
Umschlaggestaltung: Barbara Müller-Wiesinger
Satz und Repro: post scriptum, Freiburg im Breisgau
Herstellung: Stiehler Druck & media GmbH, Denzlingen
Printed in Germany
ISBN 3-7930-0890-8

Inhalt

5

Vorwort

Eigenwillige Frauen, solche die Initiativen entwickelten, sich nicht in allem den herrschenden Konventionen des 19. Jahrhunderts unterordneten, die mutig genug waren, das durchzusetzen, was sie bewegte, wozu sie sich berufen fühlten – es gab sie, und es waren viel mehr, als man annimmt. Doch obwohl viele von ihnen, wie z. B. die Schriftstellerinnen Hermine Villinger, Wilhelmine von Hillern oder Elisabeth von Heyking beachtliche Erfolge hatten und mit ihren Werken hohe Auflagen erreichten, sind sie heute meist vergessen. Nicht besser erging es Malerinnen, Komponistinnen oder anderweitig künstlerisch tätigen Frauen. Im Zuge der zahlreichen Veranstaltungen, die an die Revolution von 1848 erinnerten, wurden mindestens die Namen von Emma Herwegh oder Amalie Struve hin und wieder einmal erwähnt.

Die Auswahl der in diesem Buch vorgestellten Frauen ist willkürlich. Es kam mir hauptsächlich darauf an, ihren Wirkungskreis und die sich immer wieder stellenden Probleme innerhalb verschiedener Lebensbereiche darzustellen. Die Konstanzer Malerin Marie Ellenrieder, die heute meist im Schatten ihrer berühmteren Kollegin Angelika Kauffmann steht, mußte sich ihren Ausbildungsplatz an der Münchner Akademie erkämpfen, um dann auf einer ihrer Italienreisen festzustellen, daß sie im Kreis ihrer männlichen Kollegen nicht unbedingt wohlgelitten war. Louise Adolpha Le Beau war ebenfalls in einen ausschließlich männlichen Kreis eingedrungen: Sie komponierte, und allein die Tatsache, daß sie als Frau mit ihren Kompositionen auf der Konzert- und

Opernbühne Fuß zu fassen versuchte, genügte bereits vielen, um sie und ihre Arbeit von vornherein gering zu schätzen. Besser erging es Amalie Haizinger und ihrer Tochter Louise Neumann, die beide als Schauspielerinnen Furore machten. Die Schauspielbühne, und ganz besonders, wenn es sich um eine solch renommierte wie die des Wiener Burgtheaters handelte, war eine gesellschaftlich anerkannte Domäne. Schauspielerinnen und Sängerinnen hatten die einzigen Berufe, in denen Frauen und Männer im 19. Jahrhundert tatsächlich gleichberechtigt waren.

Im Leben der Emma Herwegh, die während der 1848er Revolution mehr Mut und Entschlußkraft als viele der daran beteiligten Männer bewies, gab es ein ständiges Auf und Ab. Sie meisterte es mit bewundernswerter Disziplin, auch dann, wenn sie von vielen die Folgen zu spüren bekam, wenn sie sich außerhalb der gesellschaftlichen Normen und Konventionen bewegte.

Ganz anders verlief der Lebensweg von Henriette Feuerbach und Maria Ursula Gött. Sie sorgten sich, solange ihre Künstler-Söhne lebten, um deren Wohlergehen und Vorwärtskommen. Anselm Feuerbach und Emil Gött setzten ihre eigenen Wege unbeirrt auch dann fort, wenn es über die psychische, aber auch über die finanzielle Kraft der Mutter ging. Beide wären ohne diese unentwegte Hilfe wohl kaum in der Lage gewesen, ihre künstlerischen Fähigkeiten zu entfalten. Welch einer enormen Energie dies bedurfte, ist den Briefen und Aufzeichnungen der beiden Frauen zu entnehmen.

Großherzogin Stephanie scheint unter den Frauen, deren Lebensläufe in diesem Buch beschrieben werden, auf den ersten Blick diejenige zu sein, die das sorgloseste und privilegierteste Leben geführt hat. Doch auch der kleinen Hauptmannstochter, die den großen Napoleon bewunderte, wurde einiges abverlangt, vor allem deshalb, weil es lange Zeit in ihrem Leben immer jemanden gab, der ihr vorschrieb, was sie zu tun und zu denken hatte.

Adelheid Steinmann schließlich gehörte der Frauenbewegung an. Sie kämpfte für mehr und bessere Bildung der Mädchen und

Frauen, für die gleichen Rechte, wie sie den Männern zugestanden wurden. Daß dies zu Beginn des 20. Jahrhunderts noch auf vielerlei Schwierigkeiten, auch in den Reihen der Reformerinnen selbst, stieß, ist kaum verwunderlich.

In den elf Lebensläufen lassen sich viele Gemeinsamkeiten entdecken. Nicht nur die äußerliche Tatsache, daß alle mindestens einen Teil ihres Lebens im Badischen verbracht hatten, verbindet sie, sondern beispielsweise auch die immer wiederkehrende Klage, keine ausreichende Schulbildung genossen zu haben. Hermine Villinger litt noch als anerkannte Schriftstellerin unter diesem Mangel, obwohl sie aus eigener Initiative beständig versuchte, sich weiterzubilden. Genauso empfanden dies Marie Ellenrieder, Louise Neumann, die Tochter der Amalie Haizinger, und Maria Ursula Gött.

Viele weitere Verbindungslinien lassen sich ziehen. Henriette Feuerbach und Emma Herwegh waren befreundet, Hermine Villinger und Wilhelmine von Hillern kannten sich ebenfalls, und beide hatten sich einst der sachlich-strengen, mitleidlosen Kritik des Karlsruher Hofintendanten Eduard Devrient beugen müssen. Seine unvoreingenommene Bewunderung galt Amalie Haizinger und ihrer Tochter. Die Haizingers hatten in Louise Adolpha Le Beau eine gute Bekannte gefunden. Sie hatte bei Anton Haizinger Gesangsunterricht gehabt und begleitete den Sohn Tony Haizinger im Familienkreis bei seinen Gesangsvorträgen am Klavier. Sehr viel Interesse für Kunst und Theater bewies Großherzogin Stephanie, zu deren Bekanntenkreis wiederum Amalie Haizinger zählte. Der junge Anselm Feuerbach versuchte noch als Schüler, eines der Werke von Marie Ellenrieder nachzuzeichnen. Diese ganz unterschiedlichen Berührungspunkte zeigen, wie eng verflochten teilweise das künstlerische und gesellschaftliche Leben im badischen Südwesten war.

Viel Interessantes ist noch in Archiven begraben und wartet darauf, entdeckt zu werden, was nicht immer einfach ist. Doch durch die Hilfe der Mitarbeiter des Archivs der Badischen Landesbibliothek in Karlsruhe, des Archivs der Universitätsbibliothek Freiburg und des Freiburger Stadtarchivs klärten sich offene Fragen. Ihnen habe ich zu danken sowie all den anderen lieben Herren, die mich bei der Arbeit unterstützt haben. Tobias Hölker hat unermüdlich und ideenreich bei der schwierigen Materialsammlung geholfen und auch tapfer einen Weg gesucht und gefunden, einem wissenschaftlichen Archiv Material zu entlocken, zu dem ausschließlich Frauen Zutritt haben. Vielleicht sollte man es hier mit der Emanzipation doch etwas ernster nehmen. Stefan Krauss kümmerte sich um die Qualität der Abbildungen und des Layouts. PA hat sich geduldig über Monate hinweg über das Leben der jeweiligen Damen unterrichten lassen, hat musikwissenschaftliche Dokumente beigetragen und sich schließlich die Mühe gemacht, das Ergebnis kritisch zu lesen. Außerdem hat er mit seinen Kochkünsten für eine kulinarische Unterbrechung vieler arbeitsreicher Tage gesorgt.

Ganz zum Schluß geht mein Dank an Barbara, die das Titelbild entworfen und immer Verständnis gehabt hat, wenn ich nie Zeit hatte.

Freiburg i. Br., im September 1999   Edelgard Spaude

Stein gesellschaftlichen Anstoßes und Schriftstellerin mit Sensationserfolgen

ELISABETH VON HEYKING
1861–1925

In geordneten und ruhigen Bahnen verlief das Leben der Elisabeth von Heyking nur in ihrer Jugend. Danach verstieß sie gegen alle Tabus, die das eingefahrene System der Gesellschaft gegen Ende des 19. Jahrhunderts aufgebaut hatte: Sie brach aus der Ehe mit einem wohlsituierten und angesehenen Professor aus, um mit dem Mann zusammenleben zu können, den sie liebte, machte die Intrigen und Hetzkampagnen, die sich von da an gegen sie wandten, öffentlich, behauptete sich in der Berufswelt ihres Mannes, verfaßte Romane und Novellen, die teilweise starke biographische Züge aufweisen, machte auch vor Tabu-Themen nicht halt und konnte damit sogar beachtliche finanzielle Erfolge erzielen. Eine derartige Ignoranz gegenüber der herkömmlichen Rollenverteilung durfte nicht ungestraft bleiben. Und so beteiligten sich mit großem Enthusiasmus männliche und beinahe noch intensiver die weiblichen Mitglieder der guten Gesellschaft daran, solch unheilvolles Treiben zu torpedieren.

Begonnen hatte der Lebensweg der Elisabeth von Heyking in Karlsruhe. Hier wurde sie am 10. Dezember 1861 als Gräfin Elisabeth Luise Auguste Helene von Flemming geboren. Sie war ein spätes Kind: Der Vater, preußischer Gesandter am badischen Hof, war bei ihrer Geburt bereits 48 Jahre alt, die Mutter – eine Tochter von Bettine und Achim von Arnim – hatte ebenfalls schon das vierte Lebensjahrzehnt erreicht. Als junge Frau hat Elisabeth von Heyking ihrem Tagebuch anvertraut, wie sehr sie darunter gelitten hat, »alte Eltern gehabt zu haben, die man der Natur nach sehr früh verlieren muß«. Man entbehre die »natürlichen, besten Tröster, man verliert auch die, vor denen Lorbeer und Erfolge Wert gehabt hätten«.[1] Für die Erziehung, die die Künstlerin Marie von Bunsen, eine Freundin der Familie, in ihren Erinnerungen als »verwöhnend, doch wohl etwas unklug« bezeichnete,[2] war in der Hauptsache die künstlerisch begabte Mutter verantwortlich, die im Arnimschen Elternhaus sowohl geistige Selbständigkeit als auch intellektuelle Hingabe an die romantischen Strömungen erlebt hatte. Bettine von Arnim war der politischen Emanzipation der Frau gegenüber positiv eingestellt und hatte sich trotz aller schwärmerischen Züge, die ihr Werk prägen, der Vorstellung eines humanitären Sozialismus angenähert – Geisteshaltungen, die sich unschwer im Leben ihrer Enkelin wiederfinden lassen.

In relativ sorgloser Atmosphäre wuchsen Elisabeth und ihre drei Jahre jüngere Schwester Irene in Karlsruhe auf. Während letzterer bereits der Besuch einer öffentlichen Schule erlaubt wurde, blieb Elisabeth der Schonraum der privaten Erzieherinnen und Hauslehrer vorbehalten. Ihre Neigungen und ihr Interesse für Literatur und Malerei wurden auf diese Weise zwar optimal gefördert, Erfahrungen außerhalb des familiären Kreises beschränkten sich jedoch auf die Gesellschaft gleichgesinnter und gleichgestellter Freunde und Bekannte, so daß es kaum verwundert, daß Elisabeth – ein Jahr nach dem Tod der Mutter – recht ahnungslos in ihre erste Ehe hineinstolperte. Sie akzeptierte den Heiratsantrag des strebsamen Privatdozenten Stephan Gans Edler zu Putlitz, Sohn des Dichters und Intendanten des Badischen Hoftheaters Gustav zu Putlitz. Die Familie zählte in Karlsruhe zur »guten Gesellschaft«, und es »gehörte lange Jahre zum guten Ton [...], ›bei Putlitzens‹ eingeführt zu sein; niemand von Bedeutung« kam in die Stadt, »ohne hier vorzusprechen«.[3] Weder Elisabeths Vater, Graf von Flemming, noch die Eltern des Bräutigams konnten zwar eine gewisse Skepsis angesichts dieser Verbindung verheh-

12

len, doch zumindest Flemming war letztlich recht froh, wenigstens der Verantwortung für eine Tochter enthoben zu sein. Die zukünftige Ehefrau sah mit großen Erwartungen ihrem Leben in Berlin entgegen, wo Stephan zu Putlitz eine Professur für Nationalökonomie antreten sollte. Er schwelgte »in stillem Glück« und gedachte – so der Karlsruher Freund Heinrich Vierodt, der einem zeitgenössischen Literaturführer zufolge »zu den charaktervollsten Dichtern seiner Zeit« gehört habe[4] – »an der Seite einer geliebten jungen Frau ein stillbeglücktes Privatdozentendasein« zu führen.[5] Sie erhoffte sich endlich ein abwechslungsreicheres Leben als sie dies bislang in der badischen Provinz geführt hatte.

Viel später wird die Schriftstellerin Elisabeth von Heyking die Erfahrungen, die sie als naive und arglose junge Frau gemacht hatte, immer wieder aufnehmen und in ihren Werken verarbeiten. Sie steht damit keineswegs allein, vielmehr sind diese symptomatisch für Generationen wohlbehüteter Töchter aus Adel und höherem Bürgertum, in der der Schein einer glücklichen Ehe nach außen hin unter allen Umständen gewahrt werden mußte und deren Scheitern als Katastrophe empfunden wurde, die jedes Familienmitglied betraf.

In ihrem Roman *Ille mihi,* der zwischen 1904 und 1911 entstand, sind zahlreiche autobiographische Momente und Motive eingearbeitet, die einen Eindruck vermitteln von der Lebenssituation, wie sie ähnlich auch die junge Elisabeth erlebt hat: Von der schwärmerischen Verliebtheit der 17jährigen Protagonistin Ilse ist hier die Rede, die von fern einen Leutnant in fescher Uniform anhimmelt und auf die Nachricht hin, daß dieser sich verlobt habe, zwar ein wenig der fernen, nie erfüllten Liebe nachtrauert, wenig später aber – etwas erstaunt, doch ohne große Emotionen – den vom Vater übermittelten Heiratsantrag eines preußischen Gutsbesitzers annimmt. Obwohl der Bräutigam mit seiner etwas unglücklichen Figur und der schwerfälligen, überheblichen Art nicht die geringste Ähnlichkeit mit dem Helden ihrer Träume hat, ist Ilse nicht unzufrieden, denn sie erwartet, daß ihr als künftiger

Gutsherrin verantwortungsvolle Aufgaben übertragen werden, und diese will sie tatkräftig in Angriff nehmen. Doch die Realität sieht anders aus: Als Gutsherrin dominiert nach wie vor die Schwiegermutter, die sich vorgenommen hat, die junge Frau »zu formen«. Das von ihr eingebrachte Vermögen wird ohne ihre Zustimmung sofort für die Erweiterung des Gutes verwendet. Die Beschreibungen, die Elisabeth von Heyking von den ersten Eindrücken ihrer Heldin im neuen Heim liefert, haben tragikomische Züge. Das junge Paar zieht selbstverständlich in das von den Eltern vererbte Schlafzimmer mit seinen düsteren Bildern und Möbeln mit selbstgestickten Straminverzierungen, mit den »in Nußbaum geschnitzten Betten, dicht nebeneinander, gemischte Vorstellungen von Altar und Schlachtfeld erweckend«. Und auf dem schneeweißen Kopfkissen liegt ein Buch als Willkommensgeschenk der Schwiegermutter: *F. A. Ammon. Mutterpflichten* mit der Widmung: »Meiner Schwiegertochter zur Beherzigung.«[6]

Eine gewisse Brisanz erhielt dieser Roman nicht nur durch die bissigen Charakterisierungen der Familienmitglieder, deren Vorbilder unmittelbar in der Verwandtschaft ihres Mannes zu suchen waren, sondern weit mehr noch durch die für jene Zeit geradezu skandalös ungenierte Erwähnung der Sexualität:

> Ilse lernte zwei ganz verschiedene Inkarnationen desselben Theophil kennen. Da war der Theophil der Tage, gemessen und würdevoll; in Geste und Tonfall an Kanzel- und vaterländische Vereinsredner mahnend, deren Sätze auf Amen oder Hurra auszuklingen pflegen. [...] Und daneben gab es einen ganz anderen Theophil, jenen, der, wie manche Kakteen- und Violensorten, nur mit einbrechender Dunkelheit sein wahres Wesen offenbarte. Sobald die ihm Halt verleihende Tagesgewandung von ihm abglitt, gingen seine ungelenken Glieder wie ausgerenkt auseinander, und mit dem allzu kleinen Kopf auf dem allzu langen Halse und den abschüssigen Schultern glich er dann in seiner Dalbrigkeit einer verliebten Giraffe. Mit heißem Atem in ihr Ohr flüsternd, nannte sie dieser Theophil: ›Mein Lutschbonbonchen!‹

Ja, immer genauer lernte sie die beiden so verschiedenen Inkarnationen kennen! Lernte auch beobachten, daß, je ungemessener der eine Theophil sich seinen Gefühlsäußerungen hingegeben hatte, der andere um so feierlicher des nächsten Tages war. Als schäme er sich nachträglich dessen, was er einige Stunden vorher doch Liebe genannt. Als fürchte er, sich durch dies Gefühl zu sehr an Ilse zu verlieren und etwas von der Autorität einzubüßen, die ihm als Mann von Zehren zustand.[7]

Solche und ähnlich geartete Erfahrungen teilte die Schriftstellerin zweifellos mit den meisten ihrer großbürgerlichen und adeligen Zeitgenossinnen, für die sexuelle Aufklärung in ihrer Erziehung nie ein Thema gewesen war.

Auch die merkwürdige Angewohnheit der Putlitzens, während der Aufenthalte auf dem familieneigenen Gut Groß-Pankow häufig zur Grabstelle auf dem Friedhof zu pilgern, um dort Besuchern vorzuführen, wo man dereinst die ewige Ruhe zu finden gedenke, hat Elisabeth von Heyking in ihren Roman recht sarkastisch eingearbeitet. Heinrich Vierodt hatte das Vergnügen, einen solchen Ausflug selbst mitzuerleben: »Am Abschiedstage führte der edle Dichter [Gustav zu Putlitz] mich auf seinen Familienfriedhof und wies mir den Platz, wo er zu schlummern hoffe.«[8]

Anders als ihre Romanheldin war Elisabeth zu Putlitz zwar nicht auf Dauer auf ein Gut in nordöstlicher Einöde verbannt, sondern genoß als Zierde an der Seite ihres Mannes jene gesellschaftliche Reputation, die ihm als Universitätsprofessor in Berlin zukam. Und sie traf auf weltoffenere und weit gereiste Gesprächspartner, von denen einer der aus Riga stammende Baron Edmund Friedrich Gustav von Heyking (1850–1915) war. In ihn, der seit 1880 als Rat im Auswärtigen Amt in Berlin nicht ohne Grund auf eine große Karriere im diplomatischen Dienst hoffte, verliebte sie sich Hals über Kopf. Für sie kam nur noch die Scheidung in Frage. Daran konnte sie auch nicht der Gedanke an die 1882 geborene Tochter Stephanie hindern. Stefan zu Putlitz aber, der im Sommer 1883 eine Professur in Halle hätte antreten sollen, ertrug diese Blamage nicht und beging Selbstmord. Der Skandal war perfekt.

In den drei Bände umfassenden Aufzeichnungen und Briefen der Familie Putlitz, die von Elisabeths damaliger Schwiegermutter Elisabeth zu Putlitz zusammengestellt und herausgegeben worden sind, findet sich nur an einer Stelle ein Hinweis auf dieses tragische Ereignis und seine Folgen. In einem Brief schrieb Elisabeth zu Putlitz:

> Es ist für mich völlig unmöglich, auf diesen Tod und die näher damit verbundenen Einzelheiten einzugehen. Die tief tragischen Konflikte und die trostlosen Konsequenzen, welche Stephan's Tod über uns und unsere ganze Familie warf, zogen sich durch mehrere Jahre, und obschon Gustav es versucht, sich mit Ergebung dem Willen Gottes zu beugen, der dieser unsagbar schweres Schicksal, das uns traf, zuließ, so war er seitdem doch ein gebrochener Mann.[9]

Nach Ablauf des Trauerjahres heirateten Elisabeth und Edmund von Heyking. Doch das Glück blieb nicht ungetrübt. Die Verwandten ihres ersten Mannes verziehen ihr nicht. Der Schwiegervater, einst Abgeordneter des preußischen Landtages und Kammerherr des Königs, verfügte noch über genügend Verbindungen bei Hofe und in diplomatischen Kreisen, um den Heykings das Leben schwer zu machen. Die Hoffnungen Edmund von Heykings auf einen einflußreichen und angesehenen Diplomatenposten innerhalb Europas erfüllten sich nicht. Für das Paar begann ein unstetes Wanderleben, das um den ganzen Erdball führte. Als Legationsrat und stellvertretender deutscher Konsul wurde Heyking nach New York geschickt, als Konsul nach Valparaiso, als Generalkonsul nach Kalkutta und Kairo, als Gesandter nach Peking, Mexiko und Belgrad. Nie war sich das Paar sicher, ob überhaupt und wenn, dann welchen Posten Heyking bekleiden würde. Elisabeth begleitete ihren Mann überall hin. Ihre Tagebücher geben lebhafte Einblicke: Von steten drückenden Sorgen ist die Rede, so z. B. wenn sie von gut gemeinten Ratschlägen berichtet, die empfehlen, doch häufiger »auf Urlaub« zu gehen; wobei sie natürlich nicht sagen konnten, daß sie »dazu die Mittel nicht hatten«.[10] Doch die Aufzeichnungen erzählen auch davon, daß sie lange, teilweise unbequeme Reisen auf sich nahmen, um möglichst viel von der Landschaft und Kultur der fremden Länder kennenzulernen. Nach Baden führte sie ihr Weg nur noch selten, erst später, als Heyking dem badischen Großherzog Bericht zu erstatten hatte oder die Tochter Stephanie in der Großherzogin-Luise-Haushaltsschule untergebracht wurde, sah Elisabeth von Heyking ihre Heimat wieder und erinnerte sich auf der Reise an Altbekanntes: das Schloß, wohin sie als Kind so oft gebracht wurde, »um mit Prinzeß Vicky [Prinzessin Viktoria, Tochter des Großherzogs Friedrich von Baden, spätere Königin von Schweden] zu spielen«.[11] Und wehmütig konstatierte sie die zahlreichen Veränderungen: »Vieles hat sich verwandelt. [...] Auf der Wiese, wo unsere Ziegen weideten, steht eine Villa mit herrlichem Gar-

Elisabeth von Heyking

ten; der untere und der obere Kuhweg sind verschwunden in
einer Fülle von Pensionen. Es ist alles so verändert. Weiter unten
konnte ich in der Masse von Straßen und Häusern die Villen von
Turgenieff und Mme. Viardot nicht mehr finden.«[12]
Ausschlaggebend dafür, daß Elisabeth von Heyking so selten Gelegenheit hatte, ihre badische Heimat zu besuchen, war ihr Engagement für den Beruf und die Pflichten ihres Mannes. Im Gegensatz zu den anderen Diplomatengattinnen nahm sie stets sehr
lebhaften Anteil an seiner Karriere. So notierte sie beispielsweise
am 9. September 1889 in ihrem Tagebuch: »ich habe noch nicht
verlernt, für Edmund ehrgeizig zu sein«.[13] Sie interessierte sich für
die fremden Kulturen, versuchte, sich in deren Sprache zurechtzufinden. Daneben war sie eine unersättliche Leserin, wollte soviel wie möglich über Geschichte, Kunst und Dichtung erfahren.
Ihre Lektüre reichte von Arthur Schopenhauer bis George Elliot
und George Sand, die sie jeweils mühelos in den Originalsprachen
las, sie setzte sich mit Treitschkes *Geschichte des 19. Jahrhunderts*
auseinander, las voller Begeisterung Ibsens *Nora*.
Obwohl die politische Haltung der Heykings absolut kaisertreu
war, verschlossen sie sich dennoch nicht vor den Problemen, die
die kolonialen Besetzungen für die Einheimischen mit sich brach-
ten. Besonders in ihrem ersten und erfolgreichsten Werk *Briefe,
die ihn nicht erreichten,* das 1903 zunächst noch anonym erschien,
benannte sie sehr klar die Folgen der europäischen Kolonialpo-
litik. Schlagworte wie Patriotismus, Expansion, neue Absatzge-
biete oder notwendige militärische Stützpunkte konnten sie nicht
beeindrucken. Sie sah darin eher ein Alibi für ungerechtfertigte
Vereinnahme.[14] Ihre Kritik traf ebenso die Amerikaner, die den
Indianern »das Land genommen« und ihnen dafür »Trunksucht
und Epidemien gebracht« hatten.[15] Die konservative Grundhaltung, die eine eher idealistisch geprägte Auffassung von einer
»sanften« Führung befürwortete, verhinderte nicht die klare Sicht
auf unübersehbare Tatsachen, auf die Notwendigkeit, fremde Le-
bensweisen zu akzeptieren, was der Überheblichkeit und Ver-

18

achtung der Angehörigen der Kolonialmächte allzu oft nicht im mindesten in den Sinn kam, wie die Überzeugung der Vorsitzenden des Frauenbundes der Deutschen Kolonialgesellschaft belegt:

Bis die Erziehung der Eingebornen, die in verschiedenen Landesteilen verschieden veranlagt sind, gelungen ist, sollten Deutsche die Pflege und Erziehung ihrer Kinder von Jugend an nur selbst oder mit weißen Hilfskräften leiten. Aus pädagogischen Gründen ist die Einwirkung der Eingebornen mit ihrem aus Schlauheit, Faulheit und Lügen vermischten Wesen zu verwerfen.[16]

Sowohl das Tagebuch als noch viel mehr die *Briefe, die ihn nicht erreichten* lassen aber auch erkennen, daß die Beziehung der Heykings keineswegs ungetrübt war. Die Belastungen, denen die Ehe ausgesetzt war, hinterließen ihre Spuren. Schon 1889 notierte Elisabeth in Kalkutta: »Edmund ist mir hier ganz fremd geworden, hat gar nicht mehr das Bedürfnis, sich mit mir auszusprechen.«[17] Die Gründe waren vielfältig. Einmal waren es die immer wieder durch die Wirksamkeit der »gräßlichen Intrigen der Putlitze via Asseburgs und Fräulein von Gerssdorff«[18] zunichte gemachten Hoffnungen auf einträglichere und prominentere Posten. Im zweiten Band des Romans *Ille mihi* beschrieb Elisabeth von Heyking ausführlich die perfiden Mittel, mit denen es die frühere Familie schaffte, aus ihrem jetzigen Mann einen »Diplomaten 2. Klasse« zu machen. Hinzu kam ein Gefühl der Heimatlosigkeit, außerdem der belastende Gedanke, die Schuld am Tod ihres ersten Gatten zu tragen. Schon vier Jahre nach ihrer zweiten Heirat klingt die Lebensbeschreibung der erst 27jährigen Elisabeth mehr als pessimistisch:

Kein Rest mehr von dem Home der Kindheit, das Haus verkauft, die Bewohner gestorben und zerstreut, Unrecht getan und Unrecht erduldet, Freunde verloren, lange tief verbittert gewesen und um gescheiterte Hoffnungen getrauert, dann allmählich ruhiger, versöhnter geworden mit Dankbarkeit für das viele, was doch noch geblieben. Das ist meine Geschichte.[19]

Geblieben waren ihr zum Zeitpunkt dieser Notiz vor allem die Tochter Stephanie und der 1885 geborene Sohn Alfred, dem 1891 noch Günther folgte. Ein gemeinsames Familienleben fand jedoch nur einige Jahre statt, da sich die Heykings entschlossen hatten, die Kinder von 1893 an in der Obhut einer Erzieherin in Deutschland zu lassen. Um die zweijährige Tochter Stephanie aus der ersten Ehe hatte es von 1884 an einen öffentlich ausgetragenen Machtkampf zwischen dem früheren Schwiegervater und der Mutter gegeben, der schließlich vor Gericht entschieden wurde. Friedrich Weill, der Anwalt, den Elisabeth von Heyking um Hilfe gebeten hatte, beschrieb diese merkwürdigen Vorkommnisse 40 Jahre später in der Beilage des *Karlsruher Tagblattes*[20] in aller Ausführlichkeit: Die Tochter Stephanie war auf Putlitzens Wunsch hin zum »Trost über den Verlust des Sohnes« dem Großvater übergeben worden, bevor ihre Mutter nach dem Freitod ihres Mannes »der angegriffenen Gesundheit wegen« für ein halbes Jahr nach Italien übergesiedelt war. Daß der jungen und verliebten Elisabeth dadurch sorgenfreies Reisen mit Baron von Heyking möglich wurde, war für sie sicherlich ein willkommener Nebeneffekt, der sich jedoch äußerst nachteilig auswirken sollte. Nach der Heirat im Frühjahr 1884 drängte das Ehepaar auf Herausgabe des Kindes, die aber von Gustav zu Putlitz mit der Begründung verweigert wurde, durch die zweite Ehe sei dieser Anspruch hinfällig, außerdem habe das Verhältnis bereits zu Lebzeiten seines Sohnes bestanden. Jetzt hatten die Heykings auch Karlsruhe einen Skandal beschert. Der Anwalt Friedrich Weill wurde beauftragt, vor dem Landgericht Klage gegen Putlitz zu erheben. 40 Jahre berichtete er nicht ohne Stolz über einen seiner ersten Fälle:

> Es gehörte aber auch ein gewisser Mut und viel Unabhängigkeitsgefühl dazu, in der damaligen kleinen Residenz gegen einen so mächtigen Mann wie den Generalintendanten des Hoftheaters, der sich der Gunst der höchsten Kreise erfreute, und die Sympathie der hiesigen Gesellschaft auf seiner Seite hatte, mit derjenigen Entschiedenheit aufzutreten, die das Interesse der Klientin verlangte.[21]

Der Rechtsstreit wurde vor dem Vormundschaftsgericht, Amtsgericht und Landgericht in Karlsruhe ausgetragen, wo man aber jeweils angesichts der Prominenz des Beklagten äußerst vorsichtig agierte. Auch der amtlich bestellte Gerichtsvollzieher, dem das Kind hätte übergeben werden sollen, zog sich eingeschüchtert zurück. Schließlich genossen die Putlitzens höchstes Ansehen. Erst die Entscheidung eines Berliner Gerichtes konnte die Großeltern, denen es vermutlich undenkbar erschien, die Erziehung des Kindes einer jungen und in ihren Augen verantwortungslosen Frau zu überlassen, zur Herausgabe Stephanies bewegen. Die Art und Weise, wie sich Elisabeth von Heyking später über ihren ehemaligen Schwiegervater äußert, ist geprägt von absolutem Unverständnis für sein Verhalten. Während Putlitz überall den Ruf hatte, »gütig und liebenswürdig«[22] zu sein, entwickelte er sich in Elisabeth von Heykings Augen zu einem wahren Schreckgespenst, dessen einziges Interesse darauf zielte, ihr die Tochter vorzuenthalten.

Die Ernennung des Barons von Heyking zum Konsul in Valparaiso gab der jungen Familie willkommene Gelegenheit, alle Querelen hinter sich zu lassen. Zwar war dieser Posten nicht der ersehnte Karrieresprung, denn er bot »recht wenig Chancen«, aber immerhin war das Ansehen im Ausland doch größer als »zu Hause, wo man ganz verschwinden würde«.[23]

Die nächste Station war Peking, wo Eduard von Heyking von 1896–1899 als deutscher Gesandter agierte. Dieser Aufenthalt lieferte den Hintergrund für den Briefroman *Briefe, die ihn nicht erreichten,* der Elisabeth von Heyking über Nacht zur Bestsellerautorin machte.

Von allen Auslandsaufenthalten war dies sicherlich der politisch brisanteste, denn das Land befand sich in einem Umbruch. Ab 1889 hatte sich die regierende Schicht in China in zwei Lager gespalten: Die konservativen Aristokraten wollten die alten traditionellen Strukturen beibehalten, die Reformer planten, das Reich nach ausländischen Mustern zu modernisieren. Einig waren sich

Hermann Knackfuß: »Völker Europas wahret Eure heiligsten Güter« (1895). Der Entwurf für diese Zeichnung stammt von Kaiser Wilhelm II., der mit diesem vom »Hofzeichner« Knackfuß ausgeführten Bild die Gefahr aus dem Osten bildlich machen wollte. Hinten rechts erkennt man in einer leuchtenden Aureole Buddha.

beide Parteien nur in ihrer Fremdenfeindlichkeit. Sie wandten sich gegen Gebietsabtretungen und Konzessionen an die europäischen Mächte und Japan, die fast ein halbes Jahrhundert lang versucht hatten, China unter sich aufzuteilen. Die katholischen und evangelischen Missionen lieferten mit ihrem kompromißlosen Bemühen, das Land zu christianisieren, das kulturelle Alibi. Höhepunkt dieser Konfrontation war im Jahre 1900 der Aufstand der Boxer, ein christen- und fremdenfeindlicher fanatischer Geheimbund, der das Gesandtschaftsviertel in Peking sowie die katholische Mission des Pe-Tang besetzte. Während dieser Belagerung wurde der Nachfolger Edmund von Heykings, Baron von Ketteler, erschossen. Am 20. Juni 1900 schlossen sich den Boxern reguläre Einheiten der kaiserlichen Armee an, die auf die Unterstützung der zwei Millionen Einwohner Pekings rechnen konnten. Es kam zu blutigen Kämpfen zwischen Belagerern und ausländischen Diplomaten und Zivilisten, die sich in den Botschaften verschanzt hatten. Am 15. August schließlich beendete ein Hilfskorps der westlichen Mächte den Aufstand, und 1901 mußte China das sogenannte Boxerprotokoll unterzeichnen, in dem die von Deutschland, Frankreich, Großbritannien, Japan und den USA diktierten Bedingungen festgeschrieben wurden.

Die Heykings hielten sich während dieser Zeit zunächst in Berlin und danach in Mexiko auf, wo sie die Nachrichten, die aus China eintrafen, gespannt verfolgten. Ganz besonders Elisabeth war berührt von den Ereignissen im fernen Peking. Sie hatte dort einen gut aussehenden Balten namens von Groote kennengelernt, der im Dienst der russischen Gesandtschaft gestanden hatte. Mit welchen Aufgaben er nun eigentlich betraut war, wußte niemand so ganz genau. Jedenfalls beeindruckte er durch seine Erscheinung, seinen Charme und Kunstsachverstand. Wie tief die Beziehung zwischen Elisabeth und diesem Dandy – »Sportsmann durch und durch, kühner Jäger, glänzender Gesellschafter«[24] – war, bleibt offen. Jedenfalls beschrieb sie ihn gegenüber Marie von Bunsen »mit Rührung«. Sie erzählte ihr, wie er fast täglich und oft schweigsam bei ihr gesessen habe, daß er ein Mensch gewesen sei, »wie es keinen zweiten gegeben«.[25] Der mit Heykings befreundete Schriftsteller Paul Lindenberg, der sich in dieser Zeit ebenfalls in China aufhielt, gibt sich in seinen Erinnerungen eher zurückhaltend: »Er [von Groot] verkehrte viel bei Heykings und hatte zur Gattin des Gesandten eine tiefe Zuneigung gefaßt, die er sehr zu beherrschen wußte. Nur als sie ihm ihre Abberufung aus Peking und Versetzung nach Mexiko mitteilte, war er völlig fassungslos und wollte es nicht glauben.«[26]

Die *Briefe, die ihn nicht erreichten* beginnen im August 1899 und enden im August 1900, d.h. sie umfassen den Zeitraum, der für Ausländer in China der kritischste war. Empfänger ist ein nicht namentlich genannter lieber Freund, von dem die Briefschreiberin nicht weiß, wo er sich aufhält. Immer wieder erscheinen Formulierungen, die trotz der distanzierten Sie-Anrede tiefste Zuneigung enthüllen:

Der entsetzliche Traum dauert weiter, keine Nachricht aus Peking, und schlimmer als alles, keine Nachricht von Ihnen. Ach, wo sind Sie, lieber Freund? Meine tägliche Hoffnung ist, ein Telegramm von Ihnen zu erhalten, daß Sie in Schanghai von Ihrer großen Reise ins Innere zurückgekehrt sind. Um diese Zeit müßten Sie doch dort eingetroffen sein. Was kann Sie so lang aufgehalten haben? Ich sehne mich so sehr danach, von Ihnen zu hören, daß das Warten zu einem physischen Schmerz wird.[27]

Die Absenderin dieser Briefe erweist sich als profunde Kennerin der politischen Verhältnisse in Peking. Dies ist darauf zurückzuführen, daß sie ihren »Bruder«, einen Diplomaten, dorthin begleitet hat. Zwar ist das Buch zunächst anonym erschienen, denn die Autorin befürchtete wohl, daß es – selbst im innersten Familien- und Freundeskreis – möglicherweise ein zu großer Affront sei, wenn die Briefschreiberin sich als verheiratete Frau zu erkennen gegeben hätte, die mit soviel Anhänglichkeit und Hingabe an einen Freund schreibt. Wie sehr Elisabeth von Heyking darin ihre persönlichen Gefühle offenbarte, verrät eine Tagebuchnotiz aus dem Jahre 1901, als sie »sehr fleißig am Briefbuch« arbeitete: »Manchmal, wenn ich so sehe, wie meine innersten Herzens- gedanken und Gefühle aus der Feder aufs Papier übergehen, ist es mir wie ein Wunder. Ich schaue mir die Worte an und sage mir, das ist nun ein Stückchen von mir selbst.«[28] Und noch etwas wird deutlich: Die ehemals so unkritische, von der Richtigkeit der deutschen Politik vollkommen überzeugte Diplomatengattin zweifelte am Sinn und Zweck der Expansionsbestrebungen:

Von allen Ländern aus fahren jetzt Schiffe nach dem fernen Osten [...]. Diese Kosaken und Franzosen, Engländer und Italiener, Söhne deut- scher Gauen, Amerikaner, Japaner, sogar Inder – wozu ziehen sie aus? An einem entlegenen Erdenwinkel werden sie unbekannte gelbe Män- ner treffen, die ihrerseits von ihnen nie vorher gehört haben. Tausende von Meilen trennten sie bisher von der gegenseitigen Existenz. Trotz- dem wird jetzt einer den andern umbringen, und man wird das schön und patriotisch nennen.

Wie sinnlos scheint es doch alles! [...] Und wenn man nun an die Chinesen denkt, an diese armen Unbekannten. Wie viel noch namenloseres Elend wird dort entstehen? Aber auch da wird es nicht die eigentlich Schuldigen treffen, sondern auch wieder die, so sich nicht wehren können...[29]

Als der Briefroman 1903 erschien, war die erste Auflage nach drei Wochen vergriffen, die fünfte Auflage erschien nur drei Monate später, die 63. im folgenden Jahr. Es gab Übersetzungen in die meisten europäischen Sprachen. Es war *das* Buch, von dem man sprach, die Sensation des Jahres. Was das eigentlich Fesselnde an diesem Briefroman war, versuchte Max Geißler im *Führer durch die deutsche Literatur* zu klären:

> Sind in dem Buche dichterische Werte ausgelöst? Nein. Stofflich ist es dagegen nicht ohne Reiz, denn es ist ein Beitrag zur Zeitgeschichte – die chinesische Belagerung der Gesandtschaft in Peking – voll unmittelbaren Lebens. Freilich dürften die meisten Leserinnen davon recht wenig berührt worden sein. Aber der Titel war glänzend und die Wendung, daß die Briefschreiberin ihrer Liebe sich bewußt wird, als der Geliebte schon tot ist – äußerst geschickt.[30]

Hier wird den Leserinnen mit männlicher Überheblichkeit wieder einmal von vornherein das Interesse an politischem Geschehen abgesprochen. Das gängige Ideal war immer noch das vom Heimchen am Herd, dessen Mann ihr die unbedingt notwendigen Informationen aus der Zeitung vorliest. Im ersten Band von *Ille mihi* pochte Elisabeth von Heyking sehr energisch auf neue Rechte für die Frau, indem sie mit der Wandlung ihrer alten Gesellschafterin zur Frauenrechtlerin eine Figur schuf, die für das Frauenstudium eintritt, die Ausnutzung der Frau durch den Mann anprangert, Anspruch auf alle Bildungsmöglichkeiten erhebt und schließlich gleiche Entlohnung für gleiche Arbeit fordert.

Das nächste Buch *Der Tag anderer* erschien 1905, ebenfalls noch anonym (»von der Verfasserin der Briefe, die ihn nicht erreichten«). In diesem Band sind Geschichten versammelt, die sämtlich ebenfalls im Diplomatenmilieu spielen. Interessant ist die Titelgeschichte und zwar insofern, als die Hauptfigur eine verwitwete und verarmte Schwester einer Diplomatengattin ist, die in Washington die große Liebe ihres Lebens trifft, darauf aber meint, verzichten zu müssen, weil sie fürchtet, die heranwachsende Tochter lächerlich zu machen. Auch hier scheinen autobiographische Momente eingearbeitet.

Mit welcher Ironie Elisabeth von Heyking aber auch zu schreiben verstand, geht aus der im selben Band enthaltenen Novelle *Über einen Hund und die Monroe-Doktrin* hervor. Politik wird hier bewertet aus der Sicht eines kleinen Hundes, der ein »energischer Vertreter amerikanischer Abwehrpolitik und ein Bekenner jener Doktrin« ist, die »bedeutet, daß kein europäischer Hund sich auf amerikanischem Boden einen Knochen holen dürfe«.[31] Er ist der festen Meinung, daß jede Eroberung eines anderen Landes als nicht gerechtfertigt gelten muß, solange es im eigenen Land noch genügend zu verbessern gibt. Auf diese Weise spiegelt sich hier die gleiche kritische Auffassung, wie sie in den *Briefen* geäußert wird. Sie scheint allerdings bei den Rezensenten wenig gefragt gewesen zu sein. Denn Julius Hart bemängelt in seiner Besprechung dieses Bandes, daß nur mit der Figur der Gräfin Isa in der Titelgeschichte der Verfasserin eine wirklich gut gezeichnete Gestalt gelungen sei. In ihrer »müden Trauer, die ihr Dasein umflort« spiegle sie die »heykingsche Frauenseele«, die von einem großen »Einsamkeitsgefühle« überschattet werde. Alle übrigen Novellen dieses Bandes sind für Hart nur »Anhang«, »tote Berichte, unbedeutend und wertlos«.[32] Von einer weiblichen Autorin wird demnach in der Hauptsache erwartet, daß sie Gefühle in den Mittelpunkt ihres Schreibens stellt, sich jeglicher Kritik enthält und auf das Mittel der Ironie selbstverständlich verzichtet, ganz zu schweigen von solch einfallsreichen und ungewöhnlichen Geschichten wie jener vom kleinen Hund, der sich über die Monroe-Doktrin ausläßt. Humor und kritische Distanz, besonders wenn es um politische Fragen ging, war bei Frauen und speziell bei schreibenden Frauen nicht gefragt. Schließlich sollten die Leserinnen möglichst nicht über das *Gartenlauben*-Niveau hinaus gefordert werden.

Glücklicherweise teilten nicht alle Rezensenten und Leser diese engstirnige Auffassung. Elisabeth von Heyking genoß als Schriftstellerin zunehmende Verehrung. Der Abdruck ihrer Werke in der *Täglichen Rundschau* sorgte für deren Verbreitung: »Wie ein Traum ist es manchmal, und ich kann es gar nicht fassen, daß ich es bin, der all dies Schöne widerfahren ist.«[33] Doch nicht allein als Schriftstellerin wurde sie nun bekannt, sie hatte auch Erfolge als Malerin. In Berlin, im Schulte'schen Salon »Unter den Linden« fand eine viel beachtete Ausstellung ihrer Gemälde und Aquarelle statt. Der künstlerische Durchbruch war gelungen, und dadurch stieg auch ihr Mann bei den Spitzen der Gesellschaft in der Achtung – eine Umkehrung der traditionellen Rollenverteilung, in der die Frau über ihren Gatten definiert wird.

Das Tagebuch gibt Auskunft über eine Einladung in Berlin, bei der die Heykings Reichskanzler Heinrich von Bülow (1849–1929) trafen, der alle Kritiken über die *Briefe* gelesen hatte und Elisabeth um ein Exemplar bat. »Ich empfand, wie ganz anders er uns behandelte, als damals vor dreieinhalb Jahren [...]. Wir sind jemand für ihn geworden.«[34] Und wenig später bei einem erneuten Treffen mit Bülows entschied sich sogar die berufliche Zukunft Edmund von Heykings positiv aufgrund der Beliebtheit und Bekanntheit seiner Frau:

> Der Reichskanzler führte mich und begann gleich: »Na, nun erzählen Sie mir, wie Sie sich als berühmte Frau fühlen!« Gräfin Bülow sagte ganz laut über den Tisch: »Für Heykings muß durchaus was geschehen, die arme Frau von Heyking soll nicht wieder so weit weg!« Der Reichskanzler antwortete ebenfalls ganz laut: »Ja, ich habe Mühlberg schon gesagt, er soll sehen, was sich machen läßt.«[35]

Das Ergebnis dieses Gesprächs war endlich der ersehnte Posten des Gesandten in Belgrad, den wie ein Bekannter ihr sagte, sie erobert habe und zwar durch die Briefe, die Bülow erreicht hätten.[36]

Die Geldsorgen, die die Familie fast 20 Jahre lang treu begleitet hatten, waren nun ebenfalls gebannt, denn Elisabeth erbte unerwartet das Flemmingsche Schloß Crossen an der Elster zwischen Gera und Eisenberg. Jetzt, da nach vielen Kämpfen sich endlich alles zum Guten gewendet zu haben schien, wurde Heyking von schweren psychischen Störungen heimgesucht. Von Sanatoriumsaufenthalten u. a. in Baden-Baden erhoffte sich das Ehepaar vergeblich Besserung. Sehr genau beobachtete, erschütternde Eindrücke von seinen Verfolgungsängsten arbeitete Elisabeth von Heyking in den zweiten Band von *Ille mihi* ein. Heyking erholte sich nicht mehr, 1908 wurde er krankheitshalber aus dem Dienst verabschiedet und starb in Berlin. Die beiden Söhne wurden Opfer des Ersten Weltkrieges, der jüngere fiel 1917, der ältere ein Jahr später. Elisabeth zog sich zunächst fast völlig nach Crossen zurück, wo sie ihre schriftstellerische Tätigkeit fortsetzte. Doch mit der ihr eigenen Energie begann sie sich allmählich wieder am gesellschaftlichen Leben zu beteiligen, unternahm auch wieder längere Reisen nach Berlin, wo sie auf dem Weg zu einer Einladung am 4. Januar 1925 einem Herzanfall erlag.

Anmerkungen

1 Elisabeth von Heyking: Tagebücher aus vier Weltteilen 1886–1904, hg. von Grete Litzmann, Leipzig [1926], S. 49.
2 Marie von Bunsen: Zeitgenossen, die ich erlebte 1900–1930, Leipzig 1932, S. 39.
3 Heinrich Vierodt: Das Buch meines Lebens. Erinnerungen, Stuttgart [1925], S. 106.
4 Max Geißler: Führer durch die deutsche Literatur des 20. Jahrhunderts, Weimar 1913, S. 670.
5 Heinrich Vierodt, a. a. O., S. 182.
6 Ille mihi. Roman von Elisabeth von Heyking. Verfasserin von »Briefe, die ihn nicht erreichten« und »Der Tag Anderer«, Berlin ³1912, Bd. 1, S. 55.
7 Ebd., S. 56 f.
8 Heinrich Vierodt, a. a. O., S. 213.

9   Gustav zu Putlitz. Ein Lebensbild. Aus Briefen zusammengestellt und ergänzt von Elisabeth zu Putlitz, geborene von Königsmarck, 3 Bde, Berlin 1894/95, Bd. 3, S. 239.

10   Elisabeth von Heyking: Tagebücher, a. a. O., S. 298.

11   Ebd., S. 393.

12   Ebd., S. 394.

13   Ebd., S. 56.

14   Ebd., S. 34.

15   Ebd., S. 27.

16   Hedwig Heyl: Frauenarbeit in den Kolonien, in: Die Deutsche Frau. Wochenschrift für Hauswirtschaft und Frauenerwerb, Probenummer 1910, S. 6.

17   Elisabeth von Heyking: Tagebücher, a. a. O., S. 56.

18   Ebd., S. 135.

19   Ebd., S. 48.

20   Friedrich Weill: Meine Begegnung mit Elisabeth v. Heyking, in: Die Pyramide. Wochenschrift zum Karlsruher Tagblatt, 14. Jg. Nr. 14, 5. 4. 1925, S. 87 f.

21   Ebd., S. 87.

22   Vgl. z. B. Luise Adolpha Le Beau: Lebenserinnerungen, Baden-Baden 1910, S. 110.

23   Elisabeth von Heyking: Tagebücher, a. a. O., S. 32.

24   Paul Lindenberg: Es lohnte sich, gelebt zu haben. Erinnerungen, Berlin 1941, S. 78.

25   Marie von Bunsen, a. a. O., S. 38.

26   Ebd.

27   Briefe, die ihn nicht erreichten [Verf. Anonym], Berlin 1903, S. 243.

28   Elisabeth von Heyking: Tagebücher, a. a. O., S. 368.

29   Elisabeth von Heyking: Briefe, S. 242 f.

30   Max Geißler, a. a. O., S. 210.

31   Elisabeth von Heyking: Der Tag anderer, Berlin 1905.

32   Julius Hart: Echo der Zeitungen. Elisabeth von Heyking, in: Das literarische Echo. Halbmonatsschrift für Literaturfreunde, hg. von Josef Ettlinger. 8. Jg., Okt. 1905–Okt. 1906, S. 483–485.

33   Elisabeth von Heyking: Tagebücher, a. a. O., S. 391.

34   Ebd., S. 390.

35   Ebd., S. 400.

36   Ebd., S. 403.

In den Zwängen von Bürgerlichkeit

WILHELMINE VON HILLERN
1836–1916

Die Biographie der Wilhelmine von Hillern hätte aus der Feder ihrer Mutter, der Dramatikerin und Schauspielerin Charlotte Birch-Pfeiffer stammen können. Genauso wie diese ihre zahlreichen rührseligen Stücke und die Gestalten der idealisierten Heldinnen formte, versuchte sie es immer wieder – und teilweise auch durchaus erfolgreich – mit dem Leben der einzigen Tochter Wilhelmine, die sich gegen die mütterliche Bevormundung einerseits auflehnte, sich aber dort unterordnete, wo sie allzu offensichtlich gegen gesellschaftliche Konventionen verstoßen hätte und damit an Ansehen eingebüßt hätte; hinzu kam die lange Jahre während finanzielle Abhängigkeit von der Mutter, die Wilhelmine nur allzu gern bereit war, zu akzeptieren. Was sich allerdings in den Bühnenstücken der Birch-Pfeiffer meist in effektvollem Wohlgefallen auflöste, zog sich in der Realität in Überlänge als Tragikomödie hinter dem vor der Öffentlichkeit sorgsam verschlossenen Vorhang hin, der bittere Realitäten verbarg.

Die ersten Lebensjahre verbrachte die am 11. März 1836 in München geborene Mimi, wie sie im Familienkreis genannt wurde, in Zürich. Dort leitete die Birch-Pfeiffer bis 1843 das Stadttheater, ohne daß sie daneben ihre schriftstellerische Tätigkeit vernachlässigt hätte, was ihr ein enormes Arbeitspensum abverlangte. Mit ihren Einnahmen bestritt sie den Familienunterhalt und beglich die Schulden ihres Mannes. Für die abgöttisch geliebte Tochter blieb wenig Zeit. Die wuchs derweil überbehütet, verzärtelt und verwöhnt, aber ziemlich isoliert in der Obhut der ebenfalls im Zürcher Haushalt lebenden Tante auf. Dieses ängstliche Abschirmen der Tochter war sicherlich darin begründet, daß alle fünf Kinder, die Charlotte Birch-Pfeiffer zuvor zur Welt gebracht hatte, während oder kurz nach der Geburt gestorben waren.

Der Vater Dr. Christian Birch, ein Däne, der sich als Schriftsteller, Dramaturg und Theaterkritiker versuchte, war einst Diplomat und Sekretär des Fürsten zu Hardenberg gewesen und lebte in München. Dort hatte ihm seine Frau durch ihre Beziehungen eine Stelle am Hoftheater verschafft, die er aber 1826 verlor, weil er sich offenbar nicht ausreichend darum gekümmert hatte. Charlottes Intervention für ihren Mann brachte ihr den Unmut des Königs ein und die dauernde Verweigerung jedweden Engagements in München. Die in Zürich lebende Tochter hatte zunächst zu ihrem Vater nicht sehr viel Kontakt.

Eine Wendung erfuhr das bis dahin eher eintönige Leben der achtjährigen Wilhelmine, als die Mutter 1844 als Hofschauspielerin nach Berlin berufen wurde. Die Birch-Pfeiffer begann sofort, ungeachtet der wohl nicht gerade fürstlichen Räumlichkeiten, die sie an der Ecke Friedrich- und Krausenstraße bewohnte, die Tradition des Salons zu pflegen. Die *Gartenlaube* weiß zu berichten, daß »Mama Birch« ihre Gäste vor einem chaotisch überladenen Schreibtisch sitzend empfing, in einem Zimmer, das zugleich als »Schlaf-, Arbeits- und Empfangscabinett« diente. »Trauliche Audienz« gewährte sie jedem, der sie suchte, und »allezeit hielten Künstler, Dichter, Gelehrte von bestem Namensklang fröhliche Einkehr«.[1]

Völlig neue Eindrücke vermittelte diese Art von »Hochschulstube« der Tochter, die nach der Zürcher Abgeschiedenheit den neuen gesellschaftlichen Umgang der Mutter als faszinierende Glitzerwelt empfinden mußte. Es ist daher kaum verwunderlich, daß sich bei ihr der Wunsch, ebenfalls Schauspielerin zu werden, immer stärker ausprägte. Die Mutter, ständig in Sorge um das Wohlergehen Minnas, fürchtete zunächst, der Beruf könnte zu anstrengend sein, stimmte aber dann doch zu. Sie erhoffte sich davon nicht zuletzt eine Ablenkung ihrer noch nicht einmal 17jährigen kapriziösen Tochter von deren Schwärmerei für den nur zwei Jahre älteren Studenten und späteren Schriftsteller Felix Dahn (1834–1912), der sich im Hause Birch als Sohn der »lieben, treuen Mutter Birch« fühlte, die er in seinen *Erinnerungen* als »grundgescheute, vielgefeierte Frau von reichster Welterfahrung« und »von Staunen erregender Schaffenskraft« beschrieb.[2] Die junge Minna, die – so Felix Dahn – zwar »nicht schön« zu nennen gewesen sei, aber »in ihrem bleichen Gesicht ein paar prachtvolle, große dunkle seelenvolle Augen« hatte, »welche im Zorn (und sie war recht oft und fast niemals mit Grund zornig) gar bedräusam funkeln, in weicher Stimmung gar herzgewinnend sanft blicken und verschwimmen konnten«,[3] hatte auf den jungen Studenten einen tiefen Eindruck gemacht. Gemeinsam lasen und rezitierten sie im Hause Birch die Klassiker von Shakespeare bis Schiller und kamen sich in ihrer Begeisterung hierfür näher, ohne recht zu wissen, ob dies »nun noch Freundschaft oder bereits etwas Wärmeres« war.[4] Der erste Kuß auf Minnas Stirn verwirrte beide gleichermaßen, und voller Naivität gestanden sie ihn sofort der Mutter, die durchaus verständnisvoll reagierte, sicherheitshalber aber doch »jede Verlobung, auch jede Kundgebung unserer Neigung gegenüber Dritten« untersagte.[5] Schließlich sollte diese Kinderei nicht die Schauspielkarriere Minnas gefährden, von der zudem der äußerst konservative jugendliche Liebhaber Felix Dahn ein »Gräuel« hatte.[6] Seinen Aufzeichnungen zufolge fiel es jedenfalls weder Minna, dem »trotzigen, wilden, unschmiegsamen (eben unerzogenen) Kind« mit den »sprunghaften Launen«[7] noch ihm selbst schwer, auf eine weiterreichende Beziehung zu verzichten.

Und tatsächlich widmete sich Minna nun vollkommen der neuen Leidenschaft der Schauspielerei. Allerdings mußte ihre Mutter Kostüme und Reisen finanzieren. Vor allem war es nötig – wie früher bei ihrem Mann –, daß sie alle ihre Beziehungen spielen ließ, damit die Tochter überhaupt Engagements erhielt. So war

Minna als Gast bald auf mehreren Bühnen zu sehen, u. a. in Gotha, Coburg und Karlsruhe. Auch hier hatte die Mutter alle ihr zur Verfügung stehenden Mittel eingesetzt, um die Bühnenkarriere Minnas zu fördern. In seinem Tagebuch beschreibt der Karlsruher Theaterdirektor Eduard Devrient den »Auftritt« der beiden Damen am 10. August 1854 in ungeschminkter Offenheit: »Mit Frau Birch-Pfeiffer über ihre Tochter bis 2 Uhr gesprochen. Nachmittags brachte sie uns die Tochter, eine interes-

Eduard Devrient, Direktor des Hoftheaters in Karlsruhe

sante Häßlichkeit; kann wohl Talent haben. Die Mutter sprach stundenlang entsetzlich lang und aufgeregt. Daß diese junge, schwächliche Anfängerin uns genügen werde, dazu habe ich wenig Hoffnung.«[8]

Obwohl der in seinem Metier erfahrene Devrient von Anfang an starke Zweifel an Minnas schauspielerischen Fähigkeiten hegte, gab er ihr dennoch Gelegenheit, eine Probe ihres Könnens abzulegen. Das Ergebnis fiel nicht unbedingt zu seiner Zufriedenheit aus:

> Um 11 Uhr mit Fräulein Birch die Rolle des Klärchen auf der Bühne versucht. Die Stimme noch ungleich, scheint bald ermüdet. Blitze leidenschaftlichen Ausdrucks waren da. Frau Birch kam noch einmal wieder mit ihren aufgeregten mütterlichen Sorgen: ob wir ihrer Tochter nicht alles Talent absprächen, und daß ihre Stimme da und dort wundervoll ausgehalten. Seltsam, daß eine Frau von so vieler Erfahrung von so vielen Theatermüttern selbst eine so outrierte werden kann.[9]

Man kam überein, daß Minna zunächst als Studentin an der Akademie verbleiben sollte, was nicht unerheblich auf ein Gespräch zwischen Devrient und der jungen Elevin zurückzuführen war, das den Theatermann in Erstaunen versetzt hatte, denn er stellte eine »merkwürdige Verstandesschärfe, solche Gewandtheit und Sicherheit im Ausdruck« fest, eine Urteilsschärfe über ihre Arbeit und ihren Beruf, »die einem Manne von 40 Jahren anstehen würde«.[10] Nach der Aufführung des *Egmont* am 12. Oktober urteilte Devrient denn auch etwas milder. Das Studium der Rolle habe geholfen. »Fräulein Birch« habe anfangs viel natürlicher als sonst gewirkt. Doch immer noch war sie ihm zu »theatralisch«, er sah nur die eine Möglichkeit, daß sie in das »leidenschaftliche Charakterfach« hinüberwechselte, denn die ganze Natur sei »unter Theaterplunder begraben«. Am 5. Oktober 1854 notierte er angesichts der Mühe, die er sich mit dieser »wunderlichen Person« gegeben hatte, entnervt in seinem Tagebuch: »hätte ich mir diese Last nicht aufgeladen«.[11] Nach einem halben Jahr jedoch schien sich der Aufwand mindestens andeu-

Das Hoftheater Karlsruhe, erbaut 1847–1853

tungsweise gelohnt zu haben, denn es tat Devrient fast leid, daß
Minna Karlsruhe auf Geheiß der Mutter verlassen sollte. Das Tagebuch verzeichnet: »Mit Fräulein Birch Lady Macbeth studiert.
Sie bereitet sich zur Abreise, besprach die Wiener Unternehmungen, welche die Mutter für sie vorbereitete. Die zieht das Mädchen die große Komödiantenstraße entlang; da hilft kein Ein-
wenden, kein Sträuben der Tochter.« Eine große Karriere traute
er ihr aber immer noch nicht zu, denn abschließend schrieb er:
»Vielleicht ist das der sicherste Weg, sie bald von der Bühne überhaupt zu entfernen.«[12]
In Mannheim erhielt Minna endlich, wiederum mit aller erdenk-
lichen mütterlichen Unterstützung und Protektion, am 1. August
1856 das ersehnte feste Engagement als Großherzoglich Badische
Hof- und Nationalschauspielerin.
Vom Glanz Mannheims, den die Kurfürsten von Heidelberg einst
begründet hatten, war nach dem Wegzug des Hofes nicht mehr
viel übrig geblieben. 1803 kam die Stadt an das Großherzogtum

Baden, das Hof- und Nationaltheater wurde der badischen Staats-
behörde unterstellt. Der gute Ruf im kulturellen Bereich aber war
Mannheim durch seine Komponistenschule geblieben, mit der
Namen wie Johann Stamitz und Abbé Vogler verbunden sind.
Als die junge Wilhelmine Birch ihr Engagement antrat, hatte
auch das Stadttheater wieder etwas mehr Ansehen gewonnen und
das provinzielle Niveau ein wenig überwunden. Das war vor allem das Verdienst des von der Stadt eingesetzten dreiköpfigen
ehrenamtlichen Komitees, dem Leitung und künstlerische Kon-
zeption übertragen worden waren. Die drei Herren agierten sehr
geschickt, und das Renomee des Theaters steigerte sich.
Selbstverständlich stellte das Publikum im Blick auf die schauspielerischen Leistungen die gleichen hohen Erwartungen wie
an die berühmte Mutter. Doch Minnas Darbietungen waren und
blieben mittelmäßig, was der ehemalige Lehrmeister Devrient
bereits während ihres Besuches bei ihm am 25. August vermutet
hatte: »Zu Haus fand ich Fräulein Birch, unruhig, fahrig, reuig wie
sonst.«[13] Einen allerdings hatte sie von der Bühne her dennoch tief
beeindruckt: den Assessor beim Hofgericht des Unterrheinkrei-
ses Hermann von Hillern, ein »gar stattlicher, badischer Cavalier
und Beamter«.[14] Er war über 20 Jahre älter, teilte aber mit Minna
die Begeisterung für das Theater, hatte sogar selbst anläßlich der
Hochzeit des Großherzogs Friedrich I. mit Luise von Preußen das
Festspiel *Die Huldigung des Landes. Dramatisches Gedicht zur Feier
der Vermählung Seiner Königlichen Hoheit des Großherzogs Friedrich
von Baden mit ihrer Königlichen Hoheit der Prinzessin Luise von Preußen*[15] verfaßt. Es wurde am 26. September 1856 im Nationaltheater
aufgeführt, fand dann aber keine weitere Verbreitung mehr, was
angesichts des schwülstigen und nicht von übermäßigen dichteri-
scher Fähigkeiten zeugenden Werks auch nicht verwundert.[16]
Minna, die sehr wohl wußte, daß sie ohne lokale Protektion
kaum auf eine Vertragsverlängerung rechnen konnte, kam die
Verehrung Hillerns sehr gelegen. Schließlich war er mit den drei
Komiteemitgliedern, die über die Planungen entschieden, recht

gut bekannt. Sie akzeptierte seine Annäherungsversuche nicht nur, sondern gab ihm mehr als deutlich zu verstehen, daß er sich berechtigte Hoffnungen machen dürfe. Ohne sich um bestehende Konventionen, um Sitte und Moral zu kümmern, lud sie – das alleinstehende junge Mädchen – Hillern zu sich ein. Von da an trafen sich die beiden öfter in aller Heimlichkeit; nach außen durfte von diesem Verhältnis nichts dringen. Dies wäre nicht nur den gängigen Normen zuwidergelaufen, es hätte auch Hillerns Protektion für die junge Schauspielerin scheitern lassen.

Hermann von Hillern tat alles in seiner Macht stehende, um die Karriere seiner angebeteten Minna zu fördern. Am 9. Februar 1857 hatte er es erreicht, daß sie von der noch in Mannheim lebenden Großherzogin Stephanie eingeladen wurde und in deren Salon vorlesen durfte. Ihrer in Berlin lebenden Mutter schrieb sie über dieses für sie so wichtige Ereignis, daß es »ein glorreicher Abend« gewesen sei. Sie habe sich so gut gefühlt, als »gehörte ich dahin, und als wäre ich da aufgewachsen«.[17]

Die erhoffte Vertragsverlängerung kam schließlich aber weder aufgrund dieses Besuchs noch durch die Bemühungen Hillerns zustande, sondern war erneut auf das massive Eingreifen der Birch-Pfeiffer zurückzuführen. Sie überließ ihr neues Erfolgsstück dem Theater nur unter der Bedingung, daß die Tochter bleiben könne. Damit war zwar zunächst das Engagement gesichert, die finanziellen Aufwendungen für die Tochter aber blieben. Mit ihrer schmalen Schauspielgage kam die verwöhnte Minna bei weitem nicht aus. Unaufhörlich gingen Bettelbriefe nach Berlin, die noch massiver wurden, als Minna ihre Mutter mit der Nachricht überraschte, daß sie gedenke, Hillern zu heiraten. Ihm zuliebe wollte sie ihre Karriere aufgeben, was angesichts der mehr als bescheidenen Erfolge für die Theaterwelt und das Publikum sicherlich keinen großen Verlust bedeutete. Über die Finanzierung des neu zu gründenden Haushaltes und dessen Erhalt machte sie sich keine Sorgen. Hier sollte einmal mehr die Mutter einspringen und bitte einen (beträchtlichen) jährlichen Zuschuß leisten.

Die Birch-Pfeiffer war entsetzt. Völlig außer sich schrieb sie sofort einen Brief nach Mannheim, in dem sie der Tochter zunächst einmal vorrechnete, daß sie finanziell gar nicht in der Lage sei, einen solchen Unterhaltsbeitrag zu leisten. Dann aber versuchte sie mit allen Mitteln, der Tochter die Heirat auszureden:

> Welch ein Wahnsinn ficht dich an? Du mit Deinem Verstand könntest Dich über die durchaus falsche Stellung täuschen, der Du Dich hinopferst? [...] DU? Aufgewachsen in den großartigsten Kunstverhältnissen, stolz auf den Namen u. die Beziehungen Deiner berühmten Mutter – glühend für alles Erhabene, was willst Du in den kleinlichen, beschränkten Verhältnissen einer kleinen Stadt, eines kleinen Hauses, das Dir von den Krähenwinklern als großes unverdientes Loos angerechnet würde. [...] O, welch ein Alp hast Du auf meine Brust gewälzt, welches Messer mir ins Herz gestoßen![18]

Alle Vorhaltungen, Bitten, Flehen und sorgenvollen Einwände der Mutter jedoch waren umsonst, denn Minna war schwanger, und dem Paar blieb gar kein anderer Ausweg als die Heirat. Als die Birch-Pfeiffer endlich von diesen »anderen Umständen« erfuhr, brach für sie ihre so mühsam konstruierte Welt zusammen. Weniger der Tatbestand, daß die Tochter ein heimliches Verhältnis mit Hillern hatte, machte sie zutiefst unglücklich, sondern vielmehr der Gedanke daran, wie die Öffentlichkeit auf das Bekanntwerden der Schwangerschaft reagieren würde. Sie, die von so vielen Seiten Geachtete und Bewunderte, die es gewohnt war, sich durchzusetzen, Ratschläge zu erteilen und Forderungen zu stellen, konnte sich einen solchen Skandal nicht leisten. Die engstirnigen Moralvorstellungen jener Zeit ließen keinerlei Nachsicht oder gar Verständnis zu. Folglich mußte die Schwangerschaft der Tochter so lange als möglich geheimgehalten werden. Jetzt war es auch gar keine Frage mehr, daß schnellstens ein Hochzeitstermin anberaumt und möglichst auch ein Wohnortwechsel vollzogen werden mußte. Hillern bat deshalb im August 1857 um einen Stellentausch mit dem Freiburger Hofgerichtsrat von Freydorf. Dieses Gesuch begründete er in aller Einfalt mit der bevorstehenden Heirat, was den ohnehin schon umherschwirrenden Gerüchten noch neue Nahrung gab. In der Darstellung der Hillernschen Familiengeschichte heißt es später lapidar: »Trotz dieser etwas merkwürdigen Begründung entsprach man dem Wunsch. Die Eheschließung mit Wilhelmine Birch hatte am 27. August 1857 in Mannheim stattgefunden, im Herbst trat von Hillern die Stelle in Freiburg an.«[19] Damit war zwar erst einmal die Form gewahrt, aber noch nicht die Frage geklärt, wie man weiter vorgehen sollte. Freiburg, das eine Vertraute der beiden Frauen als »kleines Klatschnest« bezeichnete, zählte im Jahre 1855 gerade 16 089 Einwohner, ganz im Gegensatz zu Mannheim, das 25 688 Einwohner hatte. Und in Freiburg lebten auch die angeheirateten Verwandten, die keinesfalls von der Muß-Heirat erfahren durften. War es doch schon skandalös genug, daß Hillern sich eine Schauspielerin als Ehefrau ausgesucht hatte. Und wieder einmal übernahm die Birch-Pfeiffer die Regie und entwickelte einen höchst merkwürdigen Plan: Minna sollte in Berlin in aller Heimlichkeit in einer fremden Wohnung ihr Kind zur Welt zu bringen, es drei Monate lang versteckt halten, um es danach als Frühgeburt zu präsentieren. Das Schweigen der Hebamme ließ sich erkaufen, und Wilhelmine von Hillern willigte tatsächlich ein.

Der am 27. Dezember geborene gesunde Junge ließ dann aber nicht den geringsten Gedanken an ein Siebenmonatskind aufkommen. Hermann von Hillern, dem die Birch-Pfeiffer fast täglich ausführlich schrieb, war überglücklich über die Geburt seines Sohnes und entschieden dagegen, daß das Kind aus Angst, daß es zu gut gedeihe, von der Mutter nicht gestillt wurde, sondern nur Fencheltee und Rhabarbertropfen erhielt. Zwei Wochen überlebte das Kind, das nie einen Namen erhielt, diese rabiate Behandlung, doch am 10. Januar meldete die Birch-Pfeiffer nach Freiburg: »unser Engel hat vollendet – still u. friedlich ging er ein zur Ruh! Ihm ist wohl! Gott stärke Euch!«[20] Unter falschem Namen wurde das ungetaufte Kind begraben, nach außen hin eine »Fehlgeburt« inszeniert, die alles wieder ins rechte Lot brachte. Erst jetzt begann Minna langsam zu begreifen, was eigentlich vorgefallen war, fühlte sich schuldig, übergangen und bestand darauf, endlich wieder nach Freiburg zu fahren, wo der Klatsch allen Bemühungen zum Trotz blühte.

Da aber niemand Genaues wußte, verstummten die Tuscheleien allmählich, und es gelang dem Ehepaar nach und nach, gesellschaftlich Fuß zu fassen. Hermann von Hillern wurde 1864 Oberstaatsanwalt, vier Jahre später Direktor des Freiburger Kreis- und Hofgerichtes.

Minna, die sich nach wie vor auf die finanziellen Zuwendungen aus Berlin verließ, begann, nachdem ihre Karriere als Schauspielerin so abrupt geendet hatte, nun den schriftstellerischen Ambitionen ihrer Mutter nachzueifern. Ihr Erstlingswerk *Doppelleben,* das 1865 erschien, wurde noch kaum beachtet, mit *Ein Arzt der Seele* hatte sie vier Jahre später dann etwas mehr Erfolg. Dieser Roman soll Mary Ann Evans, die unter dem Pseudonym George Eliot schrieb (1819–1880) unmittelbar als Vorlage und Innovation für ihr berühmtestes Werk *Middlemarch* gedient haben, das als Höhepunkt ihres Schaffens gilt und 1870/71 erschien. Vergleicht man die Strukturen, Themen und Motive der beiden Romane, so lassen sich zweifellos Angleichungen und Ähnlichkeiten aufzeigen.[21] Es ist durchaus denkbar, daß sich Wilhelmine von Hillern und Mary Ann Evans, die sich in Freiburg im Juli 1868 begegnet sind, intensiv und ausführlich über ihre schriftstellerische Arbeit unterhalten haben.

Die angehende Bekanntheit Minnas und die berufliche Position ihres Mannes machten das Freiburger Heim des Ehepaares von Hillern zu einem Mittelpunkt »geistiger Geselligkeit«. Nicht nur Schriftsteller fanden sich ein, sondern auch Wissenschaftler, wie z.B. der Arzt Adolf Kußmaul (1822–1902) und der Zoologe August Weismann (1834–1914), der an der Universität Freiburg unterrichtete.

Zwischen 1859 und 1863 waren drei Töchter geboren worden, und Wilhelmine beschloß, sich von nun an ihrem Mann zu ver-

weigern. Sein sehnlicher Wunsch nach einem Sohn blieb folge-
dessen unerfüllt. Die kurz hintereinander folgenden Geburten
hatten sie zur Zurückgezogenheit des ständig schwangeren Hausmütterchens gezwungen, und diese Rolle war ihr zuwider. Sie
wollte endlich als grande dame der Gesellschaft glänzen – auch
wenn es nur im kleinen provinziellen Freiburg war. Ihrer Mutter, von deren Einnahmen immer noch ein Teil nach Freiburg
floß, schrieb sie, sie möge doch bitte beim nächsten Einkauf von
Kinderkleidchen daran denken, daß »kleine Mädchen von Stand
in Freiburg nur weiß gekleidet gingen«.[22]

Der plötzliche Tod der Charlotte Birch-Pfeiffer 1868 bedeutete
das Ende jeder Unterstützung. Nicht einmal ein kleines Erbe war
mehr übriggeblieben. Trotz ihres enormen Fleißes hatte sie keinerlei Vermögen hinterlassen können. Sowohl der großzügige
Lebensstil ihres Mann, als auch der ihrer Tochter hatten das meiste
Geld verschlungen.

Doch jetzt konnte Wilhelmine von Hillern durch ihre Arbeit als
Schriftstellerin eigene Einnahmen verbuchen. Der Luxus eines
großbürgerlichen Haushaltes war gesichert. Der Roman *Doppelleben* sowie das dreibändige Werk *Aus eigener Kraft,* das sie 1872

Titelblatt der beliebten Zeitschrift *Die Gartenlaube*

beendete, bedeuteten den endgültigen Durchbruch. In Fortsetzungen wurden sie in der *Gartenlaube* abgedruckt, dem seit 1853 wöchentlich erscheinenden Familienblatt. Wilhelmine von Hillern wurde so einem breiten Leserkreis bekannt. 1861 betrug die Auflage dieser Zeitschrift noch 100 000 Exemplare, in den siebziger Jahren hatte sie sich bereits vervierfacht. Dies war u.a. auf die Zugkraft der von 1865 an veröffentlichten Romane der Eugenie Marlitt wie *Das Geheimnis der alten Mamsell, Reichsgräfin Gisela* oder *Haideprinzeßchen* zurückzuführen.

In der von Julius Rodenberg herausgegebenen und sehr angesehenen Zeitschrift *Deutsche Rundschau,* die, anders als die sehr viel trivialere *Gartenlaube,* dem Bildungsinteresse des oberen Bürgertums entsprach, erschien 1875 der erfolgreichste Roman Wilhelmine von Hillerns: *Die Geyer-Wally. Eine Geschichte aus den Tiroler Alpen.* Dieser Bergroman, der ebenso wie ihre früheren Werke und die ihrer Mutter auf idealisierte Vorstellungswelten aufbaut und ein sentimental-triviales Handlungsgeschehen entfaltet, ist einer der Wegbereiter für die wenig später so beliebten Dorf- und Bergromane, wie sie z.B. Ludwig Ganghofer schrieb. Die *Geyer-Wally* wurde nach und nach nicht nur in elf Sprachen übersetzt, sondern von der Verfasserin selbst auch für die Bühne eingerichtet und zwar unter dem Titel *Die Geier-Wally. Die Klötze von Rofen. Schauspiel in 5 Akten.*

Die Bühnenhandlung der *Geier-Wally* entspricht dem, was man gemeinhin in einem Bauerntheater erwartet. Die Autorin hat ihren Text, außer den ausführlichen Anweisungen, sogar im bayerisch-österreichischen Dialekt geschrieben – oder was sie zumindest dafür hielt.

Die neun Szenen des Vorspiels in einem Akt enthalten die Vorgeschichte: Die Geier-Wally, die einst unter Lebensgefahr aus einem Geiernest sich ein Junges geholt hat, wird halb erfroren aufgefunden. Von ihrem Vater ist sie vom Hof gejagt worden, weil sie sich seinem Willen widersetzt hat, den Mann zu heiraten, den er für sie vorgesehen hat. Sie hat diesen sogar schwer mit

Wilhelmine von Hillern. Zeichnung von Adolf Neumann

dem Beil verletzt, weil er einen alten Knecht quälte. Dem Haß
des Vaters und der Knechte, die sie einsperren wollen, kann sie
sich nur dadurch entziehen, daß sie den Heuschober in Brand
steckt. Der Bären-Joseph, den sie schon lange heimlich liebt, hegt
einen tiefen Groll gegen ihre Familie, weil der Vater der Geier-

Wally einst seinen eigenen Vater so sehr verunglimpft hat, daß dies unverzeihlich erscheint.

Nachdem das Publikum über diese Vorkommnisse unterrichtet ist, folgt die eigentliche Handlung: Wally hat sich auf eine Alm zurückgezogen, wo sie kaum Kontakt mit Menschen hat. Der einzige Gefährte ist ihr Geier, der sie überallhin begleitet. Während eines Unwetters kommt Joseph mit der jungen Afra und bittet um Schutz. Wally geht davon aus, daß beide ein Liebespaar sind und reagiert mit Eifersucht. Der zweite Akt spielt ein halbes Jahr später: Aus der einsamen Geier-Wally ist nach dem Tod des Vaters die hochmütige, starrsinnige und reiche Höchstbäuerin geworden, die beinahe noch unzugänglicher als ihr Vater geworden ist. Sie hat geschworen, nur den zu heiraten, der ihr einen Kuß abringen kann. Sie weiß, daß dazu als einziger in der ganzen Gegend nur der Bärenjoseph in Frage kommt. Doch nachdem sie Afra, die in Wirklichkeit seine Schwester ist, öffentlich gedemütigt hat, rächt er sich, indem er sie vor dem ganzen Dorf aufs tiefste beleidigt. Haßerfüllt stiftet sie ihren früheren Bewerber an, Joseph zu töten. Doch der hat Glück und überlebt den Mordversuch. Schwerverletzt bleibt er auf einem unzugänglichen Felsvorsprung liegen. Und nun wiederholt sich, was Wally schon einmal riskiert hat: Sie hat als einzige den Mut, die lebensgefährliche Kletterpartie zu wagen und Joseph zu retten. Nach einigen Verwicklungen erfährt sie nun endlich, wer Afra wirklich ist. Wally und Joseph verzeihen sich alles und werden ein glückliches Paar. Aus der selbständigen jungen Bäuerin wird eine unterwürfige, ihrem Mann treu dienende Ehefrau.

Neben dem Text machen Regieanweisungen und ausführliche Vorschriften für die Gestaltung der Kulissen einen Großteil der gedruckten dramatisierten Fassung aus. Die Ötztaler Alpen, wohin die Autorin ihre Figuren versetzte, beispielsweise sollen »wirklichkeitsgetreu« aufgebaut werden, »eine Bergwildnis von circa 8000 Fuß mit all den sich daraus ergebenden schwindelerregenden Situationen«. Nach dem Beispiel ihrer Mutter schien auch Wilhelmine von Hillern so wenig wie möglich dem Zufall überlassen zu wollen. Eine »Anmerkung für die Regie« soll dies unmißverständlich klarstellen. Es heißt hier u.a.:

> Gegen jeden Strich *verwahrt* sich die Verfasserin auf das Ausdrücklichste, da sie sich thatsächlich überzeugt hat, daß jeder weitere Strich dem Stück bei Publicum und Kritik zum Schaden gereicht, die Motivirung schwächt und die ohnehin rasch aufeinander folgende Handlung zu einer überstürzten macht, in der das Publicum jeden Ruhepunkt vermißt. Das Stück ist schon ohnehin so knapp gearbeitet, daß es *ungestrichen* nur zwei und eine halbe Stunde spielt.[23]

Der tatsächlichen Begebenheit, die dieser rührseligen Romanze zugrunde liegt, fehlte es zwar auch nicht an Dramatik, allerdings war die Realität doch weit prosaischer: Die 1841 geborene Anna Knittel stieg 1863 im Lechtal kurzerhand selbst auf einen Felsen, um das Nest eines Steinadlers auszunehmen, nachdem ihr Vater – Büchsenmacher, Jäger und Bergsteiger – keinen mutigen jungen Mann hatte finden können, der sich, um der Tradition Genüge zu tun, diese nicht ungefährliche Klettertour zugetraut hätte.[24] Anna Knittel wagte den Aufstieg fünf Jahre später sogar noch ein zweites Mal, was der Tiroler *Volks- und Schützenzeitung* am 22.6.1863 eine eigene Meldung wert war. Es heißt dort unter der Überschrift »Eine kühne Lechthalerin« u.a.:

> Die vaterländische Künstlerin Anna Knittel von Untergiblen, deren Leistungen als Malerin in der Schützenzeitung bereits rühmend erwähnt worden sind [...], hat jüngst ein gefährliches Jagdabenteuer bestanden, ein Abenteuer, in welches sonst nur kühne Jäger sich einzulassen gewohnt sind. Am 11. Juni Morgens holte nämlich dieselbe einen jungen Steinadler (aquila sulva) aus dem Horste einer wohl 90 Klafter hohen überragenden Felswand auf der Alpe Sax. Glücklich hatte sie des Adlers Nest erreicht und war schon mehrere Klafter an dem Seile, an welchem sie über die Felswand hinabgelassen worden war, in die Höhe gezogen, als sich ein ungeheures Felsstück, an das sie mit dem Fuße stieß, plötzlich ablöste und mit furchtbarem Getöse in den Abgrund stürzte. Glücklicher Weise wurde die kühn in der Luft am Seile schwebende Adler-Jägerin vom abgelösten Gestein nur am rechten Arme

46

leicht verletzt und erreichte sonst wohlbehalten mit ihrer Beute den festen Boden.[25]

Ungewöhnliches hatte Anna Knittel sowieso schon gewagt. Konsequent hatte sie ihren Willen durchgesetzt, Malerin zu werden. Der Hang zur bildenden Kunst lag in der Familie: Der Onkel Alois Knittel arbeitete als Bildhauer in Freiburg, der berühmte Großonkel Anton Koch, der Schöpfer heroisch-klassischer Landschaftsbilder, war ihr großes Vorbild. Allen Hindernissen zum Trotz – sie mußte ihren Beruf auf privaten Kunstschulen erlernen, da Frauen damals der Besuch staatlicher Akademien verwehrt war – schaffte es Anna Knittel, verheiratete Stainer, mit ihrer Kunst, zur Sicherung des Familienunterhalts beizutragen und eine angesehene Malerin zu werden.

Keiner der beiden Künstlerinnen, weder Anna Knittel noch Wilhelmine von Hillern, die zu Lebzeiten einen großen Bekanntheitsgrad erreicht hatten, aber flocht die Nachwelt Kränze. Anna Stainer-Knittel geriet nach ihrem Tod 1915 ebenso wie Wilhelmine von Hillern ziemlich bald in Vergessenheit.

Die *Geyer-Wally* aber hat bis heute überlebt. Uraufgeführt wurde das Stück 1880 an Wilhelmine von Hillerns früherer Wirkungsstätte, dem Stadttheater Mannheim. Zahlreiche andere Bühnen signalisierten sofort Interesse, und es wurde zu einem vielbeachteten, auch von der Kritik hochgelobten Ereignis. Am 8. Oktober 1881 sah es der Dichter Theodor Fontane in Berlin. In einer ausführlichen Besprechung hob er hervor, daß in diesem Schauspiel »richtige Menschen das Richtige sagen und das Richtige tun, und dies Richtige tun zu richtiger Zeit und am richtigen Ort«. Dennoch war er der Meinung, daß »dies Frau v. Hillernsche Stück, all seiner glänzenden Eigenschaften unerachtet, mehr in die Reihe der Kometen als in die der Dauer-Sterne gestellt werden sollte. Vom Befragen des ästhetischen Gesetzes« freilich wollte er »Abstand nehmen«, obwohl er »drei Stunden lang nicht nur gefesselt, sondern abwechselnd erschüttert und erhoben« worden sei. Diese ohnehin schon überaus wohlmeinende und nur äußerst verhal-

Wolf's
Illustrirte Rundschau

Interessante und spannende Romane, Reise- und Jagd-Abenteuer, Kriminalfälle,
sowie allerlei hervorragende Ereignisse.

Liefg. 44   II. Band.

Mit blutenden Händen ergriff sie die Jungen und steckte sie mit einem Theile des Nestes in die leinene Tasche,
(Zur Erzählung: Im Adlerhorst.)!

Titelblatt der *Illustrirten Rundschau,* das die »Geierwally« zeigt.

tene Kritik modifizierte Fontane vier Tage später noch, als er die Aufführung mit jener von Grillparzers *Des Meeres und der Liebe Wellen* verglich:

> Freilich der Erfolg der Geier-Wally war größer, und zwar um so viel, als die dramatische Potenz darin größer ist. Und wenn ich von einer solchen größeren ›dramatischen Potenz‹ spreche, so mein' ich nicht etwa bloß besinnliche Bühnenwirkungen oder Alltags-Effekte, nein, das Frau v. Hillernsche Stück ist auch als dramatisches Kunstwerk oder wenn dies zuviel gesagt sein sollte, wenigstens in seinem dramatischen Bau, in seiner dramatischen Totalität dem Grillparzerschen sehr überlegen.[26]

Die *Geyer-Wally* blieb der größte Erfolg der Wilhelmine von Hillern. Woher sie die Geschichte der Anna Knittel kannte, ist unklar. Möglicherweise hat sie tatsächlich das etwas verunglückte Titelbild auf der Zeitschrift *Wolf's Illustrirte Rundschau* gesehen[27] und den zugehörigen Artikel Ludwig Steubs *Das Annele im Adlerhorst* gelesen, es ist jedoch genauso denkbar, daß sie die ganze Geschichte über den in Freiburg lebenden Onkel der Anna Knittel, nämlich dem Bildhauer Alois Knittel (1814–1875) gehört hatte oder sogar von Anna Knittel selbst, die ihn 1867 in Freiburg besuchte. Er lebte seit 1847 in der Schwarzwaldmetropole und hatte hier 1850 Thekla Geiges geheiratet. Unter anderem stammen die Figuren auf dem Goethegymnasium aus seiner Werkstatt sowie das Grabmal Anselm Feuerbachs, des Vaters des gleichnamigen Malers und Gatten der Henriette Feuerbach und vor allem die Figur des Berthold Schwarz, die sich heute auf dem Freiburger Rathausplatz befindet.

Dem Besuch Anna Knittels in Freiburg lag ein sehr konkreter Anlaß zugrunde. Sie erhoffte sich Unterstützung von ihrem Onkel, da der Vater, der »zornige Loises«, massiv versuchte, ihre geplante Heirat mit Engelbert Stainer zu verhindern. Stainer hatte für ein uneheliches Kind zu zahlen, was der Vater in Erfahrung gebracht hatte. Er drohte nun, die Tochter, die in der heimischen Stube bereits unerwünscht war, ganz aus dem Haus zu werfen, wenn sie nicht den von ihm vorgesehenen reichen Bauern heirate. Doch

Anna Knittel, Selbstporträt (um 1857)

hartnäckig bot Anna ihrem Vater die Stirn und setzte schließlich ihren Willen durch. Das Grundmotiv – der von beiden Seiten mit äußerster Sturheit ausgetragene Vater-Tochter-Konflikt – findet sich in der Hillernschen Version der *Geier-Wally* also wieder. Auch der reiche Mitbewerber ist vorhanden, und in Engelbert Stainer könnte der Draufgänger Bärenjoseph sein Vorbild haben.

Der Stoff erwies sich jedenfalls als geradezu prädestiniert für den breiten Publikumsgeschmack. Nicht nur die zeitgenössischen Leser verschlangen die Fortsetzungen, auch im 20. Jahrhundert blieb die Begeisterung für das Sujet erhalten. Nun bemächtigte sich das Kino der Schicksalsromanze. Als Stummfilm mit Henny Porten in der Titelrolle flimmerte sie 1921 über die Leinwand. 1940 gab sich Heidemarie Hatheyer unter der Regie von Hans Steinhof der nationalsozialistischen Besessenheit vom Blut- und Boden-Mythos so weit hin, daß der Film das Prädikat »künstlerisch und volkstümlich wertvoll« erhielt. Im gleichen Jahr erschien ein Billigheftchen mit der Geschichte. Der Heimatkitsch-Begeisterung der Nachkriegsjahre wurde 1956 Genüge getan, als Barbara Rütting sich in die Felswand wagte. Während eines dreitägigen Seminars versuchten dessen Teilnehmer 1990 »Mythos und Realität der Geierwally« zu ergründen.[28] Als Parodie bearbeitete Walter Bockmayer das Sujet, und mit dem gleichnamigen steirischen Musical von Reinhard P. Gruber mit der Musik von Andreas Safer und Reinhard Ziegerhofer erreichte die Arena Freie Bühne Graz das Fernsehpublikum.

Selbst die Opernbühne ist von der *Geyer-Wally* erklommen worden. Der 1854 in Lucca geborene italienische Komponist Alfredo Catalani schuf auf das Libretto von Luigi Illica die Oper *La Wally*, die 1892 in Mailand mit überwältigendem Erfolg uraufgeführt worden war, den sogar Verdi, wenn auch ein wenig unwillig anerkannte, denn das Libretto schien ihm übertrieben. Der ein Jahr später verstorbene Catalani geriet mitsamt seiner Oper bald in Vergessenheit. Zwar führte Arturo Toscanini sie 1904 in Buenos Aires auf, 1905 und 1922 stand sie in Mailand auf dem Spielplan, doch erst 1990 gelang es *La Wally*, mit einer viel beachteten Aufführung die Alpengrenze nach Norden hin zu überwinden: Sie erlebte eine erfolgreiche Wiederauferstehung während der Bregenzer Festspiele.

Der italienische
Komponist
Alfredo Catalani

Wilhelmines Leben schien sich nach dem großen Erfolg der
Geyer-Wally endgültig in jene Richtung gewendet zu haben, die
sie von Anfang an angestrebt hatte, nämlich eine allseits anerkannte Künstlerin zu sein. Doch da zwang sie eine längere Krankheit
ihres Mannes, der hochangesehen als Landesgerichtspräsident
das besondere Vertrauen des Großherzogs genoß, sowohl ihre
schriftstellerischen Arbeit als auch das gewohnte ausgedehnte gesellschaftliche Leben einzuschränken. Wieder einmal war Minna
das Opfer äußerer Umstände geworden, die sie zur nicht selbst
gewählten Zurückgezogenheit verdammten.
Nachdem Hermann von Hillern am 7. Dezember 1882 gestorben war, »erlosch mit ihm die Familie von Hillern im Mannes-
stamm«.[29] Seinen Plan, den zukünftigen Schwiegersohn, den Freiburger Fabrikbesitzer Oskar Flinsch, vom Großherzog in den
Adelsstand erheben zu lassen, hatte er nicht mehr ausführen können. Dies nahm sehr energisch die Witwe in Angriff. Im Januar
1884 ließ sie dem Großherzog ein entsprechendes Gesuch zu-

kommen, das dieser prompt am 20. Februar erfüllte. Die preußische Anerkennung des Titels konnte Oskar von Hillern-Flinsch allerdings erst nach vielen Wirren am 27. April 1905 entgegennehmen. Man hatte Anstoß daran genommen, daß die Nobilitierung auf den Wunsch Hillerns hin geschehen war und nicht auf den des Großherzogs – was Wilhelmine natürlich empört von sich wies.

Nach der Heirat zweier Töchter am 26. April 1887 verließ Wilhelmine von Hillern Freiburg und zog nach Oberammergau. Ihre Tochter Hermine, die sich später ohne großen Erfolg ebenfalls als Schriftstellerin betätigte, und deren Mann, der Maler Zeno Diemer, schlossen sich ihr an. Während seiner Reise nach Bayern im Jahre 1905 traf der badische Dichter Heinrich Hansjakob in Oberammergau seine ehemalige Freiburger »alte Bekannte« Wilhelmine von Hillern wieder, und er fand sie »geistig noch ebenso frisch wie vor 18 Jahren«. Aus seinen Aufzeichnungen spricht die hohe Achtung, die der ansonsten so kritische und mitunter auch sehr direkt sich äußernde Pfarrer Wilhelmine von Hillern entgegenbrachte. Er charakterisierte sie als »ganz entschieden die geistreichste Frau, die mir in meinem langen Leben begegnet ist«.[30] Hohenaschau bei Prien war das nächste Domizil. Auch hier suchte und fand Wilhelmine von Hillern sofort Kontakt zu Adelskreisen, besann sich erneut auf ihre literarischen Ambitionen. Ihr Denken und ihre Arbeiten waren nun jedoch immer stärker von einem mystischen Katholizismus geprägt. 1906 trat sie im Kloster Ettal zum katholischen Glauben über. Die Erzählung *Und sie kommt doch!,* die in einem Alpenkloster des 13. Jahrhunderts spielt, und der Roman *Am Kreuz* spiegeln eine eigenartig engstirnige frömmlerische Haltung. Am ersten Weihnachtsfeiertag 1916 starb Wilhelmine von Hillern in Hohenaschau.

Dieser Frau, die immer und oft vergeblich versucht hatte, sich eine unabhängige gesellschaftliche Position zu erobern, die im Spannungsfeld stand zwischen eigenem und fremdbestimmtem Willen, widmete die katholische Zeitschrift *Hochland* einen Nachruf, in dem die *Geyer-Wally* nicht mehr erwähnt wird. Nur noch von den späten Werken ist die Rede, in denen Wilhelmine von Hillern von der »höchsten Aufgabe der Frau« spräche, die es sei, »zu lieben und zu beglücken«, in denen sie den Frauen rate, »Ärzte der Seele« (nach einem ihrer Romantitel) »zu sein mit ihrer Güte und stillen Treue und Aufopferung«.[31] Auf diese Weise wurde nicht einmal ihr Nachruf ihr gerecht.

Anmerkungen

1 Die Gartenlaube 1872, S. 590.
2 Felix Dahn: Erinnerungen. Die Universitätzeit, Leipzig 1891, Zweites Buch, S. 379.
3 Ebd., S. 385.
4 Ebd., S. 393.
5 Ebd., S. 404.
6 Ebd., S. 406.
7 Ebd., S. 407 f.
8 Eduard Devrient. Aus seinen Tagebüchern, hg. von Rolf Kabel, Weimar 1964, Bd. 1, S. 94.
9 Ebd. S. 95.
10 Ebd., S. 99
11 Ebd., S. 101.
12 Ebd., S. 121.
13 Ebd., S. 198.
14 Felix Dahn, a. a. O., S. 412.
15 Hermann von Hillern: Die Huldigung des Landes. Dramatisches Gedicht zur Feier der Vermählung Seiner Königlichen Hoheit des Großherzogs Friedrich von Baden mit ihrer Königlichen Hoheit der Prinzessin Luise von Preußen, Karlsruhe 1856.
16 Wenigstens eine kleine Kostprobe sei an dieser Stelle gestattet: »So knospen Rosen aus dem todten Scepter; / Nicht schreckt der Macht Symbol nur, es erfreut. / Auch in der Hoheit Auge blinkt die Thräne / Und freundlich lächelt die Nothwendigkeit. –«
17 Gisela Ebel: Das Kind ist tot, die Ehre ist gerettet. Ein Briefwechsel aus dem 19. Jahrhundert zwischen Charlotte Birch-Pfeiffer (1800–1868), Dichterin kitschiger Dramen, ihrer Tochter Minna von Hillern, Verfasserin der »Geier-Wally«, und dem Kammerjunker und Hofgerichtsrat Hermann von Hillern über ein zur Unzeit geborenes Kind, Frankfurt a. M. 1985, S. 56.

18 Ebd. S. 81 f.

19 Hans Georg Zier: Ein Direktor des Badischen Generallandesarchivs aus Ober-
schwaben. Justin Heinrich von Hillern und seine Familie, in: Neue Beiträge
zur südwestdeutschen Landesgeschichte. Festschrift für Max Miller, Stuttgart
1962, S. 329.

20 Gisela Ebel, a. a. O., S. 196.

21 Vgl. E. A. McCobb: Of women and doctors: Middlemarch and Wilhelmine
von Hillern's »Ein Arzt der Seele«, in: Neophilologus. An international journal
of modern and mediaeval language and literature, University of Hull, Vol. 68,
1984, S. 571–586.

22 Gisela Ebel, a. a. O., S. 229.

23 Wilhelmine von Hillern: Die Geier-Wally. Schauspiel in fünf Akten und einem
Vorspiel »Die Klötze von Rofen«, Freiburg i. Br. 1882, S. 0 [sic!].

24 Vgl. Helga Reichert: »Die Geierwally«. Leben und Werk der Malerin Anna
Stainer-Knittel, Innsbruck 1991.

25 Ebd., S. 26.

26 Theodor Fontane. Sämtliche Werke, Darmstadt 1969, Bd. 2, S. 530–535.

27 Vgl. die Abb. auf S. 48.

28 Ebd., S. 165, Anm. 9.

29 Hans-Georg Zier, a. a. O., S. 330.

30 Heinrich Hansjakob: Sonnige Tage. Erinnerungen, Stuttgart ⁴1906, NA Waldkirch o. J., S. 507.

31 Hochland, 14. Jg. 1916/17, S. 752.

Emanzipation und alte Traditionen

HERMINE VILLINGER
1849–1917

Als »literarisches Idyll«, mit dem sie »nicht allzu breit über die gelb-roten Grenzpfähle« hinausgelangt sei, wurde Hermine Villingers literarisches Werk in einem Aufsatz aus dem Jahre 1936 gewertet.[1] Dieses Urteil ist ganz einfach falsch. Abgesehen davon, daß die Villingerschen Romane, Erzählungen und Novellen sehr wohl außerhalb der badischen Grenze gelesen wurden, fordert es einen Anspruch ein, den diese Art von Dichtung glücklicherweise nicht erfüllte, nämlich jenem sentimentalen Heimatkitsch zu genügen, den man später in den 1930er Jahren so gern als erdverbunden und volkhaft-national pries. Ein zeitgenössischer Literaturführer hob diesen Vorzug hervor, wenn auch in recht blumigen Worten: »Der sog. Heimatkunst, die an ihrem Stoffe klebt wie ein flügellahmer Rabe an der Sandkuhle, hat sie sich nie schuldig gemacht.«[2]

Was man freilich nicht in Abrede stellen kann, gleichzeitig aber den spezifischen Charme der Villingerschen Werke ausmacht, sind die charakteristischen Züge, die sie ihren Protagonisten verliehen hat, die aus dem badischen Raum kaum wegzudenken sind, außerdem die badische Mundart, die sie in viele ihrer Werke eingebracht hat, was die Lektüre für nicht-badische Leser bisweilen erschwert. Dennoch fanden sie weite Verbreitung, vor allem auch dadurch, daß in verschiedenen Zeitschriften ihre Erzählungen in Fortsetzungen abgedruckt wurden. Über die Schriftstellerin urteilte die *Weltrundschau zu Reclams Universum* im Jahre 1907, sie sei »ein echtes, schlichtes Weib, treuherzig, gut, ohne Pose«, die modern und auch »das Gegenteil« sei. Als modern wurde »ihre Neigung zum Sozialen« bezeichnet, als »altfränkisch« ihre Art der »Erzählungs- und Darstellungskunst«.[3] Für die *Münchner Neuesten Nachrichten* gehörte Hermine Villinger »anerkanntterweise zu den besten Schriftstellerinnen der Gegenwart«. Ein neues Werk bedeute stets auch »ein neues Blatt in der Geschichte ihres Könnens«.[4]

Mit dem Begriff Idyll, den der oben zitierte Literaturkritiker von eigenen Gnaden gebraucht, meint er keineswegs die literarhistorische Gattung, vielmehr geht es ihm darum, den Eindruck zu erwecken, die Villingerschen Werke würden in einem idealisierten, problemfreien Vakuum entfaltet. Doch auch hiermit befindet er sich im Irrtum, denn ihre »Helden« sind meist nicht in einem wohlhabenden, sorgenlosen Umfeld zu suchen, sondern haben – auch wenn sie aus den sogenannten »besseren Kreisen« stammen – häufig mit existentiellen Schwierigkeiten zu kämpfen. Villingers Vorliebe galt den badischen Landsleuten, ihrer etwas schwerblütigen Mentalität, den »kleinen Leuten« auf dem Land, aber genauso den Bewohnern der Residenzstadt Karlsruhe, wo sie selbst als überzeugtes »Stadtkind« lebte.

Mit ihrer ungekünstelten, von Humor und exakter Beobachtungsgabe geprägten Schreibweise steht sie in der Tradition der Schwarzwälder Dorfgeschichten von Berthold Auerbach; der idealisierenden und jeder kritischen Überlegung sich verschließenden Glorifizierung des Bauerntums und Dorflebens, wie sie der sogenannten Heimatkunstbewegung eigen ist, ist sie nicht erlegen; aber genauso wenig konnte sie das künstlerische Niveau der Werke ihres großen Vorbildes Marie von Ebner-Eschenbach erreichen. Die fast 20 Jahre ältere Ebner-Eschenbach förderte im »persönlichen und brieflichen Verkehr [...] mit rührendem beschämendem Entgegenkommen«[5] die junge Kollegin, die »mit schwärmerischer Liebe« an ihr hing und glücklich war, mit ihr »ihre Ferienzeit verbringen zu dürfen«.[6] Sie versuchte auch, ihr bei der Veröffentlichung ihrer Werke durch ihre Beziehungen zu helfen, so als sie Julius Rodenberg, den Herausgeber der *Deutschen Rundschau,* auf die noch unbekannte Autorin aufmerksam machte.

Begonnen hatte diese etwas ungleiche Freundschaft im Jahre 1885; von Seiten Hermine Villingers war sie von einer tiefen Verehrung für die berühmte Schriftstellerin geprägt. Dies bekunden auch die mehr als 1300 Briefe, die sie an die bedeutendste deutschsprachige Erzählerin des 19. Jahrhunderts richtete. Wiederholt hatte die Ebner der jüngeren Freundin geraten, diese Briefe herauszugeben, und Hermine Villinger hatte öfter über diesen Plan mit Anna Ettlinger gesprochen, doch da die Ebner-Eschenbach verboten hatte, ihre eigenen Briefe zu veröffentlichen, scheiterte das Projekt. Testamentarisch verfügte Hermine Villinger, daß diese Aufgabe an Anna Ettlinger fallen sollte, die auch damit begonnen hatte, sie durchzusehen, eine Herausgabe aber nicht mehr realisieren konnte.

Als Anrede an die verehrte Dichterin gebrauchte Hermine Villinger stets Formulierungen wie »Meine teuerste Meisterin«, »Herzensmeisterin« o.ä., und selbst nach vielen persönlichen Kontakten – sie folgte häufig in Wien oder in den Ferienorten den Einladungen der Ebner-Eschenbach – blieb zwischen beiden eine gewisse Distanz erhalten. Auch mit dem engeren Freundeskreis wurde die Badnerin bekannt; hierzu gehörten u.a. die junge Erzählerin Enrica von Handel-Mazzetti (1871–1955) und die Lyrikerin und Essayistin Betty Paoli (eigentl. Elisabeth Glück, 1815–1894); auch mit ihr stand Hermine Villinger in regem Briefkontakt und erhielt dadurch Nachrichten aus Wiens Kulturszene, so einen Zeitungsausschnitt, in dem gemeldet wurde, daß am 16. März 1894 Katharina Schratt, die berühmte Schauspielerin und Gefährtin des Kaisers Franz Joseph I., einen Leseabend veranstaltet hatte, bei dem sie »die poesievolle Humoreske ›Auch ein Roman‹ von der prächtigen Schwäbin Hermine Villinger« gelesen habe.[7] Weiterhin zählten zum Wiener Freundeskreis Ida von Fleischl-

Marxow sowie die ehemalige Schauspielerin Louise von Schönfeld-Neumann (1817–1905), die Tochter der Amalie Haizinger,
die ebenfalls aus Karlsruhe stammte und 1856 die Bühne verlassen hatte. Sie war eine der bevorzugten Briefpartnerinnen von
Hermine Villinger.[8] Bereits ein Jahr nach dem Tod von Schönfeld-Neumann wurde zum Entsetzen der Ebner-Eschenbach deren Schriftwechsel mit Hermine Villinger veröffentlicht. Ihrem
Arzt Josef Breuer gegenüber äußerte die Ebner ihren Unmut:
»Wenn man den Abscheu kennt, den sie [Schönfeld-Neumann]
davor hatte, eine, wenn auch noch so harmlose Zeile aus einem
intimen Briefe durch den Schmutz der Zeitungen schleifen zu
sehen.«[9]
Die junge Wiener Erzählerin Paula von Preradovic (1887–1951) –
von ihr stammt übrigens der Text der österreichischen Bundes-
hymne – hatte mit Hermine Villinger Kontakt aufgenommen,
nachdem sie die *Simplicitas* gelesen hatte und von der Lektüre
beeindruckt war. Sie schrieb nach Karlsruhe: »Ich habe so ein
Gefühl, daß wir Freundinnen geworden wären. Wir hätten uns
gut verstanden.«[10] In ihrem Antwortbrief bestätigte ihr Hermine
Villinger, daß sich alles wirklich so zugetragen habe, daß alle erwähnten Personen dieses Romans wirklich existierten, lediglich
einige Namen habe sie verändert. Auch sehr persönliche Erlebnisse müssen zwischen den beiden Frauen ausgetauscht worden
sein, so Villingers vergebliche Schwärmerei für einen Leutnant,
der in *Simplicitas* als Leutnant Rot auftaucht. In einem ihrer Briefe gebrauchte Paula von Preradovic für eine ähnliche Erfahrung
die gleiche Wendung »Ronde vorbei!« wie auch Hermine Villinger.[11]
Trotz aller Anregungen und auch Kritik von Seiten der älteren
und erfolgreichen Ebner-Eschenbach und bei aller Bewunderung
für sie ging Hermine Villinger ihren eigenen künstlerischen Weg.
Sie besaß die Gabe, in ihrer Einfachheit kleine Welten nachzuzeichnen, in denen nicht hehre Helden im Mittelpunkt standen,
sondern Alltagsmenschen, die oft auch Außenseiter und Ausge-

stoßene der Gesellschaft waren. Im heutigen Sprachgebrauch würde man sie als sozial Schwache und Benachteiligte bezeichnen.

Dieser Schwerpunkt kam nicht von ungefähr. Die Dichterin, die – abgesehen von ihren Reisen, u.a. im Jahre 1906 ein längerer Italienaufenthalt und häufige Besuche in Wien, Ischl und St. Gilgen – ihre badische Heimat nie verlassen hat, kannte Land und Leute von Kindheit an. Und sie brauchte von der Provinzresidenz Karlsruhe, wo hauptsächlich Beamte, Kaufleute und andere, dem Mittelstand zugehörige Bürger lebten, nur in die Umgebung zu fahren. Auf dem Land ernährte sich in Baden um 1882 noch ungefähr die Hälfte der Bevölkerung von der Landwirtschaft, und hier waren jene von ihr häufig beschriebenen Lebensformen anzutreffen, die weder gemütlich und schon gar nicht idyllisch waren. Viele lebten entweder am Rande des Existenzminimums oder waren gänzlich mittellos und auf Almosen angewiesen.

Im ländlichen Bereich war dies hauptsächlich zurückzuführen auf das sogenannte Realteilungsrecht, nach dem das Erbe unter den Kindern aufgeteilt und dadurch mit der Zeit stets kleiner wurde. Die zu bewirtschaftenden Nutzflächen der einzelnen Höfe waren bisweilen so klein, daß sich die Familien vom Ertrag kaum ernähren konnten. In ihrem Roman *Die Rebächle* greift Hermine Villinger diese Situation auf. In einigen Schwarzwaldgebieten wiederum verfuhr man nach der Regelung, daß der jüngste Sohn das Anwesen erbte. Auf die eine oder die andere Weise aber gab es jedenfalls immer Verlierer, für die gar nichts blieb; sie mußten sich als Tagelöhner durchs Leben schlagen oder auf die Gutmütigkeit anderer hoffen. Derart realistische Motive verarbeitete Hermine Villinger z.B. im Band *Aus dem Kleinleben,* in dem sie in 16 Geschichten unterschiedliche Schicksale kleiner Leute einfühlsam, aber nicht rührselig, genauso aber auch heiter-humorvoll erzählt. Eine Episode aus der Novelle *Die Geringsten,* in der eine der Hauptpersonen eine Viehmagd ist, macht dies deutlich: Das erste Geschenk, das die Vieh-Marie in ihrem Leben erhält, ist ein Mitbringsel des Kronenwirts: zwei Herzlebkuchen mit dem

Bildnis des »Landesvaters und der Landesmutter«. Nachdem sie die Gabe voll Glück und Ehrfurcht an die Wand ihres Verschlages genagelt hat, »faltete sie plötzlich die Hände und schaute die hohen Herrschaften ehrfurchtsvoll an mit den Worten: ›Gellet, wir beten füreinander.‹« Doch die Freude währt nicht lange, denn am nächsten Morgen bemerkt die Vieh-Marie entsetzt, daß ihre schönen Herzlebkuchen ringsum angeknabbert sind.

Die »Viehmarie«
aus der Novelle
Die Geringsten

Sie hatte es nicht getan, das wußte sie ganz bestimmt, denn niemals hätte dies ihr Respekt für die hohen Herrschaften zugelassen. Es vergingen ein paar Nächte, und mit jedem Morgen erschienen die Lebkuchen kleiner. Die Vieh-Marie dachte: »Das sind Mäus«, und in der folgenden Nacht schlug sie, sobald sie im Bett lag, immerfort in die Hände, aber dann kam der Schlaf über die müde Kreatur, und so hatten die Mäuse wieder ein schönes Fest. Jetzt aber fürchtete die Vieh-Marie ernstlich für ihre Bilder, und als sie wieder zu Bett ging, legte sie ihre Herzlebkuchen unter das Kopfkissen. Am anderen Morgen waren die Herrschaften auf dem weichgedrückten Kuchen nicht mehr zu erkennen, und die Vieh-Marie starrte wie vom Blitz getroffen auf den Schaden hin. Als sie nach einer Weile zu einiger Fassung kam, brach sie in Tränen aus und aß dann in Gottesnamen alles auf samt dem Papier. »So«, tröstete sie sich, »jetzt sind sie am besten aufgehoben.«[12]

Noch ein anderer Wesenszug Hermine Villingers ist dieser Geschichte zu entnehmen, nämlich ihre lebenslange unbeugsame, tiefe, geradezu schwärmerische und von keinerlei kritischer Distanz getrübte Verehrung für den Großherzog und seine Frau, die ihr bereits während der Klosterzeit anerzogen worden war. Dies verband sie mit ihrer Brieffreundin Louise Schönfeld-Neumann; häufig ist in den Briefen von Begegnungen mit dem Großherzogenpaar die Rede, z.B. wenn Hermine Villinger von der ersten Lesung »bei Hof« berichtet, wo ihre Werke *'s heilig Dirndl* und *Uf Karlsruhe* vorgetragen wurden. »Sie machen sich keinen Begriff«, schrieb sie nach Wien, »wie unsere Herrschaften lachten. [...] Die Großherzogin wiederholt mir immer wieder: Nein, daß wir nichts von Ihnen wußten!«[13] Und sechs Jahre später, nachdem der Kontakt mit dem »Hof« enger geworden war, berichtete Hermine Villinger von einem Aufenthalt in Pontresina, wo es für sie dann am schönsten war, »wenn der Großherzog und die Großherzogin ganz allein herüberfahren und ich sie im Garten des Weißen Kreuzes mit Tee bewirten darf«.[14] Dem Großherzog und seiner Frau ließ sie umgehend ihre Neuerscheinungen zukommen, die dort auf viel Begeisterung stießen. In einem Brief, in dem Großherzogin Luise sich für das übersandte Buch bedankt, berichtet sie, daß ihr Mann zu aller Vergnügen im Familienkreis Passagen daraus vorgelesen hätte. »Dem geliebtesten Landesherrn, seiner Königlichen Hoheit« widmete Hermine Villinger zu dessen »fünfzigjährigen Regierungsjubiläum in tiefster Ehrfurcht und Dankbarkeit« ihre Erzählung *Binchen Bimber,* und von den vielen Auszeichnungen, die sie erhielt, hat sie wohl am meisten die goldene Medaille für Kunst und Wissenschaft gefreut, die ihr der so sehr verehrte Großherzog Friedrich I. überreichte.

Hermine Villinger vertrat zeitlebens eine rechte, sehr konservative Haltung, die sich allerdings nicht auf bestehende soziale Normen und Wertvorstellungen bezog, insbesondere dann nicht, wenn es um die tradierte Rolle der Frau in der Gesellschaft ging. Hier propagierte sie eine von fortschrittlichen und emanzipatorischen Gedanken bestimmte Auffassung, die sie in ihre Werke übertrug. Nicht nur die vom gewöhnlichen Frauenalltag einschließlich der Mühen vieler Schwangerschaften und der Erziehung der Kinder belasteten Ehefrauen, die sich bescheiden mit einem Leben zufrieden gaben, in dem der Wille des Mannes als oberste Richtschnur galt, erregten ihre Kritik, sondern weit mehr noch die Vorurteile, die man einer alleinstehenden Frau entgegenbrachte, die für ihren Lebensunterhalt, wie auch immer, selbst sorgen mußte. In der eigenen Familie und im Bekanntenkreis boten sich ihr bereits als Kind genügend Beispiele, wie Mädchen und Frauen in die vorgezeichneten Rollen hineinerzogen wurden. Auch ihr eigener Lebensweg schien sich zunächst in nichts zu unterscheiden von herkömmlichen, überkommenen Mustern. In den *Schulmädelgeschichten,* in denen sie sich ebenso wie in *Simplicitas* und im *Klostertagebuch* »fast durchweg an Tatsachen gehalten« hat,[15] schreibt sie in Form eines kindlichen Berichts über sich selbst:

Vorsatzblatt zu den *Schulmädelgeschichten* mit dem Bildnis der Institutsvorsteherin

Hermine Villinger als Kind

Ich bin am 6. Februar 1849 in Freiburg im Breisgau geboren; kaum
war ich auf der Welt, sind wir nach
Karlsruhe versetzt worden. [Die Ernennung des Vaters zum Geheimen
Kriegsrat machte diesen Umzug notwendig. Anm. d. Verf.] Als ich in die
Kleinkinderschul kam, lief ich davon.
Endlich mußte ich doch hinein. Ich
wurde auf einen Tisch neben das Klavier gesetzt, an dem meine Lehrerin
Stunde gab; da sollte ich still sitzen
und stricken: das war entsetzlich, und
ich warf mein Strickzeug hinter den
Kasten. Mein Bruder war ein Jahr
jünger als ich und viel bräver; er hat
mir auf dem Heimweg gesagt: Du
kommst gewiß noch in die Höll.[16]

Die kleine Hermine Anna Theresia Xaveria wollte trotz aller erzieherischen Bemühungen dem Idealbild eines wohlerzogenen Mädchens nicht entsprechen. Sie benahm sich nach eigener Aussage
eher wie ein Junge, und solch »unnatürliches« und »unweibliches«
Verhalten mußte selbstverständlich ausgemerzt werden. Nach einem kurzen und offenbar erfolglosen Versuch in einer Karlsruher
Schule beschloß die Familie deshalb, die temperamentvolle und
nicht gerade mit Begeisterung lernende Tochter der klösterlichen
Obhut der Karmeliterinnen in Offenburg anzuvertrauen.
Das Buch *Aus der Jugendzeit, aus der Jugendzeit klingt ein Lied mir
immerdar* spiegelt die Erlebnisse dieses Lebensabschnitts wider.
Vom 13. April 1863 an hatte Hermine Villinger in französischer
Sprache notiert, was sie während der Klosterschulzeit bewegte,
und fast wörtlich übernahm sie diese Aufzeichnungen in ihre
Bücher. Erstaunlich ist bereits in den ersten Heften die Sicherheit
und Flüssigkeit, mit der sie formuliert. Zunehmend brachte sie
Dialoge ein, die dann im *Klostertagebuch* oder in *Simplicitas* wieder-
kehren.

Die Art der Erziehung, wie sie von den Schwestern im Kloster praktiziert wurde, ist geprägt von Unterordnung und Zwängen, die heute nur noch ungläubiges Staunen hervorrufen. Verlassen durften die Mädchen das Kloster nie, weder in den Ferien noch zu Weihnachten wurde ihnen ein Aufenthalt zu Hause gestattet; es gab nirgendwo einen Spiegel, damit Eitelkeit gar nicht erst aufkommen konnte. Man sprach ausschließlich französisch, und die jungen Mädchen gebrauchten selbst untereinander das förmliche »Sie«. Bereits kleinste Vergehen oder Mißgeschicke wurden mit demütigenden Strafen belangt oder mindestens mit Zurechtweisungen. So wurde beispielsweise die Freude Hermines über das Kompliment der Musiklehrerin, daß sie schöne Zähne habe, mit der Bemerkung »Gott wäre statt dessen ein Gebet lieber gewesen« getrübt. Das Ergebnis solcher Erziehungsideale waren bigotte, völlig überspannte und dabei eingeschüchterte junge Mädchen, die für ein selbständiges Leben absolut ungeeignet waren. Nicht einmal eine ausreichende Bildung war gewährleistet, denn der Bildungskanon war eingeschränkt. Zwar wurden einige grundlegende Bereiche wie französische Grammatik oder das Schreiben von Aufsätzen gelehrt, doch auch nur annähernd ausreichende Kenntnisse in deutscher Literatur oder Musikgeschichte wurden nicht vermittelt. Lessing und Goethe galten als »die ärgsten Freigeister,

Hermine Villinger
als Klosterschülerin in Offenburg

vor denen man sich nicht genug hüten« konnte.[17] Anna Ettlinger berichtet in ihren Lebenserinnerungen, daß im »Literaturbuch« Hermine Villingers zu lesen war, »daß Goethe einer der unsittlichsten Menschen war, die je gelebt haben, in ihrem Geschichtsbuch, daß Kaiser Joseph II., der die Klöster aufhob, einer der schlechtesten Kaiser gewesen sei«.[18] Später hat Hermine Villinger diese Bildungslücken schmerzlich zu spüren bekommen: »Ich kann nie mitsprechen, wenn von was Rechtem die Rede ist, z.B. von Musik, Büchern oder gar antiken Statuen.«[19] Erst durch den umfassenden Literaturunterricht bei Anna Ettlinger (1841–1934), deren erste Schülerin sie war, änderte sich dies.

Hermine fiel die Eingliederung in diese von rigiden und teilweise auch nicht einsehbaren Regeln bestimmten Gemeinschaft nicht leicht. Sie hatte wohl den guten Willen, zu gehorchen, doch aus ihren Aufzeichnungen liest man die Anstrengung heraus, die es das Mädchen kostete, die eigene Meinung zu unterdrücken, und das war »trotz aller Mühe und mit dem besten Willen der Welt nicht zu ändern«. Das angestrebte Ziel meinte sie am Ende ihrer Klosterzeit erreicht zu haben, als sie es als ein Glück empfand, daß es immer leichter würde, sich »abzutöten. Früher brauste ich gleich auf.«[20] Während sich die religiöse Erziehung bei einer Mitschülerin so weit verfestigt hatte, daß sie darum betete, der Bruder möge Geistlicher werden, blieb Hermine, die so oft das ihr verhaßte Wort »vernünftig« zu hören bekam, bei aller Frömmigkeit doch weit gelassener: Ihr Bruder Hermann sollte werden, was er wollte. Zu dieser realistischen Auffassung paßt auch das ironisch gezeichnete Bild der eigenen Situation inmitten der Kameradinnen:

> Ich muß wirklich sagen, ich bin ein gottgesegnetes Geschöpf, denn ich habe Freundinnen, die fast alle wahre Vollkommenheiten sind. [...] Lisbeth und Marie gehen herum wie halbe Heilige, so daß ich in der größten Angst bin, sie könnten auch eines Tages im Noviziat verschwinden. Gottlob, Lisbeth wird nie zur rechten Zeit in der Toilette fertig; das ist wenigstens ein Fehler.[21]

Noch im nachhinein bezeichnete die Tagebuchschreiberin die dreijährige Schulzeit im Kloster als »Gefangenschaft«, die allerdings – schnell wird das schlechte Gewissen über diese Äußerung beruhigt – doch »eine sehr glückliche Gefangenschaft« gewesen sei. Ihre Gedanken wanderten aus dem Kloster oft nach Freiburg, der Heimatstadt der Mutter Anna Magdalena, wo auch Hermine geboren ist. Aus Erzählungen wußte sie, daß es dort »einen heiligen Annatag gab, wo alle Annas der ganzen Stadt in Littenweiler im ›Schwanen‹ zusammenkamen, die Großen und die Kleinen, die Alten und die Jungen, und Kaffee tranken und Sträuble aßen und dann in die kleine Kapelle zogen und vor dem bekränzten Bild der heiligen Anna ein Gebet verrichteten.«[22]

Noch lieber erinnerte sie sich an die Ungebundenheit der Ferien auf dem Land beim Apotheker-Onkel: »In Kenzingen kannten mich alle Leute, nannten mich 's Karlsruher Meideli, und ich war selig. [...] Überall war ich, im Garten und in der Apotheke, im Stall und auf der Gasse, und immer den Mund und die Taschen voll, vier Wochen lang. Kein Mensch verlangte von mir, ich solle stillsitzen.«[23]

Seine Fortsetzung hat das Klostertagebuch im Briefroman *Simplicitas,* der mit dem Abschied von den Nonnen und dem mühseligen Eingewöhnen in die häusliche Gemeinschaft beginnt. Auch diesem Werk lagen wieder die am 10. Oktober 1865 begonnenen autobiographischen Notizen zugrunde, die überschrieben sind mit dem Titel »Hermine dans le monde«. Hermine fand sich nur schwer zurecht und sehnte sich zurück ins Kloster. Ihrem Tagebuch, das übrigens mit den Worten »Das Opfer ist vollbracht« beginnt, vertraute sie am 29. 11. 1865 an: »Ich fühle mich so entmutigt und so traurig.«[24] Die weltfremde Erziehung hatte bewirkt, daß sie ständig das Gefühl mit sich herumschleppte, alles, »was sie jetzt in der Welt tut«, sei »nicht recht«. Das machte sie unglücklich und aggressiv: »Kurz, die Eltern, 's Tantele, meine frühern Freundinnen, alles findet mich unausstehlich, Während sie mich doch im Kloster so lieb gehabt.«[25] Sie spielte sogar längere Zeit mit dem

Anna Ettlinger (ganz rechts sitzend) mit Schwestern und Freundinnen

Gedanken, wieder ins Kloster zurückzugehen – ein Entschluß, den nicht zuletzt Anna Ettlinger verhinderte. Durch sie lernte sie Lessings Werke kennen, »und unter seinem Einfluß fiel eine Hülle nach der andern, durch welche die Klostererziehung ihren Blick eingeschränkt hatte. Sowohl die Welt der Kunst als die der Religion zeigten sich ihr in neuem Licht.«[26]

Anna Ettlinger stammte aus einer wohlhabenden, kinderreichen jüdischen Karlsruher Familie, die im kulturellen Leben der Stadt eine nicht unbedeutende Rolle spielte. Bei Ettlingers trafen sich die Künstler, wie z.B. der Dirigent Hermann Levi, der Komponist Johannes Brahms, der Kupferstecher Julius Allgeyer, der eng mit dem Maler Anselm Feuerbach befreundet gewesen war. Anna Ettlinger »setzte ihr ganzes Leben dran, Kunst, und das heißt in ihrem Fall Literatur und Musik, wenn nicht zu schaffen, so doch zu vermitteln«.[27] Zustande gekommen war die Bekanntschaft zwischen ihr und Hermine durch den Kapellmeister Hermann Levi, der über letztere sagte, daß sie »gescheiter« sei, »als sie sich stellt«.[28] Ettlinger, die aus eigener Kraft und Initiative sich eine Position als Literaturvermittlerin geschaffen hatte, wurde und blieb Hermine Villingers ständige Beraterin, auch als diese bereits zur anerkannten Schriftstellerin avanciert war, und führte deren »zuweilen ungeberdiges Talentle mit starker Hand am Zügel«, wie es in einem Brief an Louise Schönfeld-Neumann heißt.[29] Überließ ihr Hermine anfangs noch allzu gern die Texte für Veränderungen, die – wie Anna Ettlinger schrieb – nicht »ihre Leidenschaft« waren, so merkte sie allmählich doch »selbst schon beim Vorlesen, was zu ändern sei und worauf es ankomme«.[30] Ganz neue Erfahrungen erschlossen sich Hermine Villinger nach ihrer klösterlichen Abgeschiedenheit durch Theaterbesuche, die bis dahin undenkbar gewesen waren. Tiefen Eindruck machte auf sie eine Aufführung von Lessings *Minna von Barnhelm,* die sie –

Hermine Villinger als junges Mädchen

selbstverständlich wieder mit dem obligaten schlechten Gewissen ob solch verruchter weltlicher Lustbarkeit – mit dem Vater besuchte. Doch die Faszination war größer als die Gewissensbisse: Von da an ging sie jede Woche einmal ins Theater, traute sich endlich sogar, dies den Nonnen im Kloster zu schreiben, allerdings nicht ohne eine kleine Mogelei:

> Die Eltern wünschen es. Dies ist durchaus wahr. Aber ich sagte nicht, daß ich es auch wünsche, ersehne und mich wie ein Narr auf meinen Theatertag freue. Und ich sage auch nichts von den Stücken, in die ich gehe. Es nagt mir am Gewissen, das kann ich dir sagen, aber ich habe mir vorgenommen, bei meinem nächsten Besuch im Kloster alles zu beichten.[31]

Die Begeisterung für das Theater blieb. Sie führte sogar so weit, daß der wenig fromme Wunsch entstand, selbst Schauspielerin zu werden. Aber Eduard Devrient, Direktor des Karlsruher Hoftheaters, hatte genügend Erfahrung mit mäßig begabten schwärmerischen jungen Mädchen, die glaubten, für die Bühne geschaffen zu sein. So hatte er wohl oder übel vor Jahren bereits die von ihrer Schauspielkunst sehr überzeugte Tochter der Charlotte Birch-Pfeiffer engagieren müssen. Deshalb riet er vehement ab, denn Theaterbegeisterung allein genüge nicht, um dem Schauspielberuf gerecht zu werden. In Hermines Briefroman *Simplicitas* sind Devrients Einwände andeutungsweise wiedergegeben: »Ich rate jedem jungen Mädchen ab und Ihnen besonders, die Sie in Lebensverhältnissen aufgewachsen sind, die Sie ganz ahnungslos ließen von dem, was der Theaterberuf mit sich bringt.«[32]

Die zunächst maßlos enttäuschte junge Frau sah wenig später selbst ein, wie berechtigt diese Ablehnung und der Hinweis auf den schönen, aber unrealistischen Schein der Bühne waren. Als sie einem vergötterten, auch hinreißend spielenden Sänger ohne Bühnenmaske begegnete, sah sie sich einem keuchenden, dicken, unschönen und zudem noch nach Schnupftabak stinkenden »unappetitlichen« Menschen gegenüber, den auf der Büh-

Sonntag den 3. April 1892.

Comedia

oder kampff-gesprech zwischen Juppiter und Juno, ob weiber oder menner zum regimentn tüglicher seyn von Hans Sachs.

Personen:

Juppiter, der gott	Herr Muser
Juno, die göttin	Frl. Landmann
Mercurius, der götter bot	Frl. Treutlein
Tyresias, halb man, halb weyb	Herr Levis sen.
Jeckle, der narr	Herr Groß.

Anno salutis 1534 am 30 tag Aprilis.

Das Loch.

Schattenspiel von Achim von Arnim.

	Schatten:	Stimmen:
Dichter	Herr v. Salwürk	Herr Levis jun.
Kaiser vom Rhabarberlande	Herr Kerschensteiner	Herr Levis sen.
Kaiserin, dessen Braut	Frau Muser	Frl. Villinger
Kaspar, sein Rath	Herr Groß	Herr v. Salwürk
Ritter von der runden Tafel	Herr M. Neumann	Herr Stegmann
Matrosen		{ Herr Ettlinger { Herr R. Neumann.

Kurmärker und Picarde.

Genrebild mit Gesang von Louis Schneider.

Personen:

Marie, Pächterin in einem Dorfe der Picardie	Frl. Landmann
Friedrich Wilhelm Schulze, Landwehrmann	Herr Muser
Biesele, Unteroffizier	Herr Groß.

---

1. Ouvertüre zu Abu Hassan von Weber ⎫
2. Festmarsch von Jensen ⎬ Frl. A. Renck
3. Rigaudon (Alt-französisch) ⎭ Frau F. Weill.

Programmzettel für eine Aufführung im privaten Kreis.
Hermine Villinger leiht einer Schauspielerin ihre Stimme

ne zu umarmen ihr ein Greuel gewesen wäre: »Ich tät sterben vor Ekel. Siehst du, da steckt's wieder, das Kloster. Wir sind so entsetzlich prüd erzogen worden. Da komm' ich nicht drüber weg.«[33]

Die Leidenschaft für das Theater hat Hermine Villinger dennoch nie ganz abgelegt. Im privaten Kreis übernahm sie sogar kleine Rollen, wie z.B. am 3. April 1892, als sie im Schattenspiel *Das Loch* von Achim von Arnim einer Schauspielerin ihre Stimme lieh. Auch in mehrere ihrer Werke ist der Hang zum Theater eingeschrieben, so u.a. im *Lebensbuch* oder im Roman *Die Rebächle,* in denen die zentralen Figuren Schauspieler oder Sänger sind. In den *Rebächle* stellt sie die Figur der Großmutter in den Mittelpunkt. Als Vorbild dient ihr die erfolgreiche Karlsruher Schauspielerin Amalie Haizinger. Einige Züge hat möglicherweise auch eine der Villingerschen Freundinnen beigesteuert, die öfter aus ihren Werken las, nämlich Friederike »Fifi« Goßmann – das »Goßmännle«, die spätere Gräfin Prokesch –, eine von ihrem Beruf besessene und erfolgreiche Schauspielerin. Allerdings scheint der Schriftstellerin die eigene negative Erfahrung doch im Gedächtnis haften geblieben zu sein, denn sie läßt ihre Heldin seufzen: »Kind, du wirsch dich vergucke, wenn du glaubsch, mit deiner Wahrhaftigkeit auf der Bühn' Glück zu mache – da wird ja nix als g'loge –.«[34]

Die glühende Überschwenglichkeit der verhinderten jungen Schauspielerin verlagerte sich nun allmählich auf die Literatur, was durch Anna Ettlinger, die sie ermunterte, selbst mit dem Schreiben zu beginnen, noch verstärkt wurde. Daß sie auf dem richtigen Weg zu sein schien, bewies der erste Erfolg, der Abdruck einer Novelle – allerdings unter dem Pseudonym H. Willfried –, für den sie ein für ihre Verhältnisse beachtliches Honorar von 300 Mark erhielt. Weit wichtiger aber war ihr ein Brief der Redaktion, in dem es hieß: »Ihr Talent ist unverkennbar. Wir sehen mit Vergnügen weiteren Sendungen entgegen.«[35] Hermine wußte nun, daß »nicht die Klosterzeit für sie die glücklichste Zeit« ihres Lebens gewesen war, sondern das vor ihr liegende »Schönste und wertvollste, was auf dieser Erde einem Menschenkind werden kann: Künstlerisches Schaffen«.

Die Familie im *Simplicitas*-Roman und auch jene der *Rebächle,* wo dieses Motiv ebenfalls eingearbeitet ist, nahmen so wie die Hermines dieses Ereignis höchst erstaunt zur Kenntnis: »Niemand in der Familie glaubte nämlich an mein Talent. Die vorigen Passionen fürs Kloster und fürs Theater hatten meinen Ruf in ihren Augen vollständig untergraben, und so glaubte auch niemand, daß ich es überhaupt im Leben zu etwas bringen würde. Ich allein glaubte es.«[36]

Die Entscheidung der Anfängerin, sich mit der Schriftstellerei den Lebensunterhalt zu verdienen, stieß im bürgerlichen Karlsruher Kreis allenthalben auf Befremden. Schriftstellerinnen waren so etwas wie Zigeunerinnen. Die Mutter, die von der Beschäftigung ihrer Tochter überhaupt nichts wissen wollte – »Dein Geschreibsel taugt nichts! Da sieh die Marlitt an: das ist doch etwas anderes«[37] – mußte sich von wohlmeinenden Bekannten sagen lassen: »Wenn's nur wenigstens noch was Vernünftiges wär, man hat ja nix dagegen, wenn eins Klavierstund oder Französisch gibt, aber Bücher schreiben – wen ich hör, 's isch ein allgemeines Entsetzen.« Und die junge Schriftstellerin selbst mußte feststellen, daß sich sogar eine der besten Freundinnen zurückzog, da die Eltern fürchteten, ein solcher Umgang sei zu überspannt. Ein früherer Verehrer, der das hübsche junge Mädchen, das zeitweise auf keinem der Karlsruher Bälle gefehlt hatte, einstmals angeschwärmt hatte, mahnte sogar ernsthaft: »Also man ist jetzt unter die Blaustrümpfe gegangen? Haben Sie sich's auch überlegt? Noch ist es Zeit! Kein vernünftiger Mann will etwas von einem Blaustrumpf wissen.«[38] Allgemein stellte Hermine fest, daß ihr die Männer wenig Achtung entgegenbrachten, wenn sie erfuhren, welchen Beruf sie ausübte. Meist lag Geringschätzung in der Bemerkung »Sie schreiben?«

Wie sollten auch solch literarische Ambitionen in der badischen Provinz auf Verständnis treffen, wenn schon die erfolgreiche

Ebner-Eschenbach in ihrem Tagebuch 1877 stöhnte: »die Meinen kränken sich über meine Schriftstellerei«.[39] Wie lange sich derartige kleinbürgerlich-spießige Ansichten hielten, berichtete Hermine Villinger ihrer Briefpartnerin Schönfeld-Neumann am 17. Mai 1894, also nachdem sie bereits lange Zeit eine etablierte Schriftstellerin war: »Weihrauch, das gibt's in Karlsruhe nit, da muß man froh sein, wenn ›eine, die schreibt‹, überhaupt nit über d'Achsel ang'seh'n wird.«[40] Solche Auffassungen machen einmal mehr die doch sehr abgeschiedene Provinzialität der badischen Residenz deutlich, die im ersten Drittel des 19. Jahrhunderts Rahel Varnhagen veranlaßte, Karlsruhe bissig als »souveränes Nest« zu bezeichnen, in der wohl genügend Menschen lebten, eine »Gesellschaft« jedoch nicht vorhanden sei.[41]

Hermine Villinger zog es nun nach Berlin. Im Winter 1881/82 – sie war immerhin bereits über dreißig – besuchte sie das dortige Viktoria-Lyzeum, das durch Miß Archer 1808 begründet worden war. Helene Lange (1848–1930), die für die Gleichberechtigung der Frauen eintrat, Freiheit der Bildung, des Berufs und Bewegungsfreiheit im Staatsleben forderte, hatte von diesem Institut, dessen Besuch sie als »edles Luxusbedürfnis« einschätzte, eine sehr zwiespältige Meinung. Zwar würden die Vorlesungen gehalten von Universitätsprofessoren aus den Bereichen der Literatur- und Kulturgeschichte, der Philosophie und anderer geisteswissenschaftlicher Disziplinen, doch angesichts der »bunt gemischten Schar der Hörerinnen« hatte sie doch »berechtigte Zweifel«, ob das Gebotene »wirklich voll aufgenommen und verarbeitet werden konnte, da weder an die Vorbildung noch an die Arbeitsleistung der Hörerinnen irgendwelche Ansprüche gemacht wurden«.[42]

Hermine Villinger hegte für Miß Archer eine sehr große Bewunderung; sie bat sie auch, ihre ersten Werke zu lesen, vor allem *Onkel Sigmund,* und von ihr erhielt sie viele wertvolle Hinweise für ihre schriftstellerische Arbeit. Vor allem aber füllte sie im Berliner Institut jene Wissenslücken auf, die die eingeschränkte Wissensvermittlung im Kloster hinterlassen hatte. Ihrer Karlsruher Lehrerin Anna Ettlinger berichtete sie in vielen Briefen[43] sowohl von ihren Lehrern und den neu erworbenen Kenntnissen als auch von den häufigen Theaterbesuchen und Einladungen, bei denen sie als Gast teilnehmen durfte. So lernte sie Wilhelmine von Hillern und deren Töchter kennen. Über die berühmte Verfasserin der *Geier-Wally* schrieb sie wenig schmeichelhaft nach Karlsruhe: »Sie ist ein urhäßlich Weib, aber was von einer Tatkraft und Natur steckt in ihr. Man sehnt sich nicht, ihr näher zu kommen, aber man hat sie sehr gern einmal angestaunt und geht dann heim mit der Empfindung: Donnerwetter«.[44] Die *Geier-Wally* wurde zum Zeitpunkt der Anwesenheit von Hermine Villinger in Berlin gerade mit größtem Erfolg aufgeführt. Die Titelrolle spielte Johanna Schwarz, in deren Wohnung Hermine untergekommen war, mit der sie auch eine enge Freundschaft verband. Theodor Fontane schrieb in seiner Besprechung des Stückes, daß er zwar Gutes von ihr erwartet habe, jedoch auf eine »so vortreffliche Leistung« nicht gefaßt gewesen sei.[45]

Auch später hielt sich Hermine Villinger hin und wieder in Berlin auf, wo sie im »Deutschen Lyceum Club« aus ihren Werken las. Ihr zu Ehren wurde dort am 26. März 1910 ein alemannischer Abend veranstaltet, bei dem neben ihren Werken u. a. auch aus denen von Johann Peter Hebel gelesen wurde.

Vom Lyzeum in Berlin kehrte Hermine in das elterliche Haus nach Karlsruhe zurück. Erst nach dem Tod der Mutter, die neun Jahre lang schwer krank gewesen war, bezog sie gemeinsam mit der »energischen, getreuen Ricke, die 22 Jahre um mich ist« und für das leibliche Wohl sorgte, eine eigene Wohnung am Scheffelplatz.[46] Nachhaltigen Erfolg als Schriftstellerin hatte sie mit dem 1888 erschienenen Sammelband *Aus dem Kleinleben,* dem zahlreiche Romane und Erzählungen folgten.

Ihre Werke, die sich häufig eng an eigenen Erlebnissen orientieren, sind gekennzeichnet von einer natürlichen, mit sehr viel unaufdringlichem Humor durchsetzten Schreibweise. Viele Probleme werden aufgezeigt, bisweilen ließ es die Verfasserin jedoch bei der puren Darstellung bewenden. Entschieden Stellung bezog sie hingegen immer dann, wenn es um die Rolle der Frau ging, die sie in ihren Büchern bevorzugt behandelte. Töchter wurden in erster Linie zum Heiraten erzogen. Wenn sie dann noch ein wenig Ahnung von Kunst oder Literatur hatten, so war dies als »Schmuck« willkommen. Eine tiefer gehende Bildung, die gar zu einer gewissen Selbstverantwortung geführt hätte, war nicht erwünscht. Hermine Villinger, die wie Anna Ettlinger bewußt unverheiratet geblieben war, übte heftige Kritik an der Konvention des sorgenden und behütenden Hausmütterchens, das sich widerspruchslos den Anordnungen des Ehemanns zu fügen hatte. Sehr bestimmt plädierte sie in einer Zeit, in der der Zugang zu Unterricht und Bildung für Mädchen noch überaus eingeschränkt war, für Ausbildungschancen, die Frauen ein selbständiges unabhängiges Leben ermöglichten. Auch diese Erkenntnisse hatte sie ihrer Lehrerin Anna Ettlinger zu verdanken, die bereits als junges Mädchen von Bekannten dafür getadelt wurde, daß sie Bücher las, »die man für allzu wissenschaftlich für ein junges Mädchen« hielt.[47] 1870 hatte sie im Feuilleton der *Badischen Landeszeitung* ein fiktives Gespräch veröffentlicht, in dem sich Befürworter und Gegner der Frauenemanzipation eine zwar amüsante, aber entschiedene Auseinandersetzung über das Rollenverständnis der Frau liefern. Hier wird klar, daß es nicht um eine oberflächliche Modefrage geht, sondern um die vollkommene, auch politische Gleichberechtigung der Frau.

Solche Ausführungen einer Frau waren noch gegen Ende des 19. Jahrhunderts ungewöhnlich, widersprachen der gängigen Auffassung von der Erziehung bürgerlicher junger Mädchen. Der Aufenthalt in Schule, Internat oder, wie bei Hermine Villinger, im Kloster sollte auch weniger dem Erwerb einer gediegenen Wissensgrundlage dienen, sondern vielmehr dem Zweck, gutes Benehmen und Anpassungsfähigkeit zu lernen. Auch in der öffentlichen Viktoriaschule, die in Karlsruhe als beste Mädchenschule galt, war nach Meinung Anna Ettlingers, die dort unterrichtet worden war, der »Lehrplan ziemlich dürftig zugeschnitten und litt besonders darunter, daß nirgends ein tieferer geistiger Hintergrund sich zeigt«.[48] Es gab keine Anleitung zum selbständigen Denken, Fragen wurden nicht selten mit Antworten, wie »das braucht ein Mädchen nicht zu wissen« o.ä. abgefertigt.[49] Selbstbewußtes Auftreten war schon gar nicht gefragt, wurde als Trotz und Eigensinn interpretiert und mußte folglich unterbunden werden.

Die zahlreichen Mädchenbücher, die im 19. Jahrhundert entstanden, tradieren solche gängigen Erziehungsideale, wie z.B. eines der berühmtesten dieses Genres, nämlich der *Trotzkopf* von Emmy von Rhoden (1832–1885), der schon 1909 in der 55. Auflage erschien. Viele gängige Klischees wurden hier benutzt, um die jungen Leserinnen vor einer eigenen Meinung zu bewahren. Berufstätige Frauen sind entweder zu bedauern – es sind immer Lehrerinnen, die sich ihren Lebensunterhalt verdienen müssen –, oder sie werden als abschreckendes Beispiel präsentiert, wenn sie einen Beruf ergreifen, in dem sie sich tatsächlich verwirklichen können.

Zur Warnung wird »das schlimme Schicksal« der jungen Lucie präsentiert, die nicht gewillt ist, sich der Meinung ihres Zukünftigen, eines »klugen und charaktervollen Mannes«, unterzuordnen. Er »gewann« zwar endlich ihr »trotziges und eigenwilliges Herz«. »Doch glaubt ihr, daß Lucie nun eine andere geworden sei? Daß Glück und Liebe ihren Trotz und ihren Eigensinn gebrochen? Welche Mühe gab sich ihr Verlobter, sie von diesem Fehler zu heilen! Wie oft versprach ihm Lucie, sich zu überwinden, sich zu bessern! Ach hätte sie nur Wort gehalten! Wieviel Kummer und Herzeleid hätte sie sich dann erspart!«[50]

Das Ergebnis ihrer Unbelehrbarkeit hat Lucie selbst zu verantworten: Die eigentliche Bestimmung als Ehefrau und Mutter bleibt ihr versagt; als Lehrerin, dem lange Zeit einzig anerkannten Beruf für unverheiratete bürgerliche Frauen, muß sie sich selbst ernähren und auf den von der Gesellschaft ungleich höher bewerteten Verheiratetenstatus verzichten.

Der Berufsstand der Lehrerin besaß damals allerdings ein völlig anderes Verständnis als heute. Dies begann bereits mit der Schul- und Berufsausbildung, die eine andere war als für die männlichen Kollegen, denn in den sogenannten Lehrerinnenbildungsanstalten begnügte man sich mit recht sparsamen Bildungsinhalten. Dementsprechend ging man noch 1872 davon aus, daß Lehrerinnen mit »einem niedrigeren Gehalte vorlieb« nehmen, wie dies in einem Programmpunkt während der preußischen Ministerialkonferenz festgestellt wurde.[51]

Gegen derartige Bevormundungen und Benachteiligungen der Frauen begehrte Hermine Villinger in ihren Werken auf – nicht radikal, aber unübersehbar. Ihre Vorstellungen von Emanzipation waren eher bürgerlich-gemäßigt, geprägt von ihrer konservativen Grundhaltung. Die familiäre Idylle verlagerte sich in ihrem Denken auf einen Kreis, dessen Mittelpunkt die alleinstehende, unverheiratete und von allen geachtete Dame ist. In solchem Eifer schrieb sie sich bisweilen in ein allzu extremes Schwarz-Weiß-Raster hinein, wobei man nicht vergessen sollte, daß persönliche negative Erfahrungen sicherlich ihre Spuren hinterlassen hatten. Sie, das gebildete, selbstbewußte, aber ledig gebliebene »Fräulein« galt trotz aller Selbständigkeit in weiten Kreisen immer noch – wie sie es in einem ihrer Romane ironisch formulierte – als »geborene alte Jungfer«.[52] In vielen ihrer Briefe kommt der Unmut hierüber zum Ausdruck, und es ist offensichtlich, wie sehr sie sich unter dem Zwang fühlte, die Vollwertigkeit ihres Lebens als Schriftstellerin rechtfertigen zu müssen: Ihre Kinder waren ihre Bücher, die sie nach schwierigen »Wochenbetten« – sie gebraucht diesen Ausdruck sehr häufig – in die Welt setzte.

Das Abbild einer ledigen Tante, die – welch erschütternde Formulierung – »keine Stellung in der Welt«[53] hat und im Haushalt von Schwester und Schwager auf deren Wohlwollen angewiesen ist, findet man in der Erzählung *'s Tantele*. Wiederum sind autobiographische Motive eingeflochten, die nicht nur sie selbst betrafen, sondern auch auf der Erinnerung an das »Tantele«, ihre

Tante Therese, basierten, das bei Hermine Villingers Eltern lange
Zeit wohnte und außer einer standesgemäßen Erziehung nichts
von zu Hause mitbekommen hatte. In ihrer Geschichte ergreift
die Erzählerin eindeutig Partei für diese Figur. Sie zeichnet sie
als eine praktisch denkende, mitten im Leben stehende, immer
hilfsbereite Frau. Die verheiratete, naive und allen Realitäten des
Lebens fernstehende Schwester dagegen verläßt sich auf sie und
ihren Mann, den sie geheiratet hat, um versorgt zu sein, denn
»Hanna hatte nicht aus Liebe geheiratet; sie war sechsundzwanzig
Jahre alt geworden und die Zahl der Verehrer begann sich zu lich-
ten, ohne daß einer es gewagt hätte, dem vermögenslosen und
anspruchsvollen Mädchen die Hand zu bieten. Wenn ihr auch die
Persönlichkeit des vierzigjährigen Regierungsrats nicht sonderlich
zusagte, so war ihr doch seine Stellung recht.«[54]
Die begabte und lernwillige Tochter erfährt nur von der Tante
Verständnis für den Wunsch, Lehrerin zu werden. Während die
Brüder teilweise mit rüden Methoden vom Vater zum Lernen
gezwungen werden, hat man bei der Tochter nur die eine Sorge,
daß sie ihrer Gelehrsamkeit wegen keinen Mann »abbekommt«,
daß sie »sitzen bleibt«. Das junge Mädchen setzt jedoch seinen
Willen durch, was schließlich zum guten Ende führt: Durch ihre
selbst erkämpfte Stellung als Lehrerin und Leiterin eines Instituts
kann sie für die mittellose Tante und die inzwischen verwitwete und verarmte Mutter sorgen, die nun mit im gemeinsamen
Haushalt leben – ein neues Familienidyll mit veränderten Vor-
zeichen.
Die Motive, die Hermine Villinger in ihre Romane und Erzählungen einarbeitete, waren durchaus realitätsbezogen. Die
Frauenbewegung in Deutschland hatte besonders durch die Führung von Luise Otto seit 1848 neue Impulse bekommen. Sie
ging einher mit der zunehmend zu beobachtenden Verarmung
des Mittelstandes. Für junge Mädchen aus dieser Schicht ohne
entsprechende Mitgift war eine standesgemäße Eheschließung
nahezu ausgeschlossen, allerdings auch eine zielgerichtete Berufs-

ausbildung, die eine Existenzsicherung ermöglicht hätte. In den verwandtschaftlichen Haushalt konnten sie auch nicht immer aufgenommen werden. Eine Berufstätigkeit der Ehefrau war ebenfalls nicht üblich, weder in der gehobenen Arbeiter- und schon gar nicht in der bürgerlichen Beamtenklasse; eine verheiratete Frau war wirtschaftlich völlig vom Verdienst ihres Mannes abhängig, d.h. sie war sowohl emotional als auch sozial fest im familiären Kreis verhaftet. Die Emanzipationsbestrebungen, etwa jene von Helene Lange, versuchten, diese fest gefügten Strukturen zu durchbrechen, »der Frau zu einer Anpassung an die modernen sozialen Verhältnisse zu verhelfen, bei der ihr für sich selbst die größtmögliche Entfaltung ihrer Persönlichkeit und ihres Lebens gewährt ist«.[55] Zugleich sollte es ihr möglich gemacht werden, ihre Kraft einzusetzen, um hiermit »den weitgehendsten, zweckmäßigsten, wertvollsten Gebrauch für die Zwecke der Allgemeinheit« zu machen.[56] Bahnbrechend neu waren solche Gedanken nicht, wenn man bedenkt, daß bereits in der Romantik der Philosoph Friedrich Schleiermacher als zehntes seiner »Zehn Gebote« den Frauen empfohlen hatte: »Laß dich gelüsten nach der Männer Bildung, Kunst, Weisheit und Ehre.«[57]

Diesen Ratschlag hat Hermine Villinger reichlich befolgt. Ihre literarische Produktion ist beachtlich. Zahlreiche Romane, Erzählungen, Novellen entstammen ihrer Feder. Die Motive, die sie verwendete, wiederholen sich häufig: der versagt gebliebene Wunsch, Künstlerin zu werden, unvermutet sich zeigendes Talent zum Schreiben, der Wunsch der jungen Heldin, sich im Beruf zu bewähren, Eltern-Kind-Konflikte, die dadurch entstehen, daß die Eltern auf unbedingtem Gehorsam und alten Traditionen unreflektiert beharren; nicht selten erscheint als ideales Paar die erfahrene, beschützende Großmutter und die junge noch unentschiedene Enkelin.

Mit den wenigen Bühnenstücken, die sie verfaßte, u.a. einem einaktigen Lustspiel und zwei jeweils einaktigen Schwänken hatte Hermine Villinger nicht sehr viel Erfolg. Das Volksstück *Schuldig?*

wurde in Karlsruhe zwar sehr freundlich aufgenommen, es interessierten sich danach jedoch nur einige kleine Bühnen und ein Bauerntheater dafür. Das einaktige Stück *Das letzte Wort* wurde 1904 in der in Berlin erschienenen *Deutschen Monatsschrift für das gesamte Leben der Gegenwart* veröffentlicht. Im kleinen Kreis hatte sie einst ihr Lustspiel *Ein Signalement* vorgestellt, ein Stück, das auf »liebenswürdiger Situationskomik beruht«, wie Anna Ettlinger, die sehr angetan davon war, bemerkte.[58]

Für den Fleiß, den Hermine Villinger mit viel selbst auferlegter Disziplin an den Tag legte, war nicht nur ihr Ehrgeiz als Schriftstellerin verantwortlich, sondern in gleichem Maße die Sorge um den Lebensunterhalt und das Alter. Auch darauf hatte Marie von Ebner-Eschenbach ein wachsames Auge, wie einem Brief an Louise Schönfeld-Neumann aus dem Jahre 1895 zu entnehmen ist.

Hermine Villinger
in ihren letzten Lebensjahren

Bei jedem Wiedersehen, so berichtete ihr Hermine Villinger, frage die Ebner, ob sie zufrieden sein könne, ob etwas zurückgelegt worden sei für das Alter. Doch sie sah selbst die Notwendigkeit ein, denn »wenn's mit dem Arbeiten nicht mehr geht oder niemand meine Geschichte mehr lesen will, was dann, wenn ich mir nicht selbst eine Pension auszuzahlen vermag?«[59]

Sowohl Hermine als auch ihr um ein Jahr jüngerer Bruder Hermann, er starb 1913, blieben unverheiratet. Schon früh hatte sie erkannt, daß die Entscheidung für den Schriftstellerberuf für sie gleichbedeutend war mit dem Verzicht auf eine eigene Familie. Als sie die ersten Schreibversuche unter Anna Ettlingers Anleitung unternahm, wurde ihr klar: »Wenn ich jetzt Kinder hätte, es wär schrecklich, denn sie bekämen nichts zu essen und ich würde ihre Näschen nicht sehen, so denk und leb ich und web ich in Goethe.«[60]

In Karlsruhe hatte sich Hermine Villinger anstelle einer Familie jedoch allmählich einen Kreis von Freunden und Bekannten erkämpft, zu denen auch das Großherzogenpaar zu rechnen war, zu dessen regelmäßigen Gästen wiederum die Schriftstellerin gehörte. In ihrer eigenen Wohnung verkehrten u.a. der Maler Hans Thoma und seine Schwester, ebenso der Dichter Paul Heyse. Gesundheitliche und wohl auch psychische Probleme, die sie auf Überarbeitung zurückführte, zwangen Hermine Villinger in den letzten Jahren des öfteren zu Kuraufenthalten, u.a. in Freudenstadt, im Glottertal, in Bad Nassau oder auf dem Feldberg, wo sie stets im *Feldberger Hof* logierte. Immer noch war sie eine eifrige Briefschreiberin, und aus einigen ihrer Mitteilungen, so aus Karten an Anna Ettlinger, geht hervor, daß sie bisweilen unter depressiven Stimmungen litt. Der Tod ihrer langjährigen Lehrmeisterin und Ratgeberin Ebner-Eschenbach erschütterte sie zutiefst. Sie überlebte sie fast genau ein Jahr. Am 3. März 1917 starb Hermine Villinger in einem Karlsruher Krankenhaus.

Anmerkungen

1 Karl Joho: Die Schriftstellerin Hermine Villinger, in: Ekkhart. Jahrbuch für das Badner Land, 17. Jg. 1936, S. 72–76.

2 Max Geißler: Führer durch die Literatur des 20. Jahrhunderts, Weimar 1913, S. 671.

3 Weltrundschau zu Reclams Universum 30. 9.-6. 10. 1906, S. 471.

4 Münchner Neueste Nachrichten vom 27. 2. 1910.

5 Anton Bettelheim: Marie von Ebner-Eschenbach. Wirken und Vermächtnis, Leipzig 1920, S. 264.

6 Marie von Ebner-Eschenbach. Biographische Blätter, hg. von Anton Bettelheim, Berlin 1900, S. 187.

7 Nachlaß Hermine Villinger, verwahrt in der Badischen Landesbibliothek in Karlsruhe.

8 Zwei Landsmänninnen. Briefwechsel zwischen Louise Gräfin von Schönfeld-Neumann und Hermine Villinger, Wien 1906.

9 Marie von Ebner-Eschenbach – Dr. Josef Breuer. Ein Briefwechsel. 1889–1916, hg. von Robert A. Kann, Wien 1969, S. 83.

10 Nachlaß Hermine Villinger, verwahrt in der Badischen Landesbibliothek in Karlsruhe.

11 Ebd.

12 Hermine Villinger: Die Geringsten, in: Aus dem Kleinleben, Lahr [1945], S. 50 f.

13 Briefwechsel mit Schönfeld-Neumann, a. a. O., S. 7.

14 Ebd., S. 73.

15 Anna Ettlinger: Lebenserinnerungen für ihre Familie verfaßt, Leipzig o. J. [1920], S. 81.

16 Dies.: Schulmädelgeschichten, Berlin 1893, S. 69.

17 Dies.: Aus der Jugendzeit, aus der Jugendzeit klingt ein Lied mir immerdar. Mein Klostertagebuch, Stuttgart [1904], S. 84.

18 Anna Ettlinger, a. a. O., S. 81.

19 Hermine Villinger: Simplicitas. Eine Jugendgeschichte, Stuttgart 1907, S. 100.

20 Briefwechsel mit Schönfeld-Neumann, a. a. O., S. 142.

21 Ebd., S. 12 f.

22 Ebd., S. 70.

23 Ebd., S. 77.

24 In französischer Sprache geschriebene Tagebücher, Nachlaß Hermine Villinger, verwahrt in der Badischen Landesbibliothek in Karlsruhe.

25 Simplicitas, a. a. O., S. 6.

26 Anna Ettlinger, a. a. O., S. 106.

27 Robert Bender: Anna Ettlinger, in: Juden in Karlsruhe. Beiträge zu ihrer Geschichte bis zur nationalsozialistischen Machtergreifung, hg. von Heinz Schmitt, Karlsruhe 1988, S. 481.

28 Anna Ettlinger, a. a. O., S. 106.

29 Briefwechsel mit Schönfeld-Neumann, a. a. O., S. 29.

30 Anna Ettlinger, a. a. O., S. 106.

31 Simplicitas, a. a. O., S. 38.

32 Ebd., S. 85.

33 Ebd., S. 88.

34 Rebächle, a. a. O., S. 111.

35 Verwahrt im Nachlaß Hermine Villinger in der Badischen Landesbibliothek Karlsruhe.

36 Simplicitas, a. a. O., S. 176.

37 Karl Hesselbacher: Vom Schreibtisch und aus dem Atelier. Zum Gedächtnis an Hermine Villinger, in: Velhagen & Klasings Monatshefte, Berlin/Bielefeld/Leipzig/Wien, 31. Jg., Heft 9, S. 90.

38 Simplicitas, a. a. O., S. 197.

39 Tagebuchnotiz vom 4. März 1877, zit. nach: Jiří Veselý: Tagebücher legen Zeugnis ab. Unbekannte Tagebücher der Marie von Ebner-Eschenbach, in: Österreich in Geschichte und Literatur, 15. Jg. 1971, S. 79.

40 Briefwechsel mit Schönfeldt-Neumann, a. a. O., S. 11.

41 Rahel Varnhagen von Ense: Briefwechsel, hg. von Friedhelm Kemp, 4 Bde, München 1979, Bd. 4, S. 109, 124.

42 Helene Lange: Lebenserinnerungen, Berlin 1921, S. 100.

43 Diese Briefe sind nicht veröffentlicht.

44 Brief vom 19. Oktober 1881 an Anna Ettlinger. Nachlaß Hermine Villinger, verwahrt in der Badischen Landesbibliothek in Karlsruhe

45 Theodor Fontane: Sämtliche Werke, Bd. 2: Aufsätze, Kritiken, Erinnerungen, Darmstadt 1969, S. 533.

46 Briefwechsel mit Schönfeldt-Neumann, a. a. O., S. 4.

47 Anna Ettlinger, a. a. O., S. 48.

48 Ebd., S. 31f.

49 Ebd., S. 32.

50 Emmy von Rhoden: Der Trotzkopf, Berlin o. J., S. 30.

51 Zit. nach Erich Dauzenroth (Hg.): Frauenbewegung und Frauenbildung. Aus den Schriften von Helene Lange, Gertrud Bäumer, Elisabeth Gnauck-Kühne, Bad Heilbrunn 1964, S. 71.

52 Hermine Villinger: 'S Tantele, Stuttgart 1942, S. 85.

53 Ebd., S. 4.

54 Ebd., S. 17 f.

55 Helene Lange: Die Frauenbewegung in ihren gegenwärtigen Problemen, Leipzig ³1924, S. 18.

56 Ebd.

57 Ebd., S. 30.

58 Anna Ettlinger, a. a. O., S. 138.

59 Briefwechsel Schönfeld-Neumann, a. a. O., S. 28.

60 Simplicitas, a. a. O., S. 168.

»…recht wie ein stilles Veilchen, bescheiden und treu«

MARIE ELLENRIEDER
1791–1863

Bestimmend für das Leben der Malerin Anna Maria Ellen-rieder waren christliche Tugenden und Ideale sowie das Streben nach einer Einheit mit Gott, wie es sonst nur in klöster-licher Abgeschiedenheit zu finden ist. In ihre Frömmigkeit, die ihr schon in früher Kindheit anerzogen wurde, und die bisweilen fast manische und zwanghafte Züge aufweist, steigerte sie sich mit zunehmendem Alter immer mehr hinein. Mit sich selbst und ihrer Lebensführung war sie nie ganz im reinen; in ihren Tage-büchern taucht häufig die Klage auf, nicht fromm, nicht ergeben genug zu sein. Dabei hätte sie mit ihrem Leben zufrieden sein können; es entsprach christlichen Maximen, war abwechslungs-reich, und mit ihren künstlerischen Erfolgen überflügelte sie die nur zahlenmäßig weit überlegene männliche Konkurrenz. Doch die Gabe, ihr Dasein positiv zu gestalten und ohne Selbstanklagen zu leben, besaß sie nicht.

Der Grund für diese schwere Bürde lag in ihrer Erziehung, obwohl man – zumindest hinsichtlich der Familie der Mutter – eigentlich etwas Weltoffenheit hätte erwarten können. Marie war die jüngste von vier Schwestern und kam am 20. März 1791 im Bodenseestädtchen Konstanz zur Welt. Die 1747 geborene Mutter Maria Anna stammte aus der angesehenen Malerfamilie Hermann, deren Wurzeln bis ins 17. Jahrhundert zurückreichen. Ihr Großvater Franz Benedikt Hermann, ein Schüler Giovanni

Antonio Pellegrinis in Venedig, war Mitglied der Akademie San Luca in Rom gewesen, sein Sohn Franz Ludwig hatte von 1749 an zahlreiche Kirchen am Bodensee, u.a. das Konstanzer Münster, mit Werken versehen und war schon ein Jahr später Konstanzer Bürger geworden.

Der 1740 geborene Vater Marie Ellenrieders, Conrad, arbeitete als Hofuhrmacher und hatte es zu bescheidenem Wohlstand gebracht. Zwei Jahre vor Maries Geburt hatte er das Zunfthaus der Fischer am Bleicherstad erwerben können. Unterrichten ließen die Eltern ihre Töchter – Valentine, Josephine, Anna und Marie – von den Dominikanerinnen, die nach der Säkularisation noch als Lehrschwestern zugelassen waren. Sie legten in der Erziehung ihrer Zöglinge kaum Wert auf umfassende literarische oder historische Bildung. Viel wichtiger war ihnen die religiöse Unterweisung. Da sie nicht mehr die Möglichkeit hatten, innerhalb eines geschlossenen Konvents ihre althergebrachten religiösen Traditionen zu pflegen, war es ihr Anliegen, für deren Weiterbestand auch weiterhin in einem offeneren Zusammenschluß zu sorgen. Bedenkt man, daß besonders in den Frauenkonventen der Dominikanerinnen eine mystisch geprägte Spiritualität zu finden war – Konstanz war um die Mitte des 14. Jahrhunderts durch Heinrich Seuse eine der Hochburgen der Mystik geworden –, daß die persönliche Auseinandersetzung mit Gott im Mittelpunkt stand und eine introvertiert religiös empfindsame Haltung als erstrebenswertes Ideal galt, verwundert es nicht, wie sehr Marie Ellenrieder, der von den Dominikanerinnen beste Leistungen bescheinigt wurden, solche Maximen bereits als Kind verinnerlicht hat. Der religiöse Drill, der auf Gehorsamkeit und das Erreichen einer reinen Seele ausgerichtet war, ging den Schülerinnen in Fleisch und Blut über. Noch die Tagebücher Hermine Villingers berichten in allen Einzelheiten über rigide Normen und Sanktionen, die für die Zöglinge galten. Nicht sehr viel anders hat dies wohl Marie Ellenrieder erfahren, die sich von ihren Mitschülerinnen allerdings dadurch unterschied, daß sie schon in jungen

Jahren ein außergewöhnliches Talent im Malen und Zeichnen erkennen ließ. Demgegenüber litt sie später unter der mangelnden Allgemeinbildung, und in ihren vielen Bildern finden sich nirgendwo Bezüge auf mythologische, historische oder literarische Sujets, wie man sie von einer umfassend gebildeten Künstlerin hätte erwarten dürfen.

Um 1810 begann sie eine Ausbildung bei dem Miniaturenmaler Joseph Einsle (1774–1829), der aus Wien nach Konstanz gekommen war. Für eine junge Frau aus bürgerlichem Haus war dies eine durchaus angemessene Tätigkeit. Eine solche Arbeit konnte innerhalb der schützenden Hülle der Familie ausgeübt werden. Während der ersten Jahrzehnte des 19. Jahrhunderts war die Tradition des familialen Produktionsbetriebes noch ungebrochen, so daß – ganz anders als gegen die Jahrhundertwende hin – die Mitarbeit der Ehefrau noch akzeptiert wurde. Gerade auf dem Gebiet der Blumen-, Ornament-, Initial- und Miniaturmalerei gab es zahlreiche dilettierende Frauen, die Malunterricht nahmen und mit ihrer erlangten Fertigkeit zum Familienbudget beitrugen. Miniaturen waren gefragt – schließlich gab es noch keine Fotographien –, weil sie sich auch jene leisten konnten, die finanziell nicht in der Lage waren, bei Künstlern große Porträts in Auftrag zu geben.

Die Kunstfertigkeit und das Talent der Marie Ellenrieder ragte weit über den Durchschnitt hinaus. Bei ihrem Lehrer lernte sie wichtige Grundlagen, überflügelte ihn schon nach kurzer Zeit mit ihrem Können, und er war ehrlich genug, dies auch zuzugeben. Wäre Marie ein Mann gewesen, so hätte es in einer Familie, in der die Malerei Tradition hatte, wohl kaum ein Überlegen gegeben. Doch wie sollte man mit einer begabten jungen Frau umgehen? Auf den Akademien waren nur männliche Studierende zugelassen, weibliche zukünftige Malerinnen mußten sich mit teurem Privatunterricht begnügen. Die erste private Malerinnenschule in Baden wurde auf Initiative von Großherzogin Luise 1885 gegründet. Selbst in der Großstadt Berlin existierte eine ähnliche

Einrichtung erst von 1868 an, und in München hatte der dortige Künstlerinnenverein 1884 für den Aufbau einer »Damenakademie« gesorgt.

Marie Ellenrieder fand einen Förderer. Für ihre Weiterbildung setzte sich der kunstbegeisterte Konstanzer Generalvikar Ignaz Heinrich von Wessenberg (1774–1860) ein. Dieser äußerst fortschrittlich denkende und mutige Kirchenmann, der es sogar wagte, sich öffentlich gegen die kirchliche Oberhoheit und ihre Dogmen zu wenden, war davon überzeugt, daß Marie nur an der Münchner Kunstakademie, die von Peter von Langer geleitet wurde, die begonnene Ausbildung erfolgreich fortsetzen konnte. Wie und wer es nun genau war, der es endgültig geschafft hat, dieses Novum durchzusetzen, ist nicht bekannt. Louise Seidler (1786–1866), die spätere Freundin Maries, die ebenfalls Schülerin von Langer gewesen war, berichtete später: »Da das Studiren auf der Kunstakademie Frauen nicht gestattet war, so hatte sich Direktor Langer anfangs auf keine Weise herbeilassen wollen, Maria Ellenrieder aufzunehmen, bis ihre Thränen, unter denen sie ihm vorstellte, wie ihre Taubheit sie zu jedem anderen Berufe unfähig mache, endlich sein Herz erweichten.«[1]

Seidler hoffte, daß dies ein »Präcedenzfall« werden würde, der anderen Frauen die Tür zur Ausbildung an der Akademie öffnete und dies »weder zum Schaden der Kunst, noch zum Nachtheil der Würde der Frauen«.[2] Leider war diese Hoffnung nicht berechtigt. Auf eine mit gleichen Rechten wie die Männer ausgestattete Ausbildung mußten die weiblichen Studierenden noch lange warten.

Was die angesprochene Taubheit angeht, so litt Marie Ellenrieder tatsächlich bereits als junge Frau unter Schwerhörigkeit, was sie im Alltag unsicher und empfindlich machte; zweifellos verstärkte sich auch ihr Hang zur Introvertiertheit hierdurch. Daß diese körperliche Beeinträchtigung manchmal auch zu kuriosen Situation führte, belegt ein Bericht des Leibarztes von König Ludwig I. von Bayern, der während ihres späteren Aufenthaltes in Rom sowohl

Marie Ellenrieder als auch deren Malerkollegin Katharina von Predl eingeladen hatte. Alle drei waren schwerhörig, und das Essen entwickelte sich zu einem beinahe absurden Theaterstück:

> Da gab es denn bei Tische eine solche Perlenschnur von Mißverständnissen, daß die Mitanwesenden auf eine wahre Folter gespannt waren. Einmal rief der Prinz, sein Glas erhebend und auf Vorherbesprochenes anspielend: »Pereat! Sie wissen schon, Fräulein von Predl!« Ehrerbietig erhob auch diese ihr Glas, knickste und, vermeinend es gelte eine hohe Gesundheit, erwiderte sie in verbindlichstem Tone: »Ihre Majestät, die Kaiserin von Österreich!«[3]

Doch bis dahin dauerte es noch lange. Vorerst war mit der Entscheidung, die junge Marie Ellenrieder 1813 an der Münchner Akademie als Schülerin aufzunehmen, gleichzeitig das Angebot des Direktors verbunden, sie als Gast in seiner Wohnung zu beherbergen. In der Familie von Langer fühlte sich Marie bald sehr wohl, zumal hier ein sehr geselliger Umgang gepflegt wurde. Zum ersten Mal erlebte die junge Kunststudentin aus der Provinz größere Gesellschaften, zu denen angesehene und hochstehende Gäste eingeladen waren. Einerseits war sie beeindruckt und genoß diese neuen Eindrücke, andererseits aber litt sie unter Komplexen: Sie hörte schwer, war die Großstadtatmosphäre nicht gewöhnt und hatte nicht genügend Allgemeinbildung, um bei Gesprächen mithalten zu können.

Auch das Studium selbst, das sie mit dem größten Ernst und Fleiß betrieb, wird für sie nicht ganz ohne Probleme gewesen sein. Schließlich hatte sie in der Enge des Konstanzer Elternhauses nicht gelernt, mit männlichen Kollegen umzugehen, die wiederum eigene Vorbehalte hatten, weil sie als Frau in eine männliche Domäne eingebrochen war und zudem auch noch den Vorzug genoß, in der Familie des Direktors zu wohnen. Ein lockerer Umgang untereinander war wohl nur schwer möglich. Auch die Lehrer sahen sich mit der Anwesenheit eines weiblichen Studenten einer neuen Situation gegenüber, der viele mit Mißtrauen und sogar Mißachtung begegneten. Gab es doch ohnehin schon Ausein-

Marie Ellenrieder: Selbstporträt (1818)

andersetzungen darüber, ob und wie die Aktzeichenkurse, zu denen Marie selbstverständlich nicht zugelassen war, durchgeführt werden sollten.

Gefordert wurde viel von den Studierenden. Von acht Uhr früh bis abends wurden Gemälde kopiert, nach Gipsmodellen gezeichnet, Radierungen angefertigt und vor allem technische Fertigkeiten vermittelt. Peter von Langer erwartete von seinen Schülern, daß sie in ihrer Kunst das Handwerk beherrschten. Auf Marie Ellenrieders Leistungen, deren große Begabung in der Porträtmalerei lag, die von Langer auch intensiv gefördert wurde, traf hier bereits das zu, was Louise Seidler später in Rom von ihr sagte:

sie arbeitete mit »rastlosem Fleiße« und »ihr Eifer beschämte die meisten Männer«.[4]

Als sie nach zwei Jahren ihre Ausbildung vorläufig beendete – 1816 und 1820 kehrte sie jeweils für einige Monate nach München zurück –, wird Marie die Wiedereingewöhnung in das kleinbürgerliche Umfeld der eigenen Familie sicher nicht leichtgefallen sein. Sie malte nun hauptsächlich Porträts von Familienangehörigen und Freunden, auch das wohl bekannteste Selbstbildnis, das sie als junge, gut aussehende Frau zeigt mit biedermeierlich angeordneter Frisur und schwarzem Kleid, das durch einen weißen Spitzeneinsatz aufgehellt ist; um den Hals trägt sie eine doppelte Kette, an der ein Perlenkreuz hängt, das genau in der unteren Bildmitte plaziert ist. Dadurch demonstrierte sie ihre tiefe Religiosität auch nach außen hin.

Mehrfach porträtierte sie in dieser Zeit die Kinder ihrer Schwester Valentine, um 1816/17 beispielsweise ihren Neffen Valentin Joseph Fritz Detrey. In diesem Bild kommt die ganze Kunst der Ellenrieder zum Ausdruck: Es gelang ihr, den kleinen zerzausten Neffen mit dem nicht sehr ordentlichen Kragen so zu zeigen, daß der Betrachter seinem Gesichtsausdruck deutlich entnehmen kann, daß er diese Sitzung im Grunde für überflüssig und langweilig hält und höflich, aber ungeduldig darauf wartet, möglichst bald wieder verschwinden zu können.

Marie Ellenrieder: Ihr Neffe
Valentin Joseph Fritz Detrey
(um 1816/17)

Die Zeichnungen, die sie von den Eltern 1819 anfertigte, belegen ihr gelungenes Bemühen, charakteristische Wesenszüge miteinzubringen. Beiden scheint eine sehr entschlossene und bestimmte Haltung eigen gewesen zu sein, die wenig Widerspruch zuließ. Besonders die Mutter blickt dem Betrachter streng entgegen – ein Eindruck, der noch verstärkt wird durch die Mundpartie mit den leicht aufeinander gepreßten Lippen. Etwa ein Jahr später zeichnete sie die Tochter wesentlich distanzierter, nicht mehr als sorgende Hausfrau mit der biedermeierlichen Haube, sondern als wohlhabende Bürgerin mit Pelzcape und pelzbesetzter Mütze, die den Haaransatz völlig verdeckt, was dem Porträt zusätzlich eine gewisse Strenge verleiht.

Aufträge, mit denen die junge Malerin hätte Geld verdienen können, gab es damals nur wenige. Woher hätten sie in Konstanz auch kommen sollen? So begab sie sich auf Reisen nach Zürich, Schaffhausen und Freiburg, wo sie zahlreiche Porträts anfertigte, u.a. eines ihres Freiburger Gastgebers, des Professors an der Freiburger Theologischen Fakultät Leonhard Hug (1765–1846). Er war Domdekan und ab 1828 Domkapitular in Freiburg und wollte Marie, deren Sehnsucht Italien galt, eigentlich auf eine Reise dorthin mitnehmen. Die Pläne scheiterten, denn Marie unterwarf sich – noch im Alter von immerhin 28 Jahren – dem Willen ihrer bereits kranken Mutter, die ihre Einwilligung zu diesem Auslandsaufenthalt verweigerte. Die Enttäuschung hierüber und den Versuch, sie zu überwinden, vertraute sie ihrem Tagebuch an: »... so beschloß ich denn, nicht auf Leben und Tod Abschied von ihr [der Mutter] zu nehmen, sondern in meinem deutschen Vaterlande zu bleiben und das, was unsere Könige in Großmut für die Kunst opferten, nicht undankbar zu verkennen, sondern mit neuem Mut und neuem Eifer an die Arbeit zu gehen«.[5] Zumindest aber hatte Marie von Hug im einzelnen erfahren können, welche Vorbereitungen für eine solche Reise notwendig waren und wie man sie am besten durchführte.

Zunächst hatte sie 1818 vom Fürstenbergischen Hof in Sigmaringen eine Einladung mit dem Auftrag erhalten, die Fürstin und deren Kinder zu malen. Dies war der Auftakt für weitere Arbeiten an Fürstenhöfen. Ein Jahr später waren Karl Egon II. von Fürstenberg und seine Gattin Amalie ihre Auftraggeber. Während ihres mehrmonatigen Aufenthaltes in Donaueschingen entwickelte sich eine Freundschaft zwischen ihr und der fürstlichen Familie, die über Jahrzehnte Bestand hatte.

Die Jahre zwischen 1817 und 1822 gelten als ihre besten; mit den in dieser Zeitspanne entstandenen Werken erreichte sie den Höhepunkt ihres Schaffens. Überregional hatte sie sich bereits einen Namen gemacht. Aus Ichenheim bei Offenburg erhielt sie als erste Frau den Auftrag, für eine katholische Kirche drei Altarbilder zu schaffen, deren herausragendes sicherlich die Madonna mit dem Jesusknaben ist, der drei kleine Mädchen Blumen und Früchte darbringen. Der Gesichtsausdruck der Madonna ist keineswegs überirdisch-entrückt, sondern sie blickt als stolze Mutter auf ihr Kind, das sie auf dem Schoß hält. Dennoch enthüllen die drei Bilder deutlich einen Bruch mit der bis dahin praktizierten Porträtmalerei, die meist von einer biedermeierlich-leichten und unbeschwerten Lebendigkeit bestimmt war. Nun »mischt sich Befremden in die Bewunderung, und bei näherem Zusehen will es scheinen, als habe das Streben nach Reinheit Kälte, das Ringen um Läuterung Tod gebracht«.[6]

Das beachtliche Honorar für diese drei Bilder bildete die Grundlage für die schon seit langem ersehnte Italienreise. Die Mutter war am 13. Januar 1820 gestorben, so daß Marie nun auch von familiärer Seite nicht mehr zurückgehalten wurde. Allerdings hatte Marie ihr vor dem Tod noch das Versprechen geben müssen, »immer der Tugend treu zu bleiben«.[7] Über die Beweggründe der Mutter, die Tochter diesem zölibatären Gelübde zu unterwerfen, kann nur spekuliert werden. Möglich ist, daß sie schlicht und einfach Angst hatte, daß ihre Jüngste in den doch etwas lockereren Künstlerkreisen es mit den anerzogenen katholischen Moralvorstellungen vielleicht nicht so ernst nehmen könnte; genauso aber ist vorstellbar, daß sie genau wußte, wie sehr Heirat, Geburten und Erziehung von Kindern Maries Arbeit nicht nur beeinträchtigen, sondern sie sogar zur Aufgabe des begonnenen Weges zwingen könnten, was für Marie sicherlich eine Katastrophe bedeutet hätte.

Unbeschwert von familiären Pflichten konnte sie endlich am 7. Oktober 1822 in Begleitung des romerfahrenen Schriftstellers und Bildhauers Heinrich Keller (1778–1862) und des Bildhauers Johann Nepomuk Zwerger (1796–1868) die lang ersehnte Italienreise antreten. Über Mailand, wo sie den Dom besichtigten und Leonardos *Abendmahl,* fuhren sie weiter nach Parma und Florenz, und Marie schwärmt von den »herrlichen Dingen«: »das Christusköpfchen des Corregio, die Venus von Titzian, die frommen Gemälde des Mantegna, die herrlichen Fresken des Andrea del Sarto, des Ghirlandajo und Masaccios [...] Diese Macht des Eindrucks.«[8]

In Rom traf sie Katharina von Predl (1790–1871) und Louise Seidler, mit der sie bald »so innig befreundet« war, daß sie »endlich sogar eine Zeitlang zusammen wohnten«.[9] Die Wohnung auf dem Monte Pincio im Hause der Familie Pulini befand sich inmitten eines Künstlerviertels und war alles anderes als komfortabel zu nennen:

> Das Mobiliar war gleich Null, man sah weder Vorhänge noch den Luxus eines Schreibtisches; als Sofa diente eine schmale, strohgeflochtene Bank, die einzige Kommode war grau angestrichen und mit bunten Linien verziert, das Bett, wie gewöhnlich in Italien, so breit, daß drei oder vier Personen Platz darin gehabt hätten. Es bestand aus vier Brettern, die auf eisernen Untergestellen ruhten, auf den Brettern lag ein mit Maisblättern gestopfter Sack, darüber eine mit Wolle gefüllte Matratze. Ein ebenso gefüllter leinener Sack fungierte als Kopfkissen.[10]

Heizbar war diese Unterkunft nicht, was den Aufenthalt im Winter noch unangenehmer machte; auch der eiserne Ofen, den Louise Seidler angeschafft hatte, verbreitete eher Rauch als Wärme. Doch über all dies konnte Marie Ellenrieder hinweg-

sehen. Ganz neue Eindrücke erschlossen sich ihr durch die Kunstwelt Roms, sie nahm Unterricht bei Louise Seidler, ihrer »Lehrmeisterin«, ihrem »Mütterchen«, wie sie die nur fünf Jahre ältere
Freundin zärtlich nannte. Diese hatte privat bei Langer in München studiert und kam aus ganz anderen Verhältnissen als Marie.
Als Kind erlebte sie die beständigen »häuslichen Zerwürfnisse«
zwischen den Eltern, die sich »leider von Jahr zu Jahr steigerten«.[11]
Deshalb wurde sie zunächst in die Obhut der Großmutter, einer
»Oberconsistorialrätin«, und ihrer Tante Dorette gegeben, die
sich beide erfolgreich bemühten, ihr einen sehr sorgfältigen, auch
künstlerischen, Unterricht zukommen zu lassen, nicht nur im
Zeichnen, sondern auch in der Musik. Im Stielerschen Institut in
Gotha, wo sie zur Erzieherin ausgebildet werden sollte, hatte sie
das gleiche Glück: Sie begegnete Lehrern, die es verstanden, die
Liebe zur Kunst in ihr zu wecken. In ihrer Heimatstadt Jena fand
sie schnell Kontakt zu Intellektuellenkreisen, »deren Einfluß sich
auf die weibliche Jugend erstreckte [...]: Beide Schlegel, Tieck,
Schelling, beide Hufeland, Loder, Gries...«[12]
Bei so viel Anregung verspürte Louise wenig Lust, sich irgendwo
als Erzieherin unterordnen zu müssen, und ihr Vater, Universi-
tätsstallmeister in Jena, zeigte Verständnis und ließ sie ihr Leben
nach eigenen Vorstellungen gestalten. Als sie den Tod des Verlobten hinnehmen muß, suchte und fand sie Trost in der Kunst.
In der Dresdner Galerie wurde Goethe auf die junge Künstlerin
aufmerksam. Er gestattete ihr großzügig, ein Porträt von ihm
anzufertigen und gewährte ihr mehrere Wochen Unterkunft in
seinem Haus am Frauenplan in Weimar. Von ihm ging auch die
Empfehlung an Langer in München, sie zu unterrichten. Louise Seidler blieb auch weiterhin mit Goethe in Verbindung. So
schickte sie ihm z.B. am 3. Februar 1818 ihre Zeichnung, die sie
von Abgüssen des Reliefs aus Phigalia angefertigt hatte. Bereits
am 11. Februar diktierte Goethe seine Gedanken hierzu, die er
als Dank an Louise schicken wollte; sie sind jedoch unvollendet
geblieben.[13]

Louise Seidler war schon seit 1818 in Rom, so daß sie die dortigen Verhältnisse gut kannte, als Marie Ellenrieder ankam. Sie machte sie mit dem Kreis der Nazarener um Friedrich Overbeck (1789–1869) bekannt, jenem »ernsten, schüchternen, Klostergedanken sich hingebenden, klosterliebenden Klosterbruder«, wie Julius Schnorr von Carolsfeld ihn in einem Brief 1818 beschrieben hatte.[14]

Die Nazarener waren in den Augen der Römer ein eigentümliches Völkchen. Einige Maler, unter ihnen Overbeck, Carl Philipp Fohr und Schnorr von Carolsfeld, hatten sich aus Opposition 1809 in Wien zu einer Künstlervereinigung zusammengeschlossen, die ein Jahr später nach Rom in das Kloster Sant' Isidoro auf dem Monte Pincio gezogen war. Die Mitglieder des Bundes hatten zur obersten Lebensmaxime Reinheit und Askese erhoben, im Bereich der Kunst strebten sie eine Erneuerung der religiösen Malerei an im Stil von Raffael, Perugino und Fra Angelico. Ihre sektiererhafte Abgeschiedenheit, die sie ganz bewußt pflegten, grenzte sie von den Römern ab. Auf diese wirkte diese deutschtümelnde Gruppe mit der Frisur, wie man sie von Albrecht Dürers Selbstbildnis kannte, eher lächerlich.

Zur Zeit als Marie Ellenrieder nach Rom kam, war dieser weltentrückte und versponnene Bund bereits in der Auflösung begriffen. Zu unterschiedlich waren die Charaktere und Zielsetzungen, als daß sie noch die verschworene Gemeinschaft früherer Zeiten hätte bilden können. Jetzt handelte es sich lediglich noch um einen Zusammenschluß von »überwiegend unglücklichen, verletzten und verletzlichen Künstlern«, die unter »Künstlerneid, Einsamkeit, Niedergeschlagenheit, Verzweiflung an der künstlerischen Berufung, Krankheit« litten.[15]

Dennoch übten die Nazarener einen nachhaltigen Einfluß auf Marie Ellenrieder aus. Bisher hatte sie von Joseph Einsle gelernt, der gewöhnt war, dilettierenden Frauen Miniaturmalerei beizubringen, war dann wesentlich von der klassizistischen Kunstauffassung Peter von Langers geprägt worden und sah sich nun einer ganz neuen Herausforderung gegenüber, nämlich »dem Bestreben, der frommen Einfalt und dem edlen Ernst der religiösen Kunst des Mittelalters und der italienischen Renaissance nachzueifern«.[16] Die Kunst beherrschte ihr Leben, aber nicht als *l'art pour l'art,* sondern als reine hingebungsvolle Pflichterfüllung: »Es ist also wahr, daß da, wo ich mich selbst suche, ich nichts finde, wo ich aber hingebend meine Pflichten erfüllte, wie es gerade die äußeren Umstände erforderten, da bereitete ich mir den schönsten Lohn...«[17] Solch freiwillig auferlegte Askese und Verzicht hatte sie einst bei den Dominikanerinnen als Ideal erfahren.

Von nun an finden sich immer wieder Selbstvorwürfe in ihrem Tagebuch, vor allem beschuldigte sie sich, zuviel geredet, dem »Vergnügen keine Schranken« gesetzt zu haben.[18] Wie ein roter Faden durchziehen Mahnungen und Selbstbezichtigungen ihre Tagebuchaufzeichnungen. Sie klagt sich an, sich die »Vielrednerei« nicht abgewöhnen zu können statt lediglich »eine kurze, von Liebe erfüllte Antwort« zu geben, »Unnützes geredet«[19] zu haben. Schweigen schien ihr – wie den Mystikern – Erfüllung zu bedeuten; vom freiwilligen Verzicht auf das Sprechen erhoffte sie sich das Hören der Stimme des »Anderen«, die nur dann wahrnehmbar ist, wenn die eigene schweigt. Gnade kann, nach der Lehre des Dominikaners Johannes Tauler, nur der erlangen, der sich ein Leben lang mit Geduld und Demut darauf vorbereitet hat, der in der Lage ist, seine inneren Kräfte zu ordnen und zu beherrschen. Diese Sehnsucht ist bei Marie Ellenrieder deutlich wahrnehmbar und gepaart mit einer großen Empfindlichkeit, die auch depressive Reaktionen nach sich zog, so daß man sich des Eindrucks nicht erwehren kann, daß sie allmählich unter massiven neurotischen Störungen zu leiden begann, die sich mit zunehmendem Lebensalter noch verstärkten und sich auch in ganz äußerlichen Dingen manifestierten. So bemerkte sie beispielsweise selbst, daß sie auf ihr Äußeres zu wenig Wert legte. In ihrem Tagebuch findet sich im Herbst 1828 die Notiz, daß sie sich vorgenommen habe, die »Kleider nicht gar so sehr auszutragen und immer ordentlich und reinlich« mit sich selbst zu sein.[20] Trotz aller Geselligkeiten und künstlerischer Anregungen, die sie in Rom durch Louise Seidler erfuhr, ebenso auch in den Familien der Gesandten von Bunsen und von Rheden, wo sich die deutschen Künstler trafen, oder durch Legationssekretär Kestner, dem Gatten von Goethes Lotte, zog sie sich häufig in sich selbst zurück, »recht wie ein stilles Veilchen, bescheiden und treu« und war »auch in ihren glücklichsten Tagen [...] immer von einer gewissen Poesie des Leidens umwoben«, wie Louise Seidler in ihren Erinnerungen notierte.[21] Gelang ihr ein Werk nach ihren Vorstellungen, so war ihr dies »Gnadenbeweis«, ein Mißlingen empfand sie als persönliche Schuld.[22] Wie sehr sie ihre Kunst gleichsetzte mit Streben nach der Unio mit Gott belegt ihre Notiz, nachdem sie Giottos Fresken in Florenz gesehen hatte: »Groß ist die Wirkung eines erhabenen Bildes; es gibt der Seele eine ganz andere Stimmung, es führt näher zu Gott.«[23]

Eine solche Haltung war bei Künstlern in den ersten Jahrzehnten des 19. Jahrhunderts, als man sich vom Rationalismus und der idealistischen Formenwelt der Klassik abwandte, keineswegs singulär, wenn auch bei Marie Ellenrieder besonders stark ausgeprägt. So wandte sich z.B. Carl Philipp Fohr (1795–1818), der ebenfalls zu den Nazarenern zählte, ganz besonders gegen den von Peter von Langer vertretenen strengen Klassizismus. Insgesamt kann man von einer Wiederbelebung alter Formen sprechen, von einer Idealisierung des Mittelalters; die Weltbürgerlichkeit des aufgeklärten Menschen wich einem gefühlsbetonten Streben nach Selbsterfahrung, was nicht selten gepaart war mit einer neuen Besinnung auf das Christentum.

Marie Ellenrieder arbeitete während ihres zweijährigen Aufenthaltes am Tiber fast ununterbrochen und mit asketischem Eifer. Neben den vielen Kopien, mit denen sich die Künstlerin ihren Lebensunterhalt verdiente, entstanden zahlreiche eigene Schöpfungen, die in der überwiegenden Mehrzahl religiöse Themen haben. Sie bediente sich nun völlig veränderter Stilmittel:

Ihre Malweise veränderte sich unter dem Einfluß der Nazarener und dem Einfluß der Kunst Raffaels und Peruginos allerdings vollständig. Eine aufgehellte Palette, eine zum Teil fast emaillehaft glatte Maloberfläche, nahezu schattenlose Darstellungen, durchhellt von überirdischem Licht, verleihen ihren Bildern einen idealen, ja transzendentalen Charakter. Diesem opferte sie jedoch Lebendigkeit und Individualität. Dennoch zeigen ihre Arbeiten nicht die etwas kalte Härte, das strenge Kolorit ihrer männlichen nazarenischen Kollegen.[24]

Marie Ellenrieder wäre mit ihrer kompromißlosen Frömmigkeit, die für Außenstehende die Grenze zur Bigotterie oft zu überschreiten schien, die ideale Nazarenerin gewesen. Doch einen wirklichen Zugang zu der mönchischen Idealen huldigenden Männergemeinschaft fand sie nicht. Gegenüber Louise Seidler beklagte sie »viele harte Herzen« in ihrer Zunft – eine Empfindung, die diese nicht teilte.[25] Aber vermutlich hat Marie recht gehabt. Kaum einer der männlichen Kollegen wird in Louise Seidler eine Konkurrenz gesehen haben, wohl aber in Marie Ellenrieder. Was sollten sie innerhalb ihrer Gemeinschaft auch mit einer Frau anfangen, die sehr viel mehr arbeitete, offensichtlich großes Talent hatte und es zudem mit den religiösen Idealen noch ernster nahm als sie?

Der Rückweg in die Heimat führte die Malerin über Florenz, wo sie sich zunächst überhaupt nicht wohl fühlte. Das Klima bekam ihr nicht, sie hatte keine Lust etwas zu unternehmen, »die Sorge um meine fast zerlumpte Garderobe« belastete sie, außerdem beunruhigten sie wieder einmal die »kleinen geheimen Wünsche der Eitelkeit«, die das »ernste Nachdenken über den Beruf« störten.[26] Sie wohnte im Hause des ziemlich zurückgezogen lebenden Malers Johann Metzger, der an der Münchner Akademie unterrichtet hatte. Wie Marie war auch er eher introvertiert, und erst durch die intensiver werdenden Gespräche, in deren Verlauf der Maler ausführlich mit der jungen Kollegin über ihre Arbeiten diskutierte, fühlte sich Marie ausgeglichener: »Das war eine köstliche Stunde, als heute Herr Metzger meine Arbeiten mit mir durchging und sein freundschaftliches Urteil darüber aussprach.«[27]

Die Eingewöhnung ins kühle, oft nebelverhangene Konstanz und in den von Vater und der Schwester Josephine bestimmten Haushalt wird Marie Ellenrieder sicherlich noch weit schwerer gefallen sein als dies der Fall war, als sie aus München zurückgekehrt war. Doch anders als damals mußte sie jetzt nicht mehr um Aufträge bangen. Unter anderem sollte sie für die Kirche in Ortenberg den hl. Bartholomäus in seiner Verklärung malen, was sie einerseits als eine große Ehre empfand, doch andererseits erfaßten sie bereits zu Beginn der Arbeit Zweifel, ob sie überhaupt in der Lage sein würde, dieses Werk adäquat auszuführen: »Mich wählte eine christliche Gemeinde, dich als ihren Schutzpatron in einem heiligen Bild zu malen, aber wie kann ich Sünderin Heiligkeit malen, die in ihren Zerstreuungen stets der Gegenwart Gottes vergißt.«[28]

Mehr als 20 Jahre später machte der Schüler Anselm Feuerbach in der Kirche von Ortenberg die erste Bekanntschaft mit einem Werk von Marie Ellenrieder. Er verbrachte seine Ferien in Offenburg, und ein Ausflug führte ihn dorthin. Seine Eindrücke von den Altarbildern schrieb er am 9. Juli 1842 in sein Tagebuch:

[Wir gingen] in die Kirche, die Altarbilder (von der Ellenritter [sic!]) zu sehen. Das linke ist eine Madonna mit dem Jesus Knäbchen, man sagt, sie sei nicht von dieser Künstlerin, denn sie hat ein sehr gemeines Gesicht und eine überaus steife Haltung. Das Hauptbild ist zwar sehr hohe, majestätisch und sehr schön gemacht. Aber die Sache ist undeutlich, nähmlich oben Gott Vater betend, von 2 wunderschönen Englein, ebenfalls betend, umgeben, und unten Ortenberg, die alte Burg und eine Prozession. Das rechte ist unstreitig das schönste: Wie Joseph das Knäbchen spazieren führt. Der Ausdruck beider Gesichter ist ganz getroffen. Das erleuchtete, himmlische und doch kindliche des kl. Jesus zeigt an – und man sieht es ordentlich –, wie das Kind zu etwas großem bestimmt ist. Ebenso ausdrucksvoll ist das des Joseph. Er blickt ahnungsvoll, fast wehmüthig und väterlich leidend auf den Kleinen, indem er in der Rechten eine Lilie in der Hand hat und ihn führt, mit der Linken langt er an die Brust. – Im Ganzen paßt das einfache und saubere (innen und außen) Kirchlein ganz zu diesen Gemälden.[29]

Diese recht ausführliche Beschreibung des 13jährigen belegt sowohl sein Interesse an Werken der Malerei als auch seine genaue Beobachtungsgabe, die er im nachhinein mit einer Skizze vom Altarbild unter Beweis stellte.

Anselm Feuerbach: Kinderzeichnung vom Altargemälde
Marie Ellenrieders in der Kirche zu Ortenberg

Marie Ellenrieder wäre sicherlich über soviel kindliche Aufmerksamkeit hocherfreut gewesen, wenn sie davon erfahren hätte. Mehrere Altarbilder für Kirchen folgten nun, deren Preise übrigens Vater Ellenrieder bestimmte. Ihm schien seine etwas weltfremde und weltabgewandte Tochter wohl nicht Geschäftsfrau genug gewesen zu sein, um bei solchen Gelegenheiten entsprechend zu verhandeln, außerdem war er der Auffassung, sie verlange zu wenig. Schließlich war sie ja auch die einzige, die mit ihren Einnahmen die Familie ernährte und das Konstanzer Haus unterhielt. So war der Vater bei der Festsetzung der Preise mitunter ziemlich starrköpfig, so bei der Bestellung von drei Altarbildern durch die Pfarrei Kappel am Rhein. Die Künstlerin wäre mit 800 Gulden zufrieden gewesen, der Vater aber verlangte 1000 Gulden, was das Zustandekommen des Auftrags schließlich verhinderte, weil die Gemeinde nicht ausreichend Mittel aufbringen konnte. Die ganze Sache war für Marie etwas peinlich, da dieser Auftrag durch ihren Konstanzer Förderer Wessenberg vermittelt worden war.

Eine öffentliche Ehrung war ihr 1827 zuteil geworden, als sie die goldene Medaille für Kunst und Wissenschaft erhielt, die sie am Band der vaterländischen Verdienstmedaille tragen durfte. Zwei Jahre später verlieh ihr Großherzog Ludwig den Titel einer Hofmalerin, was ein Jahresgehalt von 300 Gulden einschloß, das 1832 auf 500 Gulden erhöht wurde, allerdings mit der Verpflichtung, jedes zweite Jahr ein Bild nach Karlsruhe zu liefern. Bereits 1828 hatte er ihr die ehrenvolle Aufgabe übertragen, auf einem großen Altarbild für die Stephanskirche in Karlsruhe die Steinigung des hl. Stephans darzustellen. Es hat immerhin die Ausmaße von 4,70 x 3,20 m, so daß Marie in einem eigens für sie reservierten Saal in einem Konstanzer Regierungsgebäude arbeiten mußte.

Als Hofmalerin konnte sich Marie Ellenrieder nicht ausschließlich auf das Malen von Bildern mit religiösen Motiven konzentrieren, sie unterlag z. B. auch der Verpflichtung, die großherzogliche Familie abzubilden, so 1832/33 Großherzogin Sophie mit ihren Kindern, die Gemahlin Leopolds I., des Nachfolgers von Ludwig, der 1830 gestorben war. Dieses Bild, für dessen Ausführung die Künstlerin zwei Jahre in der Residenzstadt verbrachte, mutet auf den ersten Blick noch einmal biedermeierlich an, besonders wenn man Kleidung und Frisur von Sophie und ihrer ältesten Tochter Alexandrine betrachtet. Doch bereits die Haltung, mit der Sophie ihr jüngstes Kind auf dem Schoß hält, läßt an eine Madonna mit

Kind denken, das den typischen nach oben gerichteten Blick hat, wie man ihn auf so vielen der Ellenriederschen Bilder antrifft, die fromme Einkehr und innere Sammlung symbolisieren. Auch die drei Söhne des Großherzogpaars im rechten Bildteil sind idealisiert und weit entfernt von dem spontanen und lausbubenhaften Ausdruck, mit dem sie einst ihren Neffen abgebildet hatte. Mit ihren blonden Lockenköpfen gleichen die Erbprinzen eher sanften Engeln auf Heiligenbildern als Kindern aus Fleisch und Blut.

Marie Ellenrieder: Großherzogin Sophie von Baden
mit ihren Kindern (1833)

Den Aufenthalt im gemütlichen Residenzstädtchen Karlsruhe genoß Marie Ellenrieder. Die Arbeit ging ihr gut von der Hand, von allen Seiten erfuhr sie Anerkennung, was für sie als alleinstehende Frau, die vom Malen lebte und zudem ihre Familie unterstützte, nicht unwichtig war. Folglich war sie auch weniger depressiv. Ihre gute Stimmung brachte sie auf einem ihrer Bilder durch den schriftlichen Zusatz »In felici giorni in Carlsruhe« zum Ausdruck. Fast scheint es, als habe sie zu ihrer alten Form zurückgefunden. Doch dann plagten sie wieder die allgegenwärtigen Selbstzweifel. Sie fühlte sich schuldig, weil sie ihr Leben genoß, klagte sich an, nicht fromm genug zu sein und zog für sich die Konsequenz. Sie ging zurück nach Konstanz und wendete sich fast ausschließlich religiösen und erbaulichen Motiven zu. Aus ihren Tagebuchaufzeichnungen wird deutlich, wie sehr sie sich nach außen hin verschloß, sich erneut in eine mystische Frömmigkeit hineinsteigerte:

> Im Umgang mit dem Göttlichen, göttlich gesinnt zu werden, ist der Seele heiligstes Streben. [...] Mag der Welt Urteil auch gegen mich sein und sich nicht mit diesen oder jenen von meinen Kompositionen aussöhnen wollen, nimmer gehe ich zurück; denn schwer genug mußte ich es fühlen, was eine wesentliche Veränderung bringt.[30]

Marie Ellenrieders erste Biographin Clara Siebert hat deren selbstquälerische Zweifel sowie den Hang zur psychischen Selbstzerstörung sehr treffend eingeordnet: »Maries Seelenkämpfe sind die einer Heiligen, und weil ihrem Leben das Unglück erspart wurde, eine wirkliche Schuld abtragen zu müssen, so hat sie sich ein Schuldgebäude aus kleinen und kleinsten Fehlern aufgebaut, vor dem sie in der Dunkelheit jammernd und weinend steht.«[31] Aus solchen Stimmungen heraus entstanden ihre Heiligenbilder, die zahlreichen Engelsdarstellungen und betenden Kinder mit dem typischen gläubig nach oben gerichteten Blick, die dem heutigen Betrachter nur noch als süßlicher Devotionalienkitsch erscheinen. Als Maries Vater hochbetagt 1834 starb, trug sich Marie mit dem Gedanken, mit der Schwester Josephine nach Rom zu gehen, was eine schwere Erkrankung Josephines und eine sich daran anschließende notwendige Kur zunächst verhinderten. Erst 1838 brachen die inzwischen fast taube Malerin und ihre im Gegensatz zu Marie sehr realistisch und praktisch denkende Schwester in Begleitung einer fast ebenso tauben Dienerin nach Rom auf. Es war diesmal eine ganz andere Gesellschaft als beim ersten Rombesuch, wo bereits die Reise selbst durch Gespräche und befruchtende Auseinandersetzungen zwischen Künstlern ein Ereignis war.

In Rom war Marie Ellenrieders Name bekannt, *Cottas Kunstblatt* meldete im Januar 1839, daß sie »unter den Zierden des hiesigen Kunstpublikums« zu begrüßen sei.[32] Und noch etwas war diesmal anders: Keine jugendliche Unbeschwertheit leitete sie jetzt mehr. Vom früheren Freundes- und Bekanntenkreis war kaum einer mehr da oder sie hatten sich, wie Fritz Overbeck, festgefahren in ihrer Kunstauffassung und völlig verbittert zurückgezogen; der Kunststil der Nazarener war nicht mehr en vogue. An Geselligkeiten war Marie im Grunde nicht mehr interessiert. Obwohl sie Besuch von König Ludwig I. von Bayern erhielt und auch von Prinz Albert von Sachsen-Coburg, dem späteren Gemahl der Queen Victoria, war es ihr lieber, wenn sie ungestört blieb. Der Sammler und Mäzen Sulpiz Boisserée schrieb im Februar 1839 an seinen Bruder Melchior:

> Du wünschest etwas von der Ellenrieder zu erfahren; sie hat einige allerliebste Köpfe mit Kreide und Farben gezeichnet bei sich, die voller Seele und Anmuth sind; sie will auch den nächsten Sommer und Winter hier bleiben, um ein großes Bild »Christus der die Kindlein zu sich kommen läßt«, auszuführen. Wir sehen sie nicht so oft als wir wünschen.[33]

Boisserée bezog sich hier auf das von der Malerin geplante und 1839 fertiggestellte Werk *Kindersegnung,* das sie 1840 auf einer Ausstellung in Rom präsentierte.

Marie versuchte verbissen, sich die alte Disziplin und Arbeitsintensität aufzuerlegen, »täglich, Sonn- und Festtags ausgenommen, sechs Stunden für die Kunst« zu arbeiten, »täglich die Kunst studierend« zu beobachten, davon etwas nachzuzeichnen oder mindestens kleine Zeichnungen zu ordnen.[34] Zu Beginn des Aufenthaltes hatte sie Prinzessin Alexandrine noch hoffnungsvoll gemeldet, daß sie viel zu lernen und zu arbeiten gedenke, »denn man lebt hier nur gar zu gerne, ohne zu wissen warum. Ich glaube, es liegt an der reinen Luft, die hier des Morgens früh schon die Seele entzückt, und auch daran, daß man nicht so viel jammern hört wie in Deutschland, wo die Leute oft zu ertrinken glauben, wo kein Wasser ist.«[35] Doch die Depressionen wurden stärker, und bald klagte sie: »Gott, mit welcher Gemütsstimmung erscheine ich vor dir!«[36] Eines allerdings bewirkte dieser Romaufenthalt: Die Schwester Josephine, die sich bisher eher in ihrem Hausmädchendasein zurückgesetzt fühlte, begann die Schwester und deren Kunst zu verstehen, so daß sie auf die Frage von Mathilde Boisserée, ob sie auch Künstlerin sei, »mit großer Demuth« erwiderte: »Meine Schwester ist die Marie, ich bin nur die Martha.«[37]

Die Resonanz auf Marie Ellenrieders Werke war durchweg freundlich und positiv, bisweilen aber auch etwas herablassend. Im 1843 veröffentlichten *Universal-Lexikon vom Großherzogtum Baden* war zu lesen, daß sie »viele schöne Bilder liefere«, die »tiefempfunden und lieblich dargestellt« seien, daß sie diese jedoch »meistens zu weich und allzu weiblich halte«.[38]

Von der fast ausschließlich männlich besetzten Kunstwelt wurde »die schöne Seele« in den Vordergrund gestellt, »die die Grenze des Weiblichen nie verläßt«. Sie habe sich nur »jenen Gegenständen mit Eifer zugewandt, bei denen eine Frau ohne Verletzung ihrer angeborenen Empfindungen ungestört verweilen darf«.[39] Elisabeth von Gleichenstein hat an solchen »Lobeshymnen« in ihrem Aufsatz im Katalog zur Ausstellung der beiden Malerinnen Marie Ellenrieder und Angelika Kauffmann zu Recht Kritik geübt. Schließlich wäre es keinem Kunstkritiker je eingefallen, einem Maler zu bescheinigen, er habe die Grenze des Männlichen nie verlassen. Marie Ellenrieder hatte also gar nicht so unrecht, wenn sie über ihre Zeitgenossen urteilte: »Und was kommt aus des Menschen Herzen, wenn es nicht in heiliger Verfassung ist?

Eitelkeit, Schmeichelei, unnütze Fragen, bittere Urteile und eine Menge Torheiten, welche die Würde tief verletzen.«[40]

An der Version der *Kindersegnung* in Öl arbeitete Marie Ellenrieder nach ihrer Rückkehr aus Rom in Karlsruhe weiter – ihr letzter längerer Aufenthalt außerhalb von Konstanz. Sie war nun weniger denn je bereit, sich auf Besuche einzustellen oder Gäste zu empfangen: »...ich bin bei den Besuchen oft so zerstreut, daß ich die Leute nicht recht eigentlich anschaue, immer rede ich ungefragt, gebärde mich zu lebhaft, wiederhole und bekräftige meine Meinungen und glaube, die Leute mit vielem Schwätzen unterhalten zu müssen...«, schrieb sie in ihr Tagebuch.[41] Hinzu kam, daß sie sich oft krank fühlte, von Depressionen gequält wurde, noch mehr als früher in Selbstanklagen verfiel. Sie strebte nach göttlicher Offenbarung, sah aber nur die Apokalyse vor sich.

Es folgte eine Phase, in der sie auch nicht genügend Aufträge bekam und sich daher gezwungen sah, potentielle Auftraggeber an früher gegebene Versprechen erinnern zu müssen. Zwar hatte sie nie die Absicht gehabt, durch ihre Malerei vermögend zu werden, doch hätte sie gern viel mehr Geld für karitative Zwecke aufgewendet, als sie dies ohnehin schon regelmäßig tat. Aber selbst dann hätte sie in ihren Augen sich einer Sünde schuldig gemacht, nämlich in der Welt zu glücklich gewesen zu sein: »Hättest Du, o Gott, stets mir soviel gegeben, daß ich allen um mich her wesentliche Hilfe hätte leisten können, da würde mein Herz zu irdisch glücklich gewesen sein!«[42]

Während sich die Künstlerin in ihrem Haus vergrub, sich nur noch ihrer Kunst und religiösen Betrachtungen widmete und am liebsten von der Welt total abgewendet hätte, übernahm es ihre Schwester Josephine, die Kontakte nach außen zu pflegen. Sie war jetzt nicht mehr nur Haushälterin, sondern auch Sekretärin und Ansprechpartnerin für Auftraggeber und Freunde, zu denen u.a. immer noch Louise Seidler und auch Karl Christoph Freiherr von Röder zu Diersburg (1789–1871) gehörten, mit dem Marie über Jahrzehnte eine freundschaftliche Verbindung unterhielt.

Während der ganzen Zeit war er vertrauter Briefpartner gewesen, der beispielsweise auch genau über die römischen Eindrücke unterrichtet worden war. Angesichts des Todes war es Marie als letztes wichtig, alle seine Briefe mit Hilfe von Josephine zusammenzupacken und an ihn mit den folgenden Worten zurückzusenden: »Lieber Freund! Aus irdischer Sorglichkeit übersende ich Ihnen diese, von uns beiden Schwestern so treu geschätzten Briefe, weil ich nicht wünsche, daß fremde Hände sie betasten sollen nach meinem nichtigen Hinscheiden aus dieser Welt. Ihre schwache, treuergebene M. Ellenrider.«[43]

Möglicherweise resultiert aus dieser kurzen Nachricht die Vermutung der Nachwelt, daß Röder von Diersburg und Marie mehr als nur Freundschaft füreinander empfunden hätten. Er hatte ihr u.a. 1836 den Auftrag erteilt, für die Kirche des Ortes Diersburg eine Altarbild zu schaffen, das den hl. Carl Borromäus darstellen sollte. Margarete Zündorff, die 1940 eine Biographie über Marie Ellenrieder verfaßt hat, in der ihr übrigens nicht selten die deutschtümelnden ideologischen Schlagworte des Nationalsozialismus unterlaufen, hätte gar zu gerne ein Liebesdrama aufgetischt, das aus dem hehren Verzicht der Künstlerin auf irdisches Glück herrührt:

> Sie steht nun an jener Wende, in der das Frauenherz, auf der Schicksals-
> waage gewogen, die Schale tief zu Boden zieht. War der Preis zu hoch?
> Waren es Familienbedenken, die den Liebenden die äußere Verbindung
> unmöglich machte? War es der Zwiespalt in der Seele der Künstlerin,
> die den Mittelweg zwischen hochgespanntem künstlerischen Wollen
> und der Gebundenheit in der Ehe nicht zu finden wußte? Oder ließ
> die Sorge für die Zukunft der Schwester Josephine sie zaudern? [...]
> Qualvoll müht sich die Seele um die Entscheidung zwischen der Kunst
> für Gott und dem Sehnen nach fraulichem Erdenglück.[44]

Wollte man den Tagebucheintrag von 1835, den Zündorff als einen Beleg für die »Entsagung« anführt, entsprechend deuten, so sollte man immerhin bedenken, daß Marie zu diesem Zeitpunkt längst kein schwärmerisches junges Mädchen mehr war, sondern eine von ihrem Beruf begeisterte Frau von 44 Jahren, die in weitgehend gesicherten Verhältnissen lebte, breite Anerkennung in der Öffentlichkeit gefunden hatte, und zudem – und dies wiegt am schwersten – sich in einer Weise bereits in ihrem mystischen Katholizismus verfestigt hatte, die es ihr kaum erlaubt hätte, sich daneben noch an einen Mann zu binden. Ein Liebesverhältnis zwischen Röder und ihr annehmen zu wollen, eröffnet zwar viele romantische Vorstellungen, entbehrt aber wohl jeglicher realen Grundlage. Wahrscheinlicher ist wohl, daß sie in Röder einen Gesprächs- und Briefpartner gefunden hat, dem sie vertraute, weil er Verständnis für ihre tiefe Gläubigkeit aufbrachte, sie vielleicht sogar, wenn auch nicht in dieser extremen Form, geteilt hat, denn er selbst war im Kloster Allerheiligen erzogen worden bis er in den Badischen Militärdienst eingetreten war.

Schon 1832, nach ihrer Rückkehr aus Rom, hatte Marie in Baden-Baden ein »Treuegelöbnis« in ihr Tagebuch eingetragen: »Eine fremde Zunge sprach mir von einer Bestimmung für's geistige Leben; ich stutzte – obwohl ich früh schon in der Blüte meines Lebens mein Herz dem Himmel verkaufte –, ich mußte erkennen, daß ich es dem Himmel nicht ließ.«[45] Und sie meinte damit wieder einmal nichts anderes, als das Gefühl, sich allzusehr weltlichen Vergnügungen zugewandt zu haben.

Marie Ellenrieder, die, wie es in den *Badischen Biographien* von 1875 heißt, »die bedeutendste deutsche Künstlerin der modernen Zeit« gewesen sei,[46] starb am 5. Juni 1863 in Konstanz, nachdem sie sich bei ihrem täglichen Besuch der morgendlichen Messe vermutlich eine Lungenentzündung zugezogen hatte. Der lapidare Schluß des Artikels Ellenrieder in den *Badischen Biographien* lautet: »Diese raffte sie denn auch [...] rasch dahin. Sie ward recht eigentlich ein Opfer ihrer Frömmigkeit.«[47]

Im 1914 erschienenen *Allgemeinen Lexikon der Bildenden Künstler* nimmt der Artikel ›Marie Ellenrieder‹ noch recht viel Raum ein. Ihre Begabung wird hier höher eingeschätzt als die Angelika Kauffmanns (1741–1807). Als »Koloristin« habe sie auch »erheblich mehr als die meisten Nazarener« geleistet.[48] Dieses Urteil hätte Marie Ellenrieder vielleicht noch mehr gefreut als das ihrer Einordnung als »bedeutendste Malerin Deutschlands in der ersten Hälfte des 19. Jahrh.«, denn während ihres ersten Romaufenthaltes fühlte sie sich von den doch ziemlich überheblichen männlichen Kollegen zurückgesetzt und hatte das Gefühl, daß »die deutschen Künstler in der Regel die Malerinnen nicht leiden können«.[49]

Im Verlauf des 20. Jahrhunderts ist Marie Ellenrieder, wie es scheint, immer mehr in Vergessenheit geraten. In kaum einem neueren Nachschlagewerk, auch aus dem Bereich der Kunstgeschichte, taucht ihr Name mehr auf. Die Besinnung auf weibliche Kunstschaffende kann sie und andere Künstlerinnen vielleicht aus der Vergessenheit zurückholen.[50]

Anmerkungen

1 Erinnerungen und Leben der Malerin Louise Seidler, zusammengestellt und bearbeitet von Hermann Uhde, Berlin ²1875, S. 147.
2 Ebd.
3 Zit. nach Margarete Zündorff: Marie Ellenrieder. Ein deutsches Frauen- und Künstlerleben, Konstanz 1940, S. 59.
4 Seidler, a. a. O., S. 197.
5 Zit. nach Margarete Zündorff, a. a. O., S. 27.
6 Friedhelm Wilhelm Fischer: Marie Ellenrieder. Leben und Werk der Konstanzer Malerin, Konstanz/Stuttgart 1963, S. 24.
7 Zit. nach Klara Siebert: Marie Ellenrieder als Künstlerin und Frau, Freiburg i. Br. u. a. 1916, S. 21.
8 Zit. nach Margarete Zündorff, a. a. O., S. 37.
9 Louise Seidler, a. a. O., S. 197.
10 Zit. nach Klara Siebert, a. a. O., S. 25 f.
11 Louise Seidler, a. a. O., S. 6.
12 Ebd., S. 69.
13 Goethes Werke, hg. von Erich Trunz und Hans Joachim Schrimpf, Bd. 12, München 1981, S. 168–171.
14 Julius Schnorr von Carolsfeld: Briefe aus Italien, Gotha 1886, S. 78.
15 Wilhelm Schlink: Verletzliche Gesichter. Bildnisse deutscher Künstler im 19. Jahrhundert, in: ders. (Hg.): Bildnisse. Die europäische Tradition der Portraitkunst, Freiburg i. Br. 1997, S. 243, 245.

16 Elisabeth von Gleichenstein: Marie Ellenrieder, in: »...und hat als Weib unglaubliches Talent«. Angelika Kauffmann (1741–1807). Marie Ellenrieder (1791–1863). Malerei und Graphik, Ausstellungskat. Konstanz 1992, S. 32.

17 Zit. nach Klara Siebert, a. a. O., S. 71.

18 Zit. nach Louise Seidler, a. a. O., S. 36.

19 Ebd., S. 56, 72, 82.

20 Zit. nach Klara Siebert, a. a. O., S. 56.

21 Zit. nach Friedrich Wilhelm Fischer, a. a. O., S. 79.

22 Louise Seidler, a. a. O., S. 198.

23 Zit. nach Klara Siebert, a. a. O., S. 45.

24 Elisabeth von Gleichenstein, a. a. O., S. 34 f.

25 Louise Seidler, a. a. O., S. 198.

26 Zit. nach Margarete Zündorff, a. a. O., S. 65.

27 Ebd., S. 66.

28 Zit. nach Klara Siebert, a. a. O., S. 46.

29 Anselm Feuerbach in Offenburg und Straßburg, 1842, in: Die Ortenau. = Veröffentlichungen des Historischen Vereins für Mittelbaden, 23. Heft 1936, S. 153f.

30 Klara Siebert., a. a. O., S. 63.

31 Ebd., S. 70.

32 Zit. nach Friedrich Wilhelm Fischer, a. a. O., S. 53.

33 Sulpiz Boisserée: Briefwechsel/Tagebücher. Faksimiledruck nach der 1. Auflage von 1862, Göttingen 1970, S. 773.

34 Margarete Zündorff, a. a. O., S. 102.

35 Zit. nach Margarete Zündorff, a. a. O., S. 97.

36 Zit. nach Klara Siebert, a. a. O., S. 76.

37 Sulpiz Boisserée, a. a. O., S. 762.

38 Universal-Lexikon vom Großherzogtum Baden, bearb. und hg. von einer Gesellschaft von Gelehrten und Vaterlandsfreunden, Karlsruhe 1843, S. 334.

39 Zit. nach Elisabeth von Gleichenstein, a. a. O., S. 41.

40 Zit. nach Margarete Zündorff, a. a. O., S. 108.

41 Ebd., S. 106.

42 Ebd., S. 111.

43 Ebd., S. 118.

44 Ebd., S. 85–87.

45 Zit. nach Klara Siebert, a. a. O., S. 51.

46 Artikel Marie Ellenrieder, in: Badische Biographien, hg. von Friedrich von Weech, Heidelberg 1875, 1. Teil, S. 277.

47 Ebd., S. 228.

48 Allgemeines Lexikon der Bildenden Künstler, hg. von Ulrich Bieme und Felix Becker, Leipzig 1914, Bd. 10, S. 464.

49 Louise Seidler, a. a. O., S. 198.

50 Vgl. Jörg Krichbaum/Rein A. Zondergeld: Künstlerinnen. Von der Antike bis zu Gegenwart, Köln 1979, S. 163f.

»Weibliches Empfinden und männliche Stärke«

LUISE ADOLPHA LE BEAU

1850–1927

Diese Bemerkung eines Musikkritikers über eine der Kompositionen von Luise Adolpha Le Beau galt ihm sicherlich als höchstes Lob, mit dem er Begabung und Talent einer komponierenden Frau hervorheben wollte. Für ihre am gleichen Abend unter Beweis gestellten pianistischen Fähigkeiten fand er ebenfalls äußerst anerkennende Worte, ohne allerdings zu versäumen, auch auf die als »typisch weiblich« geltenden Charaktereigenschaften »Bescheidenheit und Zurückhaltung«[1] zu sprechen zu kommen, die sie auszeichneten. Selbstverständlich war das öffentliche Auftreten einer Frau als Komponistin oder Pianistin nicht, denn fast der gesamte Bereich der Musik im öffentlichen Leben, mit Ausnahme der Sängerinnen, war bis ins 20. Jahrhundert hinein traditionell männlich besetzt, wenn es sich nicht gerade um die Ausnahmeerscheinung einer Solistenkarriere handelte wie z.B. bei Clara Schumann.

Noch heute ist die Zahl der komponierenden Männer ungleich höher als die der Frauen, und selbst Instrumentalistinnen haben – wenn es sich nicht gerade um Harfenistinnen handelt – immer noch Schwierigkeiten, vorbehaltlos in den traditionellen Orchesterbetrieb aufgenommen zu werden. Bei den Berliner Philharmonikern gab es noch in den 1980er Jahren heftigen Protest dagegen, daß sich eine Frau anmaßte, den Männerbund zu stören; bei den Wiener Philharmonikern sucht man bis heute vergeblich nach weiblichen Mitgliedern. Als Herbert von Karajan 1979 nach den Gründen hierfür gefragt wurde, erklärte er sarkastisch, Frauen »gehörten in die Küche und nicht ins Symphonieorchester«.[2] Wenn selbst gegen Ende des 20. Jahrhunderts solch überkommene Vorstellungen existieren, ist es nicht verwunderlich, daß eine Komponistin im 19. Jahrhundert mit den größten Vorurteilen und Engherzigkeiten zu kämpfen hatte. Auch später gelang nur ganz selten der Durchbruch zur Komponistenkarriere, wie z.B. bei der Französin Nadia Boulanger (1887–1979), die sich als Komponistin, Dirigentin und Kompositionslehrerin behauptete.

Frauen galten von vornherein als weniger begabt, nie wäre beispielsweise jemand auf den Gedanken verfallen, den Begriff des Genies – übrigens nirgendwo im künstlerischen Bereich – auf eine Frau anzuwenden. Der überaus begabten Fanny Mendelssohn, deren Werke erst seit ca. 20 Jahren eine ausreichende Würdigung erfahren, hatte der Vater Abraham Mendelssohn 1820 erklärt, daß die Musik für ihren Bruder Felix vielleicht zum Beruf werden könne, für sie selbst aber solle und dürfe sie stets »nur Zierde, niemals Grundbass Deines Seins und Thuns« werden. Und er hatte auch einen Grund für seine Direktive parat: Die Frau sei schließlich »kein Spiegel des Universums wie der Mann«. Was die Genialität anbelange, so bestehe kein Zweifel an der Tatsache, daß »das helle klare Bewußtsein und die Fähigkeit zum scharfen Denken« einzig dem Mann innewohne. »Da das Genie höchste Klarheit des Bewußtseins zeigt, entfällt somit der Bereich des Genialen für sie. Genie ist also mit höchster Männlichkeit gleichzusetzen.« Und weiter erklärt er, daß es einer Frau völlig unmöglich sei, genial zu sein, daß sie noch nicht einmal in der Lage sei, »Genialität voll zu erfassen.[3] Abraham Mendelssohn wollte seine Tochter keineswegs als Künstlerin, sondern als pflichttreue und -bewußte Ehefrau sehen. Fast 400 Werke hat Fanny Hensel geschaffen, deren Veröffentlichung sie – im Gegensatz zu ihrem Bruder – großteils überhaupt nicht erlebt hat, und die nach der Publikation sogleich wieder auf lange Zeit in Vergessenheit gerieten.

Clara Wieck-Schumann hingegen unterstand dem Pianisten-Drill ihres Vaters, der sie systematisch dorthin trieb, wo eine anständige Frau im 19. Jahrhundert eigentlich nichts zu suchen hatte, nämlich in die Öffentlichkeit. Doch nach ihrer Heirat war sie in erster Linie Robert Schumanns Gattin, von ihren eigenen Kompositionen wußte kaum jemand, obgleich ihr Mann Verständnis und sogar Interesse für die kompositorische Arbeit von Frauen aufzubringen schien, wie man aus den nachfolgenden Worten schließen könnte:

> »Die Namen unserer Komponistinnen lassen sich bequem auf ein Rosenblatt schreiben, daher wir jeder nachspüren und uns nichts entschlüpft von Damenwerken. Denn ein Mädchen, das über Notenköpfen Hauben- und andere Köpfe vergessen kann, muß zehnmal mehr Grund besitzen zu komponieren, als wir, die wir's nur der Unsterblichkeit wegen thun.[4]

Wenn es allerdings darum ging, daß er selbst ungestört zu komponieren wünschte, verbot er seiner Frau rigoros das Üben am Klavier, so wie Gustav Mahler seiner späteren Frau Alma in einem Brief klar und unmißverständlich erklärte, daß *er* derjenige sei, der komponierte und nicht sie:

> Wie stellst Du Dir so ein componierendes Ehepaar vor? Hast Du eine Ahnung, wie lächerlich und später herabziehend vor uns selbst, so ein eigenthümliches Rivalitätsverhältnis werden muß? Wie ist es, wenn Du gerade in »Stimmung« bist, und aber für mich das Haus, oder was ich gerade brauche, besorgen, wenn Du mir [...] die Kleinigkeiten des Lebens abnehmen sollst. [...] Dies <u>muß</u> zwischen uns klar sein, bevor wir an einen Bund fürs Leben denken dürfen. [...] Was ist das für eine Arbeit? Componieren? – Dir zum Vergnügen oder den Besitz der Menschheit zu vermehren?[5]

Daß Alma beim Lesen dieser Nachricht ihren Augen nicht traute und kurzfristig sogar an eine Auflösung der Verbindung dachte, ist wohl kaum verwunderlich. Künstlerisch kreative Frauen, solche, die sich mit Kunst ernsthaft auseinandersetzten, wurden wie der Musikwissenschaftler Carl Dahlhaus dies formulierte, traditionell in das »Souterrain« der Musikgeschichte[6] verbannt.

Aus der Verschwiegenheit jenes, hauptsächlich durch männliche Arroganz, abgeschirmten Souterrains wurden viele Künstlerinnen erst in den späten 1970er und 80er Jahren durch die feministische Forschung mühsam in die Beletage des kulturgeschichtlichen Bewußtseins zurückgeführt. In Kassel entstanden Archiv und Verlag, die sich dezidiert dem Themenbereich »Frau und Musik« widmen, *Grove's Dictionary of Women Composers* liefert eine lexikalische Grundlage. Viele Veröffentlichungen beschäftigen sich mittlerweile mit »bislang vergessener Frauenmusik«[7] und wenden sich auch Bereichen zu, die bis dahin allenfalls sentimentale Umdeutungen erfahren hatten, von ernsthaften Forschungsansätzen aber unberührt geblieben waren. So regte etwa Catherine Clément an, die Frau in der Oper unter einem neuen Blickwinkel zu sehen, nämlich dem, daß ihr in den meisten Werken des 19. und beginnenden 20. Jahrhunderts lediglich die Rolle der Besiegten, Verratenen und Verkauften zukommt.[8]

Zu Adolpa Le Beaus Zeit war in der Erziehung der höheren Töchter das Klavierspiel zwar genauso wichtig wie die Filethäkelei, doch hatten diese Darbietungen innerhalb des Familienkreises nichts zu tun mit systematischer Ausbildung pianistischer Fähigkeiten oder gar fundierten Kenntnissen der Musiktheorie. Daß es den für seine bissigen Bemerkungen bekannten Wiener Musikkritiker Eduard Hanslick vor der »gemeinschädlichen Klavierspielerei« grauste, ist angesichts von dilettantisch dargebotenen Salonstücken wie dem so beliebten *Gebet einer Jungfrau* durchaus verständlich. Die österreichische Schriftstellerin Elfriede Jelinek hat in ihrem Roman *Die Klavierspielerin,* in Anlehnung an Schillers Verse im »Lied von der Glocke«, solche Gepflogenheiten ironisch umgeformt: »Der Mann muß schließlich ins feindliche Leben, doch die Tochter muß derweil streben, sich an Musik überheben.«[9]

Die Chancen, als Komponistin international Karriere zu machen, standen also denkbar schlecht für die junge badische Musikerin Luise Adolpha Le Beau, obwohl sie – ganz im Gegensatz zum allgemein üblichen Unterricht für Mädchen – eine sorgfältige, systematische Ausbildung genossen hatte.

Geboren wurde sie am 25. Juni 1850 in Rastatt als einzige Tochter von Karoline (1828–1900) und Wilhelm Le Beau (1820–1896). Der Vater, obwohl künstlerisch begabt und interessiert, hatte sich der Familienräson beugen und auf eine Musikerkarriere verzichten müssen. Statt dessen hatte er es zum Generalmajor gebracht, der im badischen Kriegsministerium in Rastatt seinen Dienst leistete. Der Musik widmete er sich in seiner Freizeit: Er komponierte und gründete in Rastatt einen Singverein, den er auch dirigierte. Seine Jugendträume von einer Künstlerkarriere, die ihm verwehrt worden war, übertrug er nun auf die Tochter. Da der allgemeine Bildungskanon, den man den Unterweisungen für Mädchen zugrunde legte, damals nicht gerade allzu umfassend war, übernahmen er und seine Frau es selbst, die Tochter zu unterrichten, d.h. er gab ihr Unterricht, und seine Frau, eine »gütige, fleißige, begabte, echt deutsche Hausfrau«[10] hatte eher für die Beaufsichtigung zu sorgen. Das 13. Organisationsedikt von 1809 schrieb zwar eine siebenjährige Schulpflicht für Mädchen und eine achtjährige für Jungen vor, doch konnte diese durch Privatunterricht ersetzt werden. Die in der Aufklärung begründeten Bemühungen, Schule als eine gesellschaftliche Einrichtung zu definieren und daher untrennbar mit einem gesellschaftlichen Auftrag zu verbinden, der auch die Schulpädagogik bestimmt, waren weitgehend in den Hintergrund getreten.

Zehn Jahre lang erhielt Luise Adolpha neben allgemeinbildenden Lektionen vom Vater zunächst Klavier-, dann Geigenstunden, ungeachtet dessen, daß das Spielen einer Violine für Mädchen als unschicklich galt. In ihren *Lebenserinnerungen* schreibt sie später über diese Zeit:

> Klavierunterricht gab mir mein Vater, so oft es seine Zeit erlaubte. Ich übte täglich zwei Stunden unter Aufsicht der Mutter, und es kam oft vor, daß ich mich anstatt der Übungen in freien Phantasien erging. [...] Es galt damals für etwas Unerhörtes in Karlsruhe, daß ein Mädchen

Violine spielte! Die Jungen der Nachbarschaft stellten sich oft vor unsere Wohnung und ahmten mit den Armen die Geigenbewegung nach![11]

Durch den häuslichen Unterricht blieb der jungen Musikerin nicht nur die sonst für höhere Töchter oft übliche Schullaufbahn in einer Klosterschule erspart, sie lernte auch sehr viel mehr als ihre Altersgenossinnen. Diese völlig auf die Eltern konzentrierte und fixierte Ausbildung ließ ihr andererseits aber auch nicht die Chance, sich ausreichend mit Gleichaltrigen auseinanderzusetzen. Die in dieser Phase der Kindheit und frühen Jugend notwendigen aktiven und passiven Prozesse der Sozialisation sind ihr vorenthalten worden, der Grad ihrer Frustrationstoleranz war nur sehr gering oder einfacher gesagt: Ihr fiel es oft nicht leicht, mit anderen Menschen zurechtzukommen und beispielsweise Kritik hinzunehmen und sie nicht als persönlichen Angriff zu werten.

Den Umgang mit anderen jungen Mädchen, der sich meist auf den Sonntagnachmittag beschränkte, überwachten die Eltern sorgsam, so daß Luise nur mit »wohlerzogenen Kindern« in Berührung kam. Nicht nur ihre kindliche Naivität blieb ihr deshalb sehr viel länger als Gleichaltrigen erhalten, denn sie glaubte noch lange Zeit »getreulich an den Osterhas und an das Christkindchen«.[12] Sie hatte zudem das Empfinden, durch die bessere Bildung weit über den anderen Mädchen zu stehen; hier liegt der Grund für ihren Standesdünkel, den sie nie ganz ablegte.

Erst mit 13 Jahren bekam Luise Adolpha etwas näheren und häufigeren Kontakt zu anderen jungen Mädchen. Sie besuchte – nach dem Umzug der Familie nach Karlsruhe – das private Institut der Frau Wettach. Die Frau eines Lehrers, der an der Höheren Töchterschule unterrichtete, hatte 1836 die Genehmigung beantragt, eine Privatschule für Mädchen gründen zu dürfen, denn sie fühlte sich prädestiniert für diese Aufgabe, da sie selbst eine entsprechende Ausbildung erhalten und auch an der Höheren Töchterschule unterrichtet hatte.[13] Auf dem Lehrplan des privaten Institutes standen nicht nur Sprachen und Literatur, sondern auch Geographie und Geometrie.

Mit 16 Jahren bewies Luise Adolpha den Erfolg ihrer schulischen Leistungen im Wettachschen Institut mit einer gut bestandenen Prüfung. Den Geigenunterricht hatte inzwischen der Karlsruher Hofmusiker Mittermayr übernommen, bis sie sich entschloß, sich völlig auf die Ausbildung am Klavier zu konzentrieren. Wieder erhielt sie Privatunterricht, diesmal bei Hofkapellmeister Wilhelm Kalliwoda (1827–1893), der auch Harmonielehre miteinbezog sowie Gesangsunterricht bei Anton Haizinger, dem Gatten der beliebten Schauspielerin Amalie Haizinger.

Louise Adolpha Le Beau als junges Mädchen

Karlsruhe war in jenen Jahren im Vergleich zu den großen Kulturzentren Wien, Berlin oder Paris zwar ein Provinzstädtchen, doch auf dem Gebiet der Kultur hatte es einiges zu bieten. Das Programm des Karlsruher Hoftheaters war beachtlich, seit Eduard Devrient 1852 Direktor geworden war. In der Spielzeit 1864/65 wurden beispielsweise immerhin 79 Schauspiele ins Repertoire aufgenommen. Im Frühjahr 1861 hatte sich sogar Richard Wagner überlegt, hierher zu übersiedeln und von Großherzog Friedrich I. eine Anstellung am Hoftheater gefordert. Mit dem, was der Bayernkönig Ludwig II. ihm 1864 aber in München bot, konnte und wollte der Großherzog nicht konkurrieren. Das Musikleben war dennoch keineswegs langweilig. Die Hofkapellmeisterstelle teilten sich Wilhelm Kalliwoda und Hermann Levi (1839–1900), der mit Johannes Brahms befreundet war; letzterer gab in den Jahren 1865 und 1866 mit großem Erfolg Konzerte in Karlsruhe.

Etwas weiter südlich, in Lichtental bei Baden-Baden, hatte sich Clara Schumann ein Sommerhaus gekauft. Das Umfeld für eine angehende Pianistin, die sich auch bereits an ersten Kompositionen versucht hatte, schien eigentlich ideal.

Ihre pianistischen Fähigkeiten konnte Luise Adolpha Le Beau am 27. November 1867 erstmals öffentlich unter Beweis stellen, als sie gemeinsam mit Kalliwoda und Levi eines der Bachschen Konzerte für drei Klaviere spielte. Für sie war dies ein sehr wichtiges Ereignis und der Auftakt für ihre musikalische Laufbahn.

Hermann Levi, Kapellmeister
in Karlsruhe
(Studie von Franz Lenbach)

Hermann Levi, den sie seines Imponiergehabes zwar nicht sonderlich gern mochte, war es auch, der 1873 den Rat und die Empfehlung gegeben hatte, Klavierunterricht bei Clara Schumann zu nehmen. Doch die nur zwölf Unterrichtsstunden endeten mit einem Desaster. Noch in ihren, im ersten Jahrzehnt des 20. Jahrhunderts entstandenen, *Lebenserinnerungen* hadert Le Beau mit den unterschiedlichen Gegebenheiten in ihrem Leben und dem der jungen Clara Schumann, die sowohl in ihrer Jugend als auch später so viele Vorteile gehabt habe, z.B. die Unterstützung reicher Freunde und die selbstverständliche Gefälligkeit der Musikerkollegen. Le Beau versteigt sich sogar zu der Behauptung, daß die junge Clara Wieck kaum die Hälfte ihrer Erfolge errungen hätte, wenn sie ein »unbekanntes junges Geschöpf« gewesen wäre wie sie selbst.[14] Darüber daß sie das tatsächlich einmal gewesen war und nur durch eisernen Fleiß und erzwungene Disziplin ihre Leistungen erreicht hat, schweigt Luise. Sie hatte mit dem Wohlwollen und der Bewunderung einer älteren und erfahrenen Künstlerin gerechnet und ist in dieser Erwartung gründlich enttäuscht worden.

Was nun der tatsächliche Grund für die beiderseitige Antipathie war, die – so wie es scheint – von Anfang an bestanden hatte, kann nicht mehr geklärt werden. Doch sollte man bedenken, daß die 23jährige bisher mehr oder minder an einen behüteten Schonraum gewöhnt war, in dem sie steten Zuspruch erfahren und keinen Grund gehabt hatte, an ihren eigenen Fähigkeiten zu zweifeln, denn schließlich hatten »alle Sachverständigen« sie »für talentvoll« erklärt.[15] Auch in ihrem späteren Leben begegnete sie all jenen mit Mißtrauen, die sich ihr gegenüber allzu kritisch zeigten. »Feine Menschenkenner«[16] waren für sie nur jene, die sie und ihre Kunst in der Weise ernst nahmen, wie sie es für richtig hielt. Im Unterricht bei Clara Schumann kamen außerdem die möglicherweise etwas rüden Unterrichtsmethoden des erfolgreichen Vorbildes hinzu, die für sie ebenfalls neu waren. Andererseits war Clara Schumann eine energische Frau, die sich in ihrem Leben hatte durchsetzen müssen, und vielleicht waren ihr tatsächlich alle kreativen, phantasievollen Frauen »verhaßt«, wie ihre Biographin Eva Weissweiler schreibt.[17] Über die Gründe zu spekulieren, ist jedoch müßig, Luise Adolpha wendete sich jedenfalls mit Grausen ab. Obwohl sie später eingestehen mußte, daß Clara Schumann für sie bei Hermann Levi sehr lobende Worte gefunden habe, scheint sie sogar die Lust an der Ausbildung zur Pianistin gründlich verloren zu haben und strebte nach München, wo sie Förderung für ihr Talent als Komponistin suchte. Hans von Bülow, dem sie in Baden-Baden hatte vorspielen dürfen, hilft ihr diesmal mit einem Empfehlungsschreiben weiter und zwar an die Gattin des Komponisten Josef Rheinberger (1839–1901), die in München spöttisch-respektvoll »blaue Durchlaucht« genannt wurde; ihrem »gütigem Schutze« wollte er die angehende Künstlerin aus der Provinz anvertraut wissen, da sie »für die Werke Ihres Herrn Gemahls schwärmt, dessen Bekanntschaft zu machen brennt und seine Ratschläge – wenn nicht direkt, doch indirekt« erfahren habe.[18] Zunächst nur in Begleitung ihrer Mutter siedelte Luise Adolpha nach München über, wenig später kam auch der Vater nach. Als Hauptgrund für diesen Umzug nannte Le Beau später die »trostlosen musikalischen Zustände« in Karlsruhe[19] sowie das Publikum, das nicht genügend Verständnis für künstlerische Leistungen gehabt habe. Nachdem sie dort jedoch 1880 einen Erfolg zu verzeichnen hatte, ist diese Mißbilligung vergessen, denn nun wurde sie vom dortigen Publikum, über das sie sich »nie zu beklagen hatte«, »mit vielen Ehren aufgenommen«.[20]

In München war Le Beau ab 1874 erst einmal Schülerin von Josef Rheinberger, dann von Melchior Ernst Sachs (1843–1917) und Franz Lachner (1803–1890), der als bedeutender Orchestererzieher galt. Rheinberger brachte ihr endlich das Interesse und die Wertschätzung für ihre Arbeit entgegen, die sie so lange vermißt hatte. Noch in ihren *Erinnerungen* ist die Genugtuung Luise Adolpha Le Beaus hierüber zu spüren:

Von höchstem Wert war mir aber Rheinbergers Urteil über meine Kompositionen, welches er in die Worte kleidete: »Sie haben mir da eine Reihe von Kompositionen gebracht, und ich sah mit Vergnügen daraus, daß Ihnen wirklich etwas einfällt!« Darauf ging er eins ums andere mit mir durch, lobte die harmonische Begabung, die Stimmung sei überall hübsch getroffen, fand alles sehr musikalisch und riet mir, kontrapunktische Studien zu machen; mit der Harmonielehre sei ich fertig. [...] Er ließ mich den »Cantus firmus« bald selbst erfinden, ebenso die strengen Imitationen dazu und hatte viele Freude an meinen Aufgaben, denn er lobte mich überall.[21]

Luise Adolpha war klug und hellsichtig genug, sich die Zuneigung von Franziska Rheinberger weiterhin zu sichern, denn sie hatte erkannt, daß diese »auf sein [Josef Rheinbergers] Wohlwollen für andere einen großen Einfluß« ausübte.[22] So widmete sie Frau Rheinberger die *Fünf Lieder für Mezzo-Sopran mit Klavierbegleitung* op. 4. Auch ihre drei ersten Werke hatte sie mit Widmungen versehen und zwar jeweils für die Musiker, von denen sie sich Unterstützung erhoffte: Wilhelm Kalliwoda (op. 1), Josef Rheinberger (op. 2) und Hans von Bülow (op. 3).

Durch Rheinbergers Unterricht scheint Luise Adolpha wieder Gefallen an der Pianistenlaufbahn gefunden zu haben. Im Winter 1874 unternahm sie eine Konzertreise nach Holland, und in München erntete sie zu Beginn des Jahres 1879 sowohl als Pianistin wie als Komponistin wohlwollende Kritik. Ihr *Trio für Klavier, Violine und Violoncello* – es ist ihr op. 15 – sei durchaus »geschickt gemacht«, und als Pianistin habe sie die »kunstvoll gearbeitete Toccata von Rheinberger mit großer Sicherheit und geschmackvollem Vortrag« gespielt.[23] Das Wohlwollen von Frau Rheinberger schwand jedoch deutlich. Le Beau führte dies darauf zurück, daß sie es gewagt hatte, ein Werk ihres Mannes für ein Konzert selbständig zu arrangieren, wofür sie doch »wahrlich alt genug« gewesen sei. Außerdem hatte sie einen »Privatmusikkursus in Klavier und Theorie für Töchter gebildeter Stände« begründet, in dem neben praktischen auch Kenntnisse in Harmonielehre und Kontrapunkt vermittelt wurden; abgeschlossen wurde er mit Prüfung und Vorspiel. Eine solch ungewöhnliche Initiative stieß nicht überall auf freundliche Resonanz. Was Le Beau hierzu bewegte, kann man aus ihrer Entgegnung herauslesen, die sie auf einen Aufsatz eines Mitarbeiters der *Allgemeinen deutschen Musikzeitung* hin verfaßt hatte, der unverfroren, aber ganz im Tenor seiner Zeitgenossen behauptete, daß das »Vordringen des weiblichen Elementes in den Musikschulen« eine »bedenkliche Erscheinung« sei.[24] Le Beau kritisiert, daß die beklagte »Unfähigkeit des weiblichen Geschlechts«, die angeblich ein »tieferes Eingehen in ein Kunstwerk« verhindere, allein darin begründet sei, daß »viele Eltern es versäumen, ihre Töchter gründlich unterrichten zu lassen«.[25] Falls sie später nicht das »unsichere Glück« hätten, in ihren »wahren Beruf« – dies setzt Beau in Anführungszeichen –, nämlich die Ehe, zu gelangen und sich statt dessen mit Klavierunterricht den Lebensunterhalt verdienen müßten, so tradierten sich die mangelhaften Kenntnisse naturgemäß weiter. Dem könne man nur mit einer gezielten Erziehung entgegenwirken, die nicht nur technische Fähigkeiten vermittle, sondern auch »geistige Selbständigkeit«. Wie recht Le Beau mit ihren Vorwürfen hatte, belegen die Erinnerungen der Karlsruherin Anna Ettlinger, die dort als erste Frau Literaturkurse durchführte. Sie hatte in ihrer Jugend genau das erlebt, was Le Beau anprangerte:

> Ich hatte einen Klavierlehrer, der mich Salonstücke lehrte, wie *La pluie des perles,* odes *Les cloches du monstère,* oder *La femme du marin,* und ich hatte Mühe, ihn dazu zu bringen, daß ich *gute* Musik spielen durfte. Davon sprach ich aber nicht und dachte nicht daran, daß das anders sein könne, und daß im Grunde mein Lehrer ein schlechter Lehrer sei.[26]

Durchaus logisch führt Le Beau weiterhin aus, daß man seit langem daran gewöhnt sei, »die Pflege der guten Gesangsmethode« ganz selbstverständlich Frauen zu überlassen, folglich sei es nicht einsichtig, weshalb sie für Unterricht auf anderen musikalischen Gebieten nicht taugen sollten. Was aber auch sie sich nicht vorstellen konnte, war »eine Dame als Leiterin eines aus Männern gebildeten Orchesters«; das hielt sie für eine »moralische Unmöglichkeit«, ganz abgesehen davon, daß es wohl wenig von ihrer Ausbildung her geeignete Frauen gegeben haben dürfte.[27]

Ob nun solche, für ihre Zeit beinahe radikal zu nennende, Auffassungen die Gründung des »Privatkursus«, eine gewisse Eifersucht der Frau Rheinberger oder einfach das zunehmende Selbstbewußtsein der Schülerin, die Fortschritte für sich verzeichnen konnte, der Grund waren – das Vertrauensverhältnis zu den Rheinbergers litt zusehends. Le Beau selbst macht in ihren *Lebenserinnerungen* vor allem ihre eigene selbständige Arbeitsweise hierfür verantwortlich. Ihr eigenes Urteil habe »sowohl ihn wie sie« verdrossen.[28] Dieses gestörte Verhältnis war für Luise Adolpha Le Beau nicht gerade von Vorteil. Immerhin hatte sie durch die Hilfe des Lehrers einige ihrer Kompositionen bei Verlagen unterbringen können, was nicht ganz einfach war, ebensowenig wie die ständigen Bemühungen, die eigenen Werke aufführen zu lassen, denn das kostete Zeit, Kraft, Nerven und vor allem Geld. In ihren Erinnerungen beschreibt sie u.a. das Geschäftsgebaren und den weitreichenden Einfluß der Berliner Konzertagentur Wolff. Nicht nur die offene Parteinahme für ausgewählte Künstler war dort an der Tagesordnung, sondern auch eine Beeinflussung der Kritiker. Da Wolff in Berlin die besten Konzertsäle zur Verfügung gehabt habe, sei es quasi unmöglich gewesen, ohne die Zustimmung dieser Agentur ein Engagement zu erhalten bzw. eigene Werke innerhalb eines Konzertes zur Aufführung bringen zu lassen. In ihren Erinnerungen gibt sie ein Gespräch mit ihrem Verleger wieder, in dem sie sich beklagt hatte, wie schwer es neue Kompositionen hätten, Eingang in das Repertoire der Künstler zu finden. Nur wenn ein Komponist eine »Stellung als Intendant, Kapellmeister oder Vereinsdirigent hat, so werden seine Lieder schleunigst von vielen in Konzerten gesungen«, weil sich dadurch die Sänger ein Engagement erhofften. Verfügte man jedoch nicht über solche Verbindungen, so sei es am besten, man lege einen »Hundertmarkschein« in die Noten, und diese Praxis ließe sich sowohl auf Sänger als auch auf Dirigenten und andere Künstler anwenden.[29] Wenn schon die männlichen Kollegen mit solchen Widrigkeiten zu kämpfen hatten, so wurde es einer komponierenden Frau erst recht schwer gemacht, die Hürden zu überwinden:

> Wendet sie [die Komponistin] sich an irgendeine Kammermusik- oder Orchesterinstitution mit der Bitte, ihre Arbeiten zu prüfen, und eine oder die andere, welche vielleicht schon privat die Gunst des Publikums erfahren hat, zur Aufführung zu bringen, dann wird dieser Frau fast immer, entweder geradezu mit brutaler Unhöflichkeit oder was fast noch schlimmer ist, mit ironischer Höflichkeit begegnet werden.
> Im günstigsten Falle betrachtet man die Komponistin als eine halb Verrückte, als einen dreisten Eindringling, welche es wagt, an jener Stätte mit dem Manne in Konkurrenz treten zu wollen.[30]

Le Beau mußte zwangsläufig das Kunststück vollbringen, sich mit den Verhältnissen zu arrangieren, ohne sich ihnen allzu sehr zu beugen. Druckkostenzuschüsse u.ä. zu zahlen, fiel ihr schwer. Zwar lebte sie gemeinsam mit den Eltern, die nicht reich, finanziell aber doch einigermaßen gesichert waren, aber übermäßige Aufwendungen erlaubte das Familienbudget nicht, außerdem nagten die unwürdigen Formen der Bittstellerei doch sehr an Le Beaus Selbstbewußtsein. Dennoch konnte sie immer wieder kleinere und auch größere Erfolge verzeichnen. 1883 wurden sowohl das Oratorium *Ruth* op. 27 in München als auch ihr *Quartett für Klavier, Violine, Viola und Violoncello* op. 28 im Gewandhaussaal in Leipzig uraufgeführt; gewidmet hatte sie letzteres Franz Lachner (1803–1890), der ihr bei ihren Arbeiten seit 1885 mit Rat und Tat zur Seite gestanden hatte. In Salzburg, wo sie außerordentliches Mitglied des Mozarteums wurde, in Wien und in Stuttgart war ihr op. 25 zu hören, eine *Fantasie für Klavier mit Orchesterbegleitung*.
In fast allen musikalischen Gattungen versuchte sich Luise Adolpha Le Beau: Sie komponierte kammermusikalische Werke, Lieder, Chormusik, Oratorien, sogar eine Oper.[31] Dabei verband sie traditionelle Elemente mit neuen Ideen, die sie aus der sogenannten Neudeutschen Schule bezog, die sich vorwiegend an Liszt und Wagner orientierte, was ihr die als achtungsvoll zu wertende

Beurteilung einbrachte, sie schreibe »unweibliche« Musik. Als ihre unmittelbaren Vorbilder betrachtete sie Mendelssohn und Brahms.

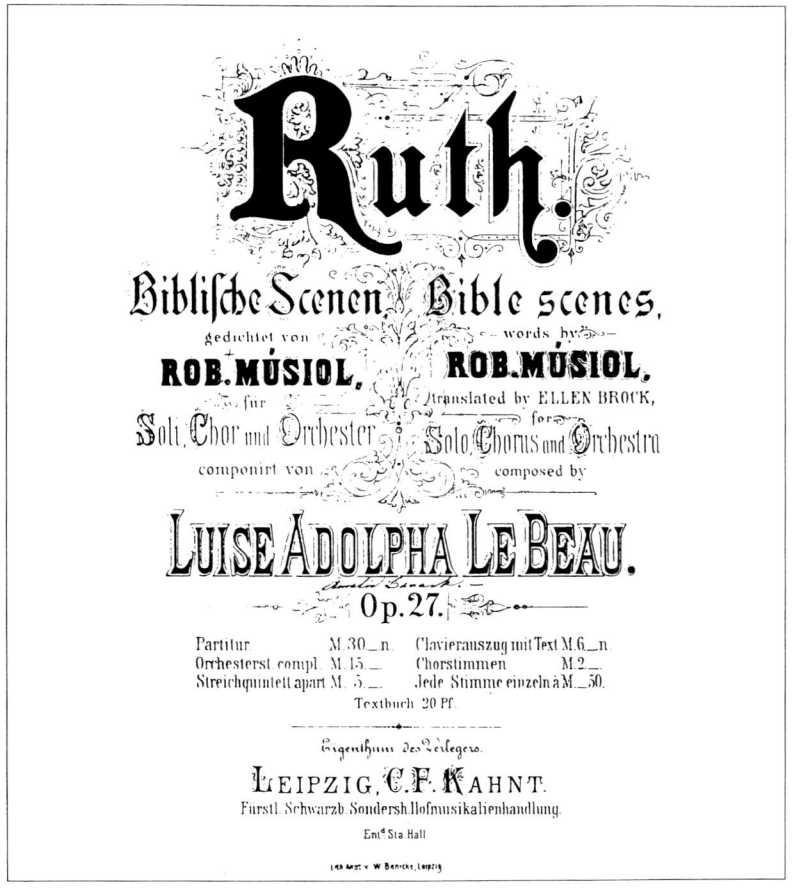

Titelblatt zum Oratorium Ruth. Biblische Szenen
für Soli, Chor und Orchester, op. 27

Die Kritiker gingen mit Luise Adolpha und ihrem Werk nicht zimperlich um. Am meisten übel nahmen sie ihr tatsächlich, daß sie sich als Frau in eine von Männern beherrschte Domäne traute. Der gefürchtete Hanslick begann seinen Bericht vom Konzert der »Componistin Le Beau aus München« mit einem niederschmetternden Vergleich, der einer jungen Frau wie Luise Adolpha, die ihr Leben völlig in den Dienst der Kunst stellen wollte, wie Hohn klingen mußte. Er bezeichnete sie »als Muster einer wohlerzogenen, gewandten Hausfrau, die ihr mäßiges Vermögen auf die reinlichste Art verwaltet, keine Schulden macht und ihre Gäste durch bescheidene Freundlichkeit für sich einnimmt. Von origineller schöpferischer Kraft« sei keine Spur vorhanden. Allerdings mußte er zugestehen, daß aus ihrer Musik die Schule der »guten klassischen Meister« herauszuhören ist. »Die großen Formen der Kammermusik, welche Fräulein Le Beau als die erste ihres Geschlechtes kultiviert, erzwingen unseren Respekt für die Komponistin, rechtfertigen aber auch manche Besorgniß.«[32] Was er fürchtete, war die »Gefahr, breit und redselig zu werden, ja unersättlich in Wiederholungen, um nur die großen Rahmen auszufüllen«.[33] Hanslick gestand ihr also nicht einmal genügend Phantasie zu.

In einem Bericht der *Allgemeinen Musikalischen Zeitung* über ihr Konzert im Dezember 1882 wurde Le Beau als »talentvolle Clavierspielerin« eingeschätzt, die »durch die Liebenswürdigkeit ihrer Werke dazu berufen erscheint, in Salonkreisen ihr Glück zu machen«.[34] Auch hier wurde sie nicht ernst genommen; ihren Platz bekam sie bei den etwas besser klimpernden Damen der Gesellschaft zugewiesen, die ihre Gäste zur Unterhaltung mit Salonstücken traktieren.

Einer der Rezensenten scheute sich nicht einmal, an einem Konzert Kritik zu üben, bei dem er gar nicht selbst anwesend war. In der *Allgemeinen Musikalischen Zeitung* findet sich am 19. Januar 1881 eine Notiz, die mit den Worten beginnt: »Eine mehrtägige Abwesenheit hat mich um zwei musikalische Genüsse gebracht: um den Mozart-Abend des Fräulein Adolphe Le Beau im Museums-saale und um das erste Abonnement-Concert der musikalischen Akademie im Odeonssaale. Ich kann daher die Resultate dieser Aufführungen [...] nur nach dem Hörensagen im Allgemeinen verzeichnen.« Was er danach »verzeichnet«, ist schlicht eine grobe Beleidigung: »In Anbetracht des Zweckes des Concerts, dessen Ertrag zur Unterhaltung des Mozarthäuschens in Salzburg bestimmt war, wie auch des Umstands, dass Fräul. Le Beau, wiewohl auf der Grenze zur Künstlerin stehend, doch eigentlich blos Dilettantin ist, wäre es unbillig, in diesem Falle eine strenge Kritik zu üben.«[35]

Die *Neue Musik-Zeitung* urteilte wesentlich freundlicher und unvoreingenommener. In einer »Biographischen Skizze« wird die Komponistin vorgestellt, die – nach Meinung des Autors – es »verdient, mit unter die ersten gezählt zu werden«.[36] Auch in der *Neuen Zeitschrift für Musik* findet sich eine sehr freundliche und kompetente Besprechung ihres op. 28, einem *Quartett für Klavier, Violine, Viola und Violoncello.* Man billigte ihr zu, »unter den zeitgenössischen componirenden Damen« eine der »fleißigsten und gewissenhaftesten« zu sein. Ihre »Empfindungsweise« habe etwas »Männliches«, ihr Denken sei logisch und klar, außerdem mache sich eine »gute Schulung« bemerkbar.[37]

Vorläufig ließ sich Luise Adolpha Le Beau von bissigen Kommentaren noch nicht beirren. Sie achtete sorgsam darauf, gesellschaftliche Kontakte zu knüpfen und zu pflegen. In Weimar war sie Gast von Franz Liszt, in Wien wagte sie sich gar in die Höhle des Löwen Eduard Hanslick, besuchte Johannes Brahms und Joseph Hellmesberger, in Berlin den Musikhistoriker Philipp Spitta und den Violinisten und Komponisten Joseph Joachim, der ihr zwar einen Gegenbesuch zusagte, dieses Versprechen aber nie einlöste. Bei Professor Georg Vierling, Mitglied des Senats, hatte sie mehr Glück. Nachdem er die Partitur ihres op. 40 – *Hadumoth. Szenen aus Scheffels »Ekkehard« für Soli, Chor und Orchester* – durchgesehen hatte, erklärte er bewundernd, daß so etwas »noch keine

Dame geleistet« habe«.[38] Obgleich er eine einflußreiche Stellung hatte, war es ihm nicht möglich, sie für den Titel einer Professorin an der königlichen Musikhochschule vorzuschlagen. In einer Zeit, in der die Ideologie von der »natürlichen Bestimmung« der Frau zur Ehefrau und Mutter noch höchste Gültigkeit hatte, und die ersten Studentinnen sich den Zugang zu den Hochschulen erst mühsam erkämpfen mußten, war es schlicht aussichtslos, eine Frau in einem Professorenkollegium etablieren zu wollen, auch wenn sie alle Bedingungen hierfür erfüllte.

Louise Adolpha Le Beau: Seitensatz aus der Partitur zu op. 46

Mutter, Vater und Tochter Le Beau waren inzwischen mehrfach umgezogen: von München nach Wiesbaden, von dort nach Berlin und 1893 schließlich nach Baden-Baden, immer mit der Hoffnung, daß Luise Adolpha endlich den ersehnten, ganz großen Erfolg als Komponistin erringen würde. Der Einfluß des Vaters

erstreckte sich nach wie vor nicht nur auf den privaten Bereich; er versuchte Verbindungen zu vermitteln, Kontakte herzustellen, ließ seine erwachsene Tochter kaum aus den Augen. Ängstlich wartete er bis sie abends nach dem Theater oder Konzert wieder zu Hause war. Aus Rücksicht auf ihn besuchte Le Beau schon in Wiesbaden kaum mehr Gesellschaften, und in Berlin sollte sie auf sein Geheiß hin so oft es ging die Straßenbahn benutzen, denn dann »bist du bälder wieder bei uns!«[39] Daß diese übertriebene Fürsorglichkeit – wie sie in ihren *Lebenserinnerungen* glauben machen will – ihren Grund nur im ständig wachsenden Straßenverkehr hatte, ist kaum glaubhaft. Schließlich kann man einer über 40jährigen Frau getrost zutrauen, daß sie sich ohne Aufsicht der Eltern vorwärts bewegt. Vielmehr werfen solche Bemerkungen ein bezeichnendes Licht auf die ungewöhnlich enge Bindung zwischen ihr und den Eltern, die sich nie auch nur im geringsten gelöst hat. Die absolute Nähe und Abhängigkeit steigerte sich später fast ins Manische – eine unnatürliche und ungewöhnliche Entwicklung. Zwischen dem Vater und Luise Adolpha erstreckte sich die Bindung sogar auf deren kreative, eigenschöpferische Arbeit als Komponistin: Sie integrierte seine Kompositionen in die ihren. Er definierte sich als Künstler über seine Tochter. Von den vier *Gesängen für Männerchor* op. 19 stammen zwei vom Vater, für die Ballade *Im Sängersaal* steuerte er die Orchesterbegleitung bei, für die beiden *Gesänge für eine tiefe Stimme* op. 29 die Klavierbegleitung, ebenso für die *Balladen für eine Singstimme* op. 42, die 1896 entstanden, dem Todesjahr des Vaters. Luise Adolpha hatte also bereits ein Alter von 46 Jahren erreicht und es immer noch nicht geschafft, sich aus der symbiotischen Gemeinschaft des Familienkokons zu lösen. Als sie der Krankheit der Eltern wegen den Haushalt übernahm, geschah dies nicht in Eigenregie, sondern vollkommen im Einklang mit deren Wünschen.[40]
Durch den Tod des Vaters 1896 war sie verantwortlich für die leidende, fast erblindete Mutter, die intensive Pflege benötigte. Das sichere familiäre Rückzugsgebiet existierte nun nicht mehr.

133

Vollends auf sich allein gestellt war Luise Adolpha Le Beau vom Jahre 1900 an, als die Mutter starb. Fast 50 Jahre lang hatte sie die Rolle des einzigen Kindes inne gehabt, in das die Eltern hohe Erwartungen gesetzt hatten, nun mußte sie plötzlich allein zurecht kommen. Sie muß eine ganze Zeitlang gebraucht haben, um die neue Erfahrung von Unabhängigkeit zu begreifen und auch zu nutzen. Erst 1906 unternahm sie – mit immerhin 56 Jahren – eine längere Reise nach Italien, auf der sie höchst erstaunt feststellte, daß sie in der Lage war, »ganz allein solch eine vergnügte und herrliche Zeit zu verleben«.[41] Offensichtlich gefiel ihr das so gut, daß sie von nun an bis 1914 regelmäßig ihre Ferien in Italien oder Frankreich verbrachte. Sie begann, ihre Autobiographie, im Angedenken an ihren Vater, zu schreiben, der ihr ans Herz gelegt hatte, die »vielen Schwierigkeiten, welche eine Dame auf dem Gebiet der musikalischen Komposition entgegenstehen« öffentlich zu machen, »den Neid und die Mißgunst der Kollegen [...] sowie die Vorurteile und den Unverstand gerade derjenigen Kreise [...], welche am meisten berufen und in der Lage wären, ein Talent zu fördern«. Sie solle sich dabei auch nicht scheuen, bekannte Namen zu nennen.[42] Was den Vater bewogen haben könnte, sie mit einem solchen Auftrag auszustatten, ist nicht ganz durchschaubar. Es ist kaum anzunehmen, daß er durch eine solcherart gestaltete Autobiographie seiner Tochter einen Beitrag zur Emanzipation und zur Minderung der gesellschaftlichen Diskriminierung von künstlerisch tätigen Frauen leisten wollte. Vielmehr könnte man vermuten, daß er selbst zu der Einsicht gelangt war, mit all seinen von Anfang an konsequent durchgeführten Bemühungen, aus seiner Tochter eine Berühmtheit zu machen, gescheitert zu sein. Nach wie vor muß er jedoch an der Überzeugung festgehalten haben, daß dieses Scheitern weder ihm noch seiner Tochter anzulasten sei, sondern einzig dem Unverständnis und der Ignoranz der musikalischen Welt.

Überhaupt sollte der Mythos von der ungebrochenen Vater-Tochter-Beziehung, den Luise Adolpha in ihren *Lebenserinne-*

Louise Adolpha Le Beau
Photo aus ihren letzten Lebensjahren

rungen beharrlich tradiert, hinterfragt werden. Wohl galten im 19. Jahrhundert völlig andere Erziehungsmaximen als heute, das Gebot der absoluten und kritikfreien Gehorsamkeit gegenüber den Eltern hatte einen hohen Stellenwert. Doch selbst unter Berücksichtigung solcher Maßstäbe war das nur durch den Tod zu trennende Binnenverhältnis der Kleinstfamilie Le Beau ungewöhnlich. Die enge Bindung von der überbehüteten Kindheit an hatte Luise Adolpha jede Chance genommen, von den Eltern unbeeinflußte Erfahrungen zu machen: »Was Vater und Mutter sagten«, galt Luise Adolpha »als Evangelium«.[43] Möglicherweise

hätte demgegenüber selbst die rigide Erziehung in einer Klosterschule noch Vorteile zu bieten gehabt.

Nach vielen Enttäuschungen hatte Luise Adolpha 1909 noch einmal alle Hoffnungen auf die von der Intendanz des Karlsruher
Theaters zugesagte Aufführung ihrer einzigen Oper *Der verzau-
berte Kalif* gesetzt, frei nach Wilhelm Hauffs Märchen vom *Kalif
Storch*. Nicht nur die Musik, auch der Text stammte diesmal von
ihr – ein Novum in ihrem Œuvre, das auch keine Wiederholung
fand. Mit dieser in den ersten beiden Jahren des 20. Jahrhunderts
komponierten Märchenoper, die ihre einzige bleiben sollte, verband sie wohl die Erwartung, den Nerv der Zeit getroffen zu
haben. Zum einen herrschte eine allgemeine Begeisterung für
orientalische Sujets, für alles Ferne und Exotische, die z.B. die
Romane und Erzählungen des französischen Schriftstellers Pierre
Loti zu Bestsellern machte, und zum anderen war das Genre der
Märchenoper beliebt. Le Beaus fast gleichaltriger Komponisten-
kollege Engelbert Humperdinck (1854–1921), ebenfalls ein Rhein-
berger-Schüler, hatte mit *Hänsel und Gretel,* bis heute die bevor-
zugte Oper für die Vorweihnachtszeit, größten Erfolg gehabt.
Bereits im Vorfeld hatten sich drei der bekanntesten Musiker um
das Dirigat der Premiere beworben: Felix Mottl, Hermann Levi
und Richard Strauss; letzterer stand dann bei der Uraufführung
am 23. Dezember 1893 tatsächlich am Dirigentenpult.

Le Beau hatte nicht so viel Glück wie Humperdinck: Aus Karlsruhe kam infolge des Intendantenwechsels eine Absage. Dies war
um so enttäuschender als sich die Komponistin bereits zuvor bei
mehreren Opernhäusern erfolglos um Aufnahme ihrer Oper ins
Repertoire beworben und zudem im Blick auf die in Aussicht
gestellte Aufführung auch schon die gewünschten Änderungen
vorgenommen hatte.

Nach jahrelangen beständigen Kämpfen um vorbehaltlose Anerkennung als Komponistin gab Luise Adolpha Le Beau nun auf.
Sie beschäftigte sich mit ihren Memoiren, notierte, wenn sie unterwegs war, in den Reisetagebüchern ihre Eindrücke, schrieb

Artikel für das *Badeblatt* in Baden-Baden, doch insgesamt hatte sie sich aus dem aktiven Musikleben völlig zurückgezogen. Ob aus der »beherzten jungen Kämpferin« wirklich eine eigenbrötlerische alte Jungfer«[44] geworden war, mag eine bösartige Unterstellung sein, fest steht jedoch, daß sie an und mit ihren Idealen gescheitert ist. Ihre ganz bewußt getroffene Entscheidung, das »Joch der Ehe«[45] gegen die hohe Kunst einzutauschen, hatte ihr vielfach geschadet und jene herablassende Geringschätzung eingebracht, die man so gern die unverheiratet gebliebenen Frauen spüren ließ. Die frühere finanzielle Sicherheit gab es auch nicht mehr, denn das Vermögen hatte die Inflation geschluckt, und an Tantiemen für die Kompositionen war gar nicht zu denken. Fürst Hatzfeld, ein früherer Freund der Familie, setzte um 1922 eine Lebensrente aus, die wenigstens die Existenz sicherte.

In ihrem Wohnort Baden-Baden allerdings hatte man sie nicht ganz vergessen: Zum 70. Geburtstag wurde sie 1920 mit einem Konzert geehrt, im gleichen Jahr trat sie sogar nochmals als Pianistin in Erscheinung; 1922 erlebte ihr *Konzert für Klavier mit Orchesterbegleitung* op. 37 in Baden-Baden seine Uraufführung; 1925 gab es anläßlich des 75. Geburtstages eine Musikalische Morgenfeier, außerdem wurde sie in ihrer Heimatstadt zum Ehrenmitglied der Liedertafel *Aurelia* und des Sängerbundes *Hohenbaden* ernannt, letzteres wohl als Auszeichnung für ihre Komposition *Hohenbaden,* eine sinfonische Dichtung für Orchester.

Seit 1914 hatte Luise Adolpha Le Beau in der Lichtentalerstraße 46 gewohnt, eine Adresse, die sie sicherlich an die dunklen Stunden in der Lichtentaler Villa der Clara Schumann erinnerte. Hier starb sie am 17. Juli 1927, nachmittags um 14.45 Uhr.

Eine Ironie hat sich freilich das Schicksal ihr gegenüber noch nachträglich geleistet. Der von ihr in ihrem Aufsatz von 1878 beklagte mangelhafte Ausbildungsgang junger Mädchen wurde wenig später verändert, doch absolut nicht im Sinne Luise Adolpha Le Beaus. In Realkursen sollte das logische Denken geschult werden, moderne Bildungsinteressen berücksichtigt und eine allgemeine

Bildungsgrundlage für gewerbliche und kaufmännische Berufe geschaffen werden. Auf sprachlich-ästhetische Bildung glaubte man ebenso verzichten zu können, wie auf die Musik, die nun als Fach fehlte, weil man sich nicht vorstellen konnte, daß hier Unterrichtsinhalte vermittelt werden könnten, die über das Singen hinausgingen.[46]

Anmerkungen

1 Vgl. Besprechung des 3. Kammermusik-Abends im Badischen Wochenblatt vom 26.1.1896, zit. in: Ulrike Brigitte Keil: Luise Adolpha Le Beau und ihre Zeit. Untersuchungen zu ihrem Kammermusikstil zwischen Traditionalismus und »Neudeutscher Schule«, Frankfurt a. M./Berlin/Bern/New York/Paris/Wien 1996, S. 276.

2 Die Welt vom 7.11.1979.

3 Zit. nach Sebastian Hensel: Die Familie Mendelssohn. Nach Briefen und Tagebüchern, 3 Bde., Berlin 1879, Bd. 1, S. 89.

4 Robert Schumann, in: Neue Zeitschrift für Musik, Bd. 4, 1836.

5 Ein Glück ohne Ruh'. Die Briefe Gustav Mahlers an Alma, hg. von Henry-Louis de La Grange und Günther Weiß, Berlin 1995, S. 108.

6 Carl Dahlhaus: Die Musik des 19. Jahrhunderts, Wiesbaden/Laaber 1980, S. 263.

7 Vgl. Janina Klassen: Clara Schumann. Die Virtuosin als Komponistin. Studien zu ihrem Werk, Kassel/Basel/London/New York 1990, S. 1.

8 Catherine Clément: Die Frau in der Oper. Besiegt, verraten und verkauft, Stuttgart 1992.

9 Elfriede Jelinek: Die Klavierspielerin, Reinbek 1989, S. 40.

10 Luise Adolpha Le Beau, Lebenserinnerungen einer Komponistin, Baden-Baden 1910, S. 11.

11 Ebd., S. 17.

12 Ebd., S. 15.

13 Vgl. Susanne Asche, Barbara Guttmann, Olivia Hochstrasser, Sigrid Schambach, Lisa Sterr: Karlsruher Frauen 1715–1945. Eine Stadtgeschichte, hg. von der Stadt Karlsruhe, Karlsruhe 1992, S. 136.

14 Louise Adolpha Le Beau, a.a.O., S. 46.

15 Ebd., S. 49.

16 Ebd., S. 55.

17 Eva Weissweiler: Clara Schumann. Eine Biographie, Hamburg ³1991, S. 348.

18 Zit. nach Elisabeth und Hans-Josef Irmen: Gabriel Josef Rheinberger und Franziska von Hoffnaaß. Eine Musikerehe im 19. Jahrhundert, Zülpich 1990, S. 281 f.

19 Louise Adolpha Le Beau, a. a. O., S. 58.

20 Ebd., S. 83.

21 Elisabeth und Hans-Josef Irmen, a. a. O., S. 282, 284 f.

22 Ebd., S. 284.

23 Ebd., S. 286.

24 Zit. nach Eva Rieger (Hg.): Frau und Musik, Frankfurt a. M. 1980, S. 56.

25 Ebd., S. 57.

26 Anna Ettlinger: Lebenserinnerungen für ihre Familie verfaßt, Leipzig o. J. [1920], S. 38.

27 Vgl. Eva Rieger, a. a. O., S. 58.

28 Vgl. Elisabeth und Hans-Josef Irmen, a. a. O., S. 288.

29 Louise Adolpha Le Beau, a. a. O., S. 185.

30 S. Jessel: Warum giebt es so wenige Componistinnen? [1898], zit. in: Eva Rieger: Frau, Musik und Männerherrschaft. Zum Ausschluß der Frau aus der deutschen Musikpädagogik, Musikwissenschaft und Musikausübung, Frankfurt a. M./Berlin/Wien 1981, S. 244.

31 Ein Werkverzeichnis sowie ein Querschnitt der erschienenen Rezensionen ist enthalten in der Arbeit von Ulrike Brigitte Keil. Die dort angegebenen Erscheinungsdaten der Rezensionen sind jedoch offensichtlich nicht nachgeprüft und vielfach falsch notiert worden.

32 Eduard Hanslick: Concerte, Componisten und Virtuosen der letzten fünfzehn Jahre. 1870–1885, Berlin 1886, S. 445–447.

33 Ebd.

34 Allgemeine Musikalische Zeitung, 17. Jg., 1882, Nr. 50, S. 802.

35 Ebd., 16. Jg. 1881, Nr. 3, S. 44.

36 Neue Musik-Zeitung, 7. Jg. 1886, Nr. 5, S. 53.

37 Neue Zeitschrift für Musik vom 14. Mai 1886, 53. Jg. Nr. 20., S. 210.

38 Louise Adolpha Le Beau, a. a. O., S. 193.

39 Ebd., S. 200.

40 Ebd., S. 239.

41 Ebd., S. 272.

42 Ebd., S. 7.

43 Ebd., S. 19.

44 Brigitte Höft: Frauen in der Musik. Komponistinnen aus neun Jahrhunderten, in: Neue Zeitschrift für Musik, 143. Jg. 1982, Heft 6/7, S. 22.

45 Louise Adolpha Le Beau, a. a. O., S. 23.

46 Vgl. Eva Rieger: Frau, Musik und Männerherrschaft, a. a. O., S. 63–65.

Strahlender Mittelpunkt einer Künstlerfamilie

AMALIE HAIZINGER
1800–1884

Obwohl sie alles andere als reisefreudig war, kannte sie die Bühnen von London, St. Petersburg, Paris, München, Berlin und Dresden, verbrachte einen großen Teil ihres Lebens in Wien und blieb dennoch mit ihrer badischen Heimat eng verbunden: Amalie Haizinger. Sie selbst demonstrierte diese Anhänglichkeit gern, indem sie sich mit Vorliebe des Karlsruher Dialekts bediente, und auf die Anregung der Familie, doch mit in die Sommerfrische zu fahren, erklärte sie angesichts der schönsten Gegend gleichmütig: »'s isch ja immer das nämliche!«[1]

In Karlsruhe wurde sie am 6. Mai 1800 als Tochter von Georg Morstadt (1763–1842) und seiner Frau Friederike Jacobina († 1822) geboren.[2] Der Vater, aus einer Pfarrersfamilie stammend, leitete zunächst das Sekretariat der Hoftheater-Intendanz, nachdem er beim Militär des Markgrafen Carl Friedrich von Baden bis 1808 gedient hatte, wurde dann seines Amtes enthoben und führte anschließend bis zu seinem Tod das Sekretariat des Oberstkammerherrenamtes. Amalies 1792 geborener Bruder Eduard († 1850) studierte – wie einst der Vater – Rechtswissenschaft und wurde später Professor der Rechte und Nationalökonomie in Heidelberg, war bei der Familie seiner revolutionären Ansichten wegen jedoch nicht gerade gern gesehen, ganz anders als der Bruder Robert, den Amalie auch später bei Besuchen in der Heimat gern um sich hatte.

Die Familie Morstadt galt als sehr liebenswürdig, die vier Kinder – Amalie hatte noch eine Schwester – wuchsen in einer aufgeschlossenen Atmosphäre auf. Daß Amalie jedoch ihre Zeit mit Lernen verbringen sollte, behagte ihr ganz und gar nicht, ihre Liebe gehörte zunächst der Musik. Schon als Zehnjährige setzte sie es durch, daß sie während einer Wohltätigkeitsveranstaltung auf der Bühne stehen durfte. So gab sie ihr Debüt in der Titelrolle des romantischen Singspiels *Oberon* des österreichischen Komponisten Paul Wranitzky (1756–1808), der für das Wiener Musikleben jener Zeit eine große Bedeutung hatte.

Was von der Familie als einmalige Kapriole noch hingenommen worden war, entwickelte sich bei der jungen Amalie bald zu einer unbeirrbaren Leidenschaft: Sie wollte zur Bühne, und dagegen versagten auch die massiven Einwände der Mutter, die »ängstlich bemüht« war, »die Tochter von einem Schritte abzuhalten, der, abgesehen von dem klippenvollen Lebenspfade des Schauspielers, schon allen Begriffen des herkömmlich Geziemenden, von der Würde der Familie, von Glück und Segen überhaupt widerstrebte«.[3] Mehrere Auftritte in Opern, u.a. als Zerline im *Don Giovanni,* ebneten ihr 1815 den Weg in das Ensemble des Karlsruher Theaters, das seit 1808 bestand. Das war keineswegs ungewöhnlich, denn das durchschnittliche Debütalter lag bei Schauspielerinnen zwischen 16 und 18 Jahren, bei den männlichen Kollegen zwischen 18 und 22 Jahren.[4] Auch daß Amalie quasi ohne Ausbildung war, entsprach der damaligen Normalität. Meistens waren es sowieso Kinder aus Schauspielerfamilien, die zur Bühne strebten, und diese konnten ihre Erfahrungen unmittelbar von der Familie beziehen.

Das Theater war wohl der einzige Ort jener Zeit, an dem Männer und Frauen gleichberechtigt auftraten. Sie erfuhren – je nach ihrem Können und ihrer Bedeutung – öffentliche Beachtung und konnten mit ihrer Kunst ästhetische Maßstäbe setzen. Nachdem sich in Deutschland die Schauspielkunst bei weitem nicht so explizit entwickelt hatte wie etwa an den Höfen in England und Frankreich, sondern vor allem noch wandernde Theatertruppen das Bild bestimmten, änderte sich dies im Verlaufe des 18. und beginnenden 19. Jahrhunderts. Aus den zuvor ähnlich wie fahrende Gaukler und Artisten wenig angesehenen Schauspielern wurden nun geschätzte Bühnendarsteller, und es war ein gesellschaftliches Ereignis, ihre Auftritte zu erleben. Das Theater wurde zu einem »bevorzugten Raum bourgeois-herrschaftlicher Repräsentation«.[5] Die berühmten und bekannten Schauspielerinnen und Schauspieler genossen höchstes Ansehen.

In der Karlsruher Provinz, in der das Hoftheater bis zur Mitte des 19. Jahrhunderts nur wenig Bedeutung gehabt hatte, hielt sich der Enthusiasmus des Publikums im allgemeinen zwar in Grenzen, doch die junge Amalie Morstadt schaffte es bereits hier, die Zuschauer für sich zu begeistern. Weniger begeistert werden hingegen die Eltern gewesen sein, als sie sich mit 16 Jahren entschloß, den gut aussehenden, aber wenig talentierten Hofschauspieler Karl Neumann, der bevorzugt Liebhaber und Helden verkörperte, zu heiraten. Er war damals, genau wie sie, Liebling des Publikums, besonders des weiblichen. Die Verehrung für ihn trieb bisweilen seltsame Blüten. So wurde die Anekdote kolportiert, daß eine junge Köchin alle Komödienzettel gesammelt habe, die seinen Namen enthielten. Diesen schnitt sie jeweils heraus und »würzte damit ein Lieblingsgericht, das nun ihrem Herzen und Gaumen zum Labsal ward«.[6]

Drei Kinder gingen aus der nur sieben Jahre währenden Ehe hervor: der Sohn Karl (* 1816 oder 1817) und die beiden Töchter Louise (1818–1905) und Adolphine (1822–1844). Amalies Ehemann starb bereits 1823 »im kräftigsten Mannesalter an Herzbeutelwassersucht«, wie Louise Schönfeld-Neumann in ihren Erinnerungen schreibt.[7] Um seinen frühen Tod rankten sich bald Gerüchte, daß er durch Selbstmord geendet sei, was von der Familie und auch von der Biographin Helene Bettelheim-Gabillon heftigst bestritten wurde. Auch die Schriftstellerin Hermine Villinger scheint sich an dieses Ondit erinnert zu haben, da sie es als ein Motiv in ihren Roman *Ein Lebensbuch* einarbeitete, der anfangs im Milieu einer Künstlerfamilie angesiedelt ist. Hier nimmt sich der Sänger aus Angst, die Stimme zu verlieren, das Leben. Wieviel Wahrheit oder Erfindung die Gerüchte wirklich enthielten, läßt sich nicht mehr nachvollziehen. Jedenfalls galt Selbstmord als großer Makel und war deshalb ein Tabu. Daß Hermine Villinger sich aber auch in anderen Momenten ihres zweibändigen Werkes am Leben der Amalie Haizinger orientiert hat, belegt u. a. die Episode, in welcher der Sänger-Gatte Angst hat, neben einer berühmten Kollegin zu bestehen. Von Anton Haizinger, dem zweiten Ehemann Amalies, sind entsprechende Bemerkungen bekannt.

Die Schauspielkarriere der Amalie Neumann erlitt weder durch die Geburt der drei Kinder noch durch den Tod des Ehemanns Einbrüche. Schon unmittelbar nach der Heirat hatte sie ihr erstes Gastspiel in Mannheim gegeben, wo sie auch Großherzogin Stephanie vorgestellt worden war, mit der sie nachfolgend eine lebenslange gute Freundschaft verband.

Im Mai 1820 reiste Amalie mit Karl Neumann nach Wien, wo sie zunächst im Theater an der Wien und dann im Burgtheater gastierte. Sowohl das anspruchsvolle und verwöhnte Wiener Publikum wie auch die Kritiker waren sich einig: Man schwärmte einhellig von der »unsinnig schönen Frau« mit einem Talent, das »den göttlichen Funken in sich trägt«. Der seit 1817 am Wiener Burgtheater engagierte Schauspieler Carl Ludwig Costenoble zeigte sich beeindruckt von dem »anmutigen Wesen« der »schönen Karlsruherin«.[8]

Die gleiche Bewunderung erfuhr sie 1821 und 1822 in Berlin, Hamburg, Stuttgart, München und Hannover. Überall stand sie im Mittelpunkt, während ihr Mann als »wackerer« Schauspieler eher ein Schattendasein führte; auf dessen »Kunstleistungen [...], die durch die genialen Productionen« Amalies »weit überwogen wurden«, warf ihr »festbegründeter Ruhm« lediglich einen Abglanz.[9]

Während des Gastspiels in Berlin lernte Amalie Neumann den jungen Dichter Karl von Holtei (1798–1880) kennen, der gerade

144

begriffen hatte, daß seine Theaterleidenschaft die Begabung zum Schauspielberuf bei weitem überstieg. So verlegte er sich darauf, Theaterstücke zu schreiben. Nach der Uraufführung seines ersten Stückes kam er mit Amalie Neumann ins Gespräch, die lebhaften Anteil an seinem Erfolg nahm. Sie war auch zu Gast, als der gerade aus Wien zurückgekehrte Breslauer im Berliner Kreis alte Wiener Lieder vortrug. Es ist allerdings kaum anzunehmen, daß diese Darbietung auch nur eine entfernte Ähnlichkeit mit den Alt-Wiener Liedern hatte. Doch Amalie schlug ihm vor, eine Rolle für sie zu schreiben »und jetzt, nachdem sie jene Lieder gehört, bestand sie darauf und beschwor mich mit der ihr eigentümlichen Lebhaftigkeit, ich solle ein Liederspiel machen, in welchem sie noch bei ihrem diesmaligen Aufenthalte spielen könne«.[10] Karl von Holtei schaffte es tatsächlich: Am nächsten Morgen um zehn Uhr war das Singspiel *Wiener in Berlin* fertig, das mit Amalie Hai-zinger-Neumann Hunderte von erfolgreichen Aufführungen er-lebte und zu einem ihrer Paradestücke wurde. Da es zu jener Zeit noch keine Tantiemen für Dichter gab, ist er dadurch nicht reich geworden. Das einzige Honorar, das er je für sein Werk bekom-men hat, war ein roher geräucherter Schinken vom Direktor einer Provinzbühne in Westfalen.[11]

Nach Weimar kam Amalie Neumann auf Goethes Veranlassung, der sie »liebenswürdig und gütig begrüßte«.[12] Im privaten Kreis gab sie Kostproben ihrer Kunst mit einigen Gesangsstücken und »im Declamiren einiger dramatischer Episoden«,[13] was Goethe sehr begeisterte. In seinen *Schriften zu Theater und Musik* schrieb der Dichter über die Künstlerin, daß ihre Rollen sich »so zierlich und liebenswürdig« hervortun »als die Schauspielerin selbst«.[14]

In Halle organisierten die Studenten ihr zu Ehren 1826 einen akademischen Fackelzug, und hier traf sie auch erstmals Heinrich Laube, der viel später Direktor des Wiener Burgtheaters werden sollte und damit ihr Vorgesetzter. Auch er war von der »schönen süddeutschen Blondine« hingerissen.[15] In Leipzig stiftete man ihr zu Ehren einen Rosenorden und ernannte sie auch gleich zum

Großmeister desselben. Der damaligen Sitte gemäß, den verehrten Künstlern Gedichte zu widmen, hat sich auch ein unbekannter Verehrer angesichts dieses Ereignisses bemüht, seine Gefühle in Verse zu fassen. So war u.a. zu lesen:

> Der Beglückte,
> Der sie pflückte,
> Schlöße wohl den schönsten Bund;
> Welch ein herzig süßes Weibchen!
> Rosen blühen ihm am Häubchen,
> Rosen ihm auf Wang und Mund.[16]

Ein weiterer Ausdruck glühendster Verehrung, die sich in emphatischen Wendungen äußerte, kam von einem ebenfalls unbekannten Gelegenheitsdichter, den die Muse wohl nur im Vorbeiflug flüchtig gestreift hatte:

> Männer mit und ohne Titel
> Priesen sie im letzten Mittel,
> Ja sogar der Blöde rief:
> (Stille Wasser sind gar tief)
> Wenn ich nur ihr Herz erweichte,
> Ging ich wohl bei ihr zur Beichte!
> Wundern darf man, traun! Sich nicht,
> Daß sich Mortimer ersticht.
> In den neuen Proberollen
> Konnte Niemand mit ihr schmollen,
> Aber in Malherbes Rosen
> Wollte Jeder mit ihr kosen.[17]

Für Moritz Gottlieb Saphir (1795–1858), der zu jener Zeit in Berlin als Schriftleiter der *Berliner Schnellpost* und des *Berliner Courier* arbeitete, schließlich war sie das »Herzblatt für alle Freunde der Kunst, der Schönheit und der Anmut«,[18] und er stellte ihr folgenden »himmlischen Reisepass« aus:

> Von Seiten der vereinigten Himmelsstaaten wird dem ersten Engel unseres Reiches hiermit die Bewilligung ertheilt, incognito unter dem Namen, Amalie Neumann, eine Reise auf die Erde zu machen. Zu näherer Kenntlichkeit fügen wir folgende Personenbeschreibung bei:

Heimath: Himmel.
Charakter: Alle Abend einen neuen, jeder vortrefflich.
Stand: Anstand.
Figur: Poetisch.
Alt: In der Kunst, sonst jung.
Angesicht: Maiblume.
Augen: Lassen Alles blau anlaufen.
Haare: Locken.
[...]
Mit ihr reisen von hier aus:
Die Kunst, ihre stete Gesellschafterin,
Thalia, Euphrosine und Aglaja, ihre Kammermädchen.
Die Anmuth, ihre Erzieherin.
Der Geschmack, ihr Garderobier.
Der Frohsinn, ihr Leibarzt.[19]

Zahlreiche weitere mehr oder weniger gelungene poetische Er-
güsse versuchten, die Erscheinung Amalie Haizingers zu würdigen. Ein Dorn im Auge waren ihre steten Gastspielreisen dem
Karlsruher Theater, wo sie fest engagiert war. Eduard Devrient
schrieb diesen »Triumphzügen durch ganz Deutschland« viel
später die Schuld daran zu, daß sie die »Gefallsucht« der Schauspielerin »immer mehr angestachelt« hätten, was nicht zu ihrem Vorteil gewesen sei.[20] Diese eher philiströse Äußerung des Theater-
mannes hatte wohl denselben Beweggrund wie die Weigerung
des Großherzogs Leopold, als es darum ging, Amalie nach Wien
ziehen zu lassen: Beide hätten sie gern auf Lebenszeit und möglichst ohne große Unterbrechungen am Hoftheater der Residenz
gesehen.
In Karlsruhe hatte unterdessen seit dem 1. Mai 1825 der österreichische Tenor Anton Haizinger ein Engagement angetreten.
Er war 1796 in Wilfersdorf geboren worden, hatte Klavier- und
Gesangsunterricht von seinem Vater erhalten mit der Intention,
ihn zum Musiklehrer auszubilden. Einige öffentliche Auftritte
als Sänger machten ihn bekannt, und Graf Palfy bot ihm ein Engagement am Theater an der Wien an. 1821 sang er u. a. die Rol-

le des Don Ottavio in Mozarts *Don Giovanni* und den Part des Lindoro in der *Italienerin in Algier* von Gioachino Rossini. Antonio Salieri, der einstige Gegenspieler Mozarts, sorgte dafür, daß Anton Haizingers musikalische Bildung vervollkommnet wurde. Gastspielreisen führten ihn nach Frankfurt, Stuttgart, Mannheim und schließlich nach Karlsruhe, wo er Amalie Neumann traf. Anders als ihr erster Mann Karl war Anton Haizinger alles andere als eine Schönheit, doch seine Stimme rief überall Bewunderung hervor; zudem war er ein sehr gütiger Mensch, der allmählich die Zuneigung Amalies gewinnen konnte, die ein ganzes Leben lang anhalten sollte. Am 5. Juni 1827 fand die Hochzeit der beiden Künstler in Karlsruhe statt. Dieses Ereignis umschrieb jener unbekannte Verehrer, der 1836 die *Erinnerungs-Blätter* zusammengestellt hatte, höchst poetisch mit den Worten: »Thaliens Priesterin vermählte sich mit Polyhymnens Liebling.«[21]

Wie Amalie Haizinger hatte auch ihr Mann Anton eine lebenslang während Stellung als Großherzoglicher Kammersänger am Hoftheater Karlsruhe, was Gastspielreisen selbstverständlich nicht ausschloß. Amalie begleitete ihn 1829/30 nach Paris, trat dort auch selbst im Singspiel *Liebe kann alles* auf, womit sie das Pariser Publikum für sich einnahm. Die Kritiker ergingen sich in Lobeshymnen, in der *Gazette de France* billigte man ihr gar den Ehrentitel »La Mars de l'Allemagne« zu (die Mars galt damals als beste Schauspielerin Frankreichs). 1832 sang Anton Haizinger in London, seine Frau trug mit ihm gemeinsam Gesangsstücke vor, bot auch Deklamationen dar, jene im 19. Jahrhundert so beliebte Form der Vortragskunst. 1835 reisten beide über Königsberg und Riga nach St. Petersburg, wo sie am Hof des Zaren empfangen wurden.

Im gleichen Jahr wurde der einzige gemeinsame Sohn Tony geboren, der wie die anderen Kinder zunächst auch, erst einmal im Haus des Großvaters Morstadt in Karlsruhe versorgt wurde. Karl und Adolphine waren in Pensionaten in Paris erzogen worden, Louise war in Karlsruhe geblieben. Sie erinnerte sich später mit viel Liebe und Dankbarkeit an ihre Kindheit und Jugend im

Amalie Haizinger

großväterlichen Haus, wo die Kinder »einen großen Tummel-platz« hatten, auf dem sie sich ziemlich frei bewegen konnten. Im Gegensatz zu ihren Geschwistern, die »sehr heftige Naturen«[22] waren – der große Bruder Karl galt als »der ungezogenste Bube der ganzen Stadt«[23] –, war Louise die sanftere, die auch bereits höfische Regeln kennengelernt hatte, da sie zwei Jahre am groß-herzoglichen Hof in Mannheim, Bruchsal und Baden-Baden als »Gespielin der Prinzessin Maria von Baden« verbracht hatte.[24] In Karlsruhe besuchten beide Mädchen dann die höhere Töchter-schule, deren Erziehungs- und Lehrmethoden Louise später kein sehr gutes Zeugnis ausstellte. Sie klagte, daß in »Bausch und Bo-gen« unterrichtet, daß dem einzelnen keine besondere Aufmerk-samkeit gewidmet worden sei, daß überhaupt nur getadelt, nie gelobt wurde und das Hauptgewicht auf sturem Auswendiglernen gelegen habe, aber »denken lernte ich nicht«.[25] Der Sitte gemäß erhielten Louise und Adolphine auch Unterricht im Nähen und Kochen. Für letzteres hatte Vater Haizinger eigens eine Köchin engagiert, die die beiden jungen Damen in die geheimen Künste der Küche einweisen sollte. Sie schien jedoch nur wenig Erfolg gehabt zu haben, denn Louise weiß noch als Großmutter davon zu berichten, daß der sonst so nachsichtige und liebevolle Großvater das Haus fluchtartig verließ, wenn sie ankündigte, für die Mahlzeit verantwortlich zu sein.

Künstlerische Anregung gab es im Haizingerschen Hause genug. Amalie trug ihre Theaterleidenschaft bis in die Familie hinein. Mit den Kindern studierte sie kleine Stücke ein, die im erweiterten privaten Kreis – einmal war sogar die großherzogliche Familie anwesend – aufgeführt wurden. Daß bei soviel Begeisterung für die Bühne die Töchter infiziert wurden, ist nicht verwunderlich, beide wurden Schauspielerinnen. Der ältere Sohn Karl aus der ersten Ehe Amalies zeigte sich wenig ambitioniert für die Bühne, er hatte kaufmännische Interessen und wurde österreichischer Konsul in Westindien, wo er auch starb. Ganz anders verhielt es sich mit Tony. Er zeigte schon als Kind eine große musikalische

Begabung, wurde auch von seinem Vater im Gesang unterrichtet. Letztendlich war dieser jedoch gegen eine Sängerkarriere, da er glaubte, daß es für den tiefen Tenor des Sohnes nicht genügend gute Rollen gäbe. So wurde er – gegen den Willen der Mutter – in die militärische Laufbahn hineingezwungen, womit er anfangs große Probleme hatte. In Wien begann er seine Ausbildung auf der Militärakademie, und die dort herrschende und geforderte Disziplin fiel ihm nach der bis dahin genossenen Ungebundenheit äußerst schwer. Wenig mitleidig schrieb die Schwester Louise in ihren Aufzeichnungen, daß ihm das wohl nicht gefallen habe, aber es »war ihm gesund«.[26] Ihr schien es immer viel begehrenswerter, ein wirklicher Held in der Armee als ein Theaterheld zu sein. Immerhin machte Tony Karriere, diente bei General Radetzky und wurde 1876 schließlich selbst in den Rang eines Generals erhoben.

Nachdem Amalie 1820 erstmals in Wien gastiert hatte, wiederholten sich die Auftritte dort zunächst in unregelmäßigen Abständen, 1845 schließlich folgte sie endgültig dem Ruf ans Burgtheater, wo sie von Beginn des folgenden Jahres an festes Mitglied wurde. Das war nicht ganz einfach, denn schließlich hatte sie seit ihrem 16. Lebensjahr ein festes Engagement in Karlsruhe. Sie benötigte eine ordnungsgemäße Entlassung aus den großherzoglichen Diensten, ein Ansinnen, das von Großherzog Leopold zunächst wütend zurückgewiesen worden war. Er wollte seinen Star in der Residenz behalten. Schließlich gewährte er ihr den Abzug, als kleinliche Rache verweigerte er ihr nach 30 Dienstjahren allerdings jegliche Pensionsansprüche.

Auch in anderer Hinsicht hatte sie mit dem Wechsel zum Burgtheater einige Schwierigkeiten. Heinrich Laube, der nachmalige Direktor, beschrieb diese ausführlich. Es habe an einer ordentlichen Förderung gefehlt, man warf ihr vor, »aus dem Rahmen hinaus« zu gehen. Die Kollegen störten sich an ihrem »fröhlich natürlichen Gebahren« sowie an »ihren jauchzenden Tönen, wenn eine lustige Katastrophe« eintrat. Sie zog alle Aufmerksamkeit auf sich und damit ab von den bisherigen »komischen Alten«; dieses Fach hatte sie bereits mit 36 Jahren übernommen und kostete ihre Erfahrungen darin gründlich aus. Sie nahm jene Rollen in Anspruch, die bisher von den angestammten Schauspielerinnen ausgefüllt worden waren. Daß der Vorwurf, aus dem Rahmen zu fallen, ein Körnchen Wahrheit enthielt, mußte auch Heinrich Laube zugeben: »Sie läßt sich gehen, wie es ihre Lebensfülle mit sich bringt; sie ist nicht ängstlich mit Stichworten und überspringt sie zuversichtlich, sie hat endlich – und das ist oft sehr komisch – keinerlei Sorge um Lokalsinn und geht vergnügt durch die Wände ab, statt durch die Tür. Das ist aber auch alles.«[27]

Ihre Vorzüge wogen diese Eigenwilligkeiten jedoch bei weitem auf. Der bereits als Student von ihr begeisterte Laube soll hier nochmals ausführlich zu Wort kommen, da seine Auffassung durchaus der des Publikums entsprach und – selten genug – auch der einhelligen Meinung der Kritik:

> ihre Natürlichkeit, ihre Lebendigkeit sind zündend; die Lebenskraft, welche von ihr ausströmt, ist echt, ist unverfälschtes Quellwasser. Sie ist vielleicht nicht so sehr humoristisch als fröhlich. Der Zuhörer fühlt sich belebt und erfrischt, er vergißt den künstlichen Begriff des Theaters, er ruft ihr zu, er jauchzt mit ihr, wenn sie jauchzt. Und sie tut das oft.[28]

Amalie Haizinger war bis in ihr hohes Alter »die Laune des Burgtheaters, sein gesundes Gelächter«.[29]

Am Burgtheater spielen zu dürfen, war für jeden Schauspieler eine hohe Ehre. Es war ursprünglich aus einem Ballhaus hervorgegangen, von Maria Theresia in ein Theater umgewandelt und 1776 von Joseph II. zum deutschen Nationaltheater erhoben worden und lag zunächst am Michaelerplatz auf dem Areal der Hofburg. Den Schauspielern bot es der kaiserlichen Unterstützung und Zuwendung wegen – durchschnittlich 30% des Etats stammten aus der kaiserlichen Kasse – einen Hort der Stabilität und des hohen Ansehens. Schließlich galt es als die bedeutendste Sprechbühne des deutschen Sprachraumes. Die Direktoren, u.a. Joseph Schreyvogel (von 1815–1832), Heinrich Laube (von 1849–1867) und

Das alte Burgtheater am Michaelerplatz in Wien

Franz von Dingelstedt (von 1870–1881), hingegen unterschieden
sich in ihren Führungsqualitäten. Das ist nicht weiter verwunderlich, denn das Burgtheater war auch unmittelbarer Austragungsort
für Intrigen, hier hatte man mit der Zensur zu kämpfen, und auch
etliche politische Auseinandersetzungen wurden in seinen Mauern ausgefochten. Die unverwüstliche Theaterlust der Wiener
überwand aber auch solche Widrigkeiten.
1874–1888 erstellten Gottfried Semper und Carl Hasenauer die
Pläne für den neuen Bau an der Ringstraße. Der Zuschauerraum
mußte nach der Fertigstellung allerdings sofort wieder umgebaut
werden, weil die akustischen Verhältnisse absolut ungenügend
waren. Die Wiener, die staunend der gründerzeitlichen Ring-

Das neue Burgtheater am Ring

straßenbebauung zuschauten, hatten für die neuen Bauten auch sofort eine bissige Charakterisierung parat: Im Parlament hört man nichts, im Rathaus sieht man nichts, und im Burgtheater hört und sieht man nichts.

Zu Amalies Zeiten jedoch bestand noch der alte Bau in der inneren Stadt. Das Repertoire wies sowohl klassische als auch »alte und harmlose Stücke« auf.[30] Werke eines Heinrich Laube oder Karl Gutzkow ließ die Zensur nicht zu. Selbst als bereits vom »jungen Deutschland […] ein neuer Luftstrom hereinwehte«, wurde die Zensur in Wien noch weiter verengt, »und man fing an, Stücke zu verbieten, welche bis dahin unbeanstandet aufgeführt« worden waren.[31] Dagegen fanden, durch die Intervention ihrer Freundin Amalie Haizinger, die Bühnenstücke der Charlotte Birch-Pfeiffer endlich Gnade. Sie wurde mit der *Marquise von Villette* »burgtheaterfähig«. 74 Stücke hatte die Berliner Hofschauspielerin geschrieben. Sie benutzte hierfür meist Romane und Erzählungen, die gerade en vogue waren, und schrieb sie effektvoll für die Bühne um. Auch *Dorf und Stadt,* in dem Amalie Haizinger und ihre Tochter Louise oft gemeinsam auf der Bühne standen, war einer literarischen Vorlage entsprungen, nämlich Berthold Auerbachs *Die Frau Professor.* Louise hatte die Birch-Pfeiffer angeregt, den Stoff für die Bühne zu dramatisieren, da alle behaupteten, daß dies unmöglich sei. Diese Behauptung genügte, um den Ehrgeiz der Schriftstellerin anzustacheln. Sie kaufte sich das Buch, »welches sie höchlich anregte«,[32] zog sich acht Tage aufs Land zurück, um ungestört arbeiten zu können und erschien danach, um die ersten beiden Akte von *Dorf und Stadt* zu präsentieren. Auerbach war wütend, weil er wohl zu Recht der Meinung war, daß die Birch-Pfeiffersche Fassung seinem Werk nicht sonderlich dienlich war. Aber er wehrte sich erfolglos, aus dem Streit ging die Birch-Pfeiffer siegreich hervor, und sie konnte außerdem beachtliche Tantiemen einstreichen, da sich das Stück zu einem Publikumsrenner entwickelte. Als Auerbach es selbst zum ersten Mal auf der Wiener Bühne sah, war er zwar über die Birch-Pfeiffersche

Fassung immer noch entsetzt, die schauspielerische Leistung der beiden Hauptdarstellerinnen beeindruckte ihn jedoch: »Mein Ekel an diesem Produkte verminderte sich nicht, obgleich Fräulein Neumann als Lorle und ihre Mutter, Madame Haizinger, so ganz ausgezeichnet ihre Rollen darstellten, daß ich selbst überrascht war von der drastischen Macht dieser Gestalten.«[33]

Wie ihre Mutter hatte auch Louise ihren ersten Auftritt als sehr junges Mädchen während einer Wohltätigkeitsveranstaltung am 1. Oktober 1835 in Karlsruhe gehabt, und Amalie konnte zufrieden feststellen: »Das Mädle hat ja Talent!«[34] Im Februar 1838 begab sich die ganze Familie auf die Reise nach Wien. Sie war abenteuerlich und ohne jede Bequemlichkeit:

> Bei grimmiger Kälte, im hochaufgetürmten Reisewagen, setzten wir uns in Bewegung. Der Vater in Sorge, ob wir wohl mit drei Pferden durchkämen, da die Extrapost sehr teuer war, die Mutter stets in Angst wegen dem wackligen Vordergaul, den sie über unsere geduckten Häupter hinweg nicht einen Moment aus den Augen verlor, dazu alle vier zusammengepfercht zwischen Säcken, Pelzen und Paketen; es war arg. Jede Nacht mußten wir in eiskalten Wirtshäusern und noch kälteren Betten schlafen.[35]

Um diese Jahreszeit ist in Wien die Theater- und Ballsaison auf ihrem Höhepunkt: Vater Haizinger sang im Kärntnertortheater, Amalie begeisterte mit den beiden Töchtern im Burgtheater, Louise allein in einer Komödie von Johann Ludwig von Deinhardstein. Er war es auch, der Louise einen Vertrag anbot. Doch sie war bei weitem nicht so impulsiv und energisch wie die Mutter und bat sich zunächst ein Jahr Bedenkzeit aus, was von mütterlicher Seite her nur mit ungläubigem Kopfschütteln kommentiert wurde. Schließlich war es das höchste Ziel Amalies, ihre Tochter Luise im Ensemble des Burgtheaters zu sehen. Adolphine hatte bereits ein Engagement in Hamburg angenommen und danach ein Angebot von der Berliner Bühne bekommen. So hatte es Amalie, als Louise schließlich in Wien zugesagt hatte, geschafft, beide Töchter an den wichtigsten Bühnen jener Zeit unterzubringen.

Nach den schwierigen Anfangsjahren, die Louise allein in Wien zu bestehen hatte, war sie froh, als die Mutter nach Wien überwechselte. Damit hatte sie auch ihre strengste Kritikerin unmittelbar um sich, die kein Blatt vor den Mund nahm. Das Spiel der temperamentvollen Amalie unterschied sich ziemlich von dem ihrer Tochter. Mit der Zurückhaltung, die Louise auf der Bühne walten ließ, konnte sie wenig anfangen. So hatte sie die Tochter eines Tages angesichts ihrer allzu zaghaften Annäherung an den Bühnengalan angefahren: »So rühr' ihn doch an – er isch ja nit von Glas!« Und in Wien maulte sie: »Du spielst so fein, daß man Schuh' und Strümpf' ausziehe und alle Lichter auslösche muß, damit man dich versteht.«[36] Dennoch herrschte ein gutes Einvernehmen zwischen beiden, und Louise konnte mit Hilfe ihrer Mutter die negativen Erfahrungen, die sie im Theater machte, weit besser kompensieren. Denn die glänzende Fassade der gefeierten Künstlerinnen hatte auch Schattenseiten. Der Kontakt mit den Kollegen war nicht immer einfach, und allzu oft bestimmte der Neid den Umgangston. Der Arbeitsaufwand während der Spielzeit war hoch. Louise berichtet beispielsweise, daß sie mindestens viermal pro Woche gespielt, jeden Monat eine neue Rolle gelernt habe und die Dotierung, von der im übrigen die Kosten für die Garderobe bestritten werden mußten, dem Aufwand keineswegs angemessen war. Gastspielangebote während der Theaterferien erhöhten das Arbeitspensum noch. Zudem war das Reisen unbequem und beschwerlich, Amalie hatte ohnehin ständig Angst, mitsamt der Kutsche umgeworfen zu werden und pflegte ihre Aufregung mit großen Mengen von Schnupftabak zu bewältigen. Insgesamt aber nahm die Vollblutschauspielerin solche Widrigkeiten weit souveräner hin als die Tochter Louise, die noch nachträglich, beim Schreiben ihrer Erinnerungen außer Atem zu geraten schien: »wenn ich bedenke, was bei solchen Gastrollen drum und dran hängt an Ein- und Auspacken, an Besuchenden, Bittenden, Belästigenden; so ist es mir heute unbegreiflich, wie ich imstande war, das alles durchzumachen!«[37]

Von der Direktion und den Mitgliedern des Burgtheaters wurden auswärtige Verpflichtungen nicht gern gesehen. Schließlich erwartete man, daß die Ensemblemitglieder nach den Theaterferien wohl erholt für die neue Spielzeit zurückkehrten. Bisweilen aber kam der Befehl zu solchen Aufführungen von allerhöchster Stelle, so im September 1853 sogar während der Spielzeit. Ein Teil der kaiserlichen Familie befand sich in Olmütz, und der Prinz von Preußen, der spätere deutsche Kaiser, war zu einem Besuch eingetroffen. Selbstverständlich erwartete man adäquate Unterhaltung. So wurden die besten Mitglieder des Burgtheaterstabes einfach für acht Tage in die Provinz abkommandiert.

Zwar überwogen in Amalie Haizingers Leben die glücklichen Phasen, doch gab es auch einige sehr dunkle Momente. 1842 starb ihr geliebter Vater in Karlsruhe. Weit mehr noch litt sie unter dem Tod der Tochter Adolphine, die mit 22 Jahren in Berlin 1844 nach kurzer Krankheit gestorben war. Fünf Jahre zuvor hatte sie nur mühsam eine länger währende schwere Erkrankung überstanden, während der die Mutter sie gepflegt hatte. Ihr Tod schien Amalie nun völlig aus der Bahn zu werfen. Monatelang war sie nicht in der Lage zu spielen, so daß die Familie bereits daran zweifelte, ob sie je wieder eine Bühne betreten würde. Mit Hilfe ihres Mannes, der sie zur Kur nach Marienbad begleitete, schien sie sich ein wenig gefaßt zu haben, als die Nachricht von der lebensgefährlichen Erkrankung – vermutlich Typhus – des Sohnes Tony eintraf. Wochenlang durfte ihn wegen der Ansteckungsgefahr keiner besuchen, und erst drei Monate später war sicher, daß er seine alte Tatkraft wieder zurückerhalten würde. Zu Beginn des Jahres 1849 schließlich fing Amalie selbst an zu kränkeln, was sich als Vorbote für ein lebensgefährliches und äußerst schmerzhaftes Leiden herausstellte, so daß sich auch diesmal die Familie berechtigte Sorgen machen mußte. Erst Anfang Mai konnte sie wieder aufstehen. Keiner dieser Schicksalsschläge konnte sie jedoch endgültig entmutigen. Die Spielleidenschaft behielt immer die Oberhand. Hierfür nahm sie auch die zeitweilige Trennung von ihrem Mann in

Kauf. Er, der in Österreich geboren worden war, konnte sich nicht entschließen, das Heim in Karlsruhe aufzugeben. »Sein Haus, sein Garten mit den schönen Blumen, die Freiheit der Bewegung, die große Popularität, die er genoß, das alles fehlte ihm.«[38] Er fühlte sich, im Gegensatz zu seiner Frau, in Wien nicht mehr heimisch. So kam man überein, daß er den größten Teil des Jahres im Badischen bleiben und nur zu Besuchen nach Wien kommen sollte. Daß diese Form des Zusammenlebens sehr vernünftig war, zeigt der Bericht der Komponistin und Pianistin Luise Adolpha Le Beau, die im Winter 1866/67 bei Anton Haizinger Gesangsunterricht hatte und dadurch mit der Familie in Kontakt kam. Sie erinnerte sich noch nach vielen Jahren an dessen geruhsames Leben nach seiner Pensionierung. Sein Haus habe er in ebenso musterhafter Ordnung gehalten wie seinen Garten. Diese heilige Ordnung erfuhr durch den Aufenthalt seiner Frau und deren Haushälterin während der Theaterferien jedoch regelmäßig massive Störungen. Wenn »die Frau« wieder nach Wien abgereist war, »so räumte der alte Haizinger auf!« Le Beau hatte noch sehr genau den penibel geordneten Zustand des Wäscheschrankes vor Augen, »an dessen Tür [...] das ganze Verzeichnis der darin aufbewahrten Wäsche« geklebt war.[39]

Das seltener gewordene Zusammenleben genossen die Haizingers dennoch in vollen Zügen und ohne Beeinträchtigung. Amalie saß meist im Garten, in ihrer »Staatshaube [...], ein Strickzeug in der Hand und einen Band französischer Theaterstücke vor sich auf dem Tisch. Sie war sehr lebhaft und unterhaltend.«[40] Und beide freuten sich, wenn der Sohn zu Besuch kam und mit den Eltern gemeinsam musizierte. Le Beau begleitete ihn öfter am Klavier, wenn er Schubert-Lieder sang. Wie tief die Zuneigung des Ehepaars Haizinger auch nach fast 40jähriger Ehe noch war, belegt ein Brief, den Amalie Haizinger an ihre Tochter Louise schrieb, als ihr Mann Anton sie in Wien besuchte. Darin heißt es u.a.: »Je mehr ich ihn sehe und wieder den ganzen Tag um ihn bin, je mehr preise ich die Güte des Schöpfers, der ihn mir zugeführt. Ich habe eine glückliche Wahl für mich und meine Kinder getroffen! [...] Ich darf an die Zeit, wo er mich verlassen wird, gar nicht denken. Er ist so himmlisch gut, daß mir andere Menschen wie die Teufel neben ihm vorkommen!«[41]

Dem Karlsruher Publikum machten Amalie Haizinger und ihre Tochter Louise 1855 die Freude eines Wiedersehens. Auf Betreiben der Großherzogin Stephanie hatte der seit 1852 für das Karlsruher Hoftheater verantwortliche Eduard Devrient dessen Pforten trotz der Sommerpause geöffnet. Beide wurden mit Ovationen empfangen, mit unzähligen Kränzen und Blumen, ihnen zu Ehren veranstaltete man auch hier einen Fackelzug. Und der stets so kritische und distanzierte Devrient notierte am 5. August in seinem Tagebuch: »5 Uhr Probe von *Dorf und Stadt* mit Frau Haizinger und Fräulein Neumann. Talente von so viel Natur und präziser Ausbildung gewähren das edelste Behagen. Das ist freilich bequemer und lohnender, mit solchen Künstlerinnen zu arbeiten als mit all den Mittelmäßigkeiten.«[42] Seine Notiz über den Besuch der beiden Schauspielerinnen in seinem Haus zwei Tage zuvor offenbart deutlich die unterschiedlichen Charaktere von Mutter und Tochter: »Erstere mit dem altbekannten komödiantisch-humoristischen Redepomp, die Tochter fein und gescheit, gar nicht wie eine Schauspielerin, eher wie eine Schriftstellerin.«[43] In seiner zweibändigen *Geschichte der deutschen Schauspielkunst,* die auch heute immer noch als Standardwerk gilt, zählte Eduard Devrient Amalie Haizinger »zu den glänzendsten Erscheinungen der modernen Kunst. [...] Ein heiteres erfindungsreiches Talent, voll Wärme der Empfindung, blühendem Humor, Verstand und Eleganz.« Kritik übte er an ihrer »hervorstechenden Gefallsucht«, und er nahm ihr, wie bereits gesagt, die lange Abwesenheit vom Karlsruher Theater übel, die dafür verantwortlich gewesen sei, daß das Repertoire »verwüstet« worden und »das schöne Ensemble [...] nicht zu dauernder Wirkung« gelangt sei.[44]

Um solche Vorwürfe machte sich Amalie Haizinger jedoch genausowenig Gedanken wie um die politischen Ereignisse. Es

160

mußten schon ganz massive, sie unmittelbar berührende Störungen sein, die sie aus dem Gleichgewicht zu bringen vermochten. Das war im Jahre 1848 geschehen, als sie von den revolutionären Ereignissen in Wien förmlich überrascht wurde. Sie hatte sich nie um tagespolitische Geschehnisse gekümmert, war selbstverständlich und ohne den leisesten Zweifel zu hegen, eine konservativ-monarchistisch denkende Untertanin, die »daheim von Kindesbeinen an in der Ergebenheit für das Fürstenhaus« erzogen worden war und »den neuen Lauf der Dinge nicht verstand«.[45] Daß die Tradition der Metternichschen Zensur, deren Ausübung von Polizeiminister, Graf Sedlnitzky, akribisch überwacht wurde, viele Stücke überhaupt nicht zuließ, wie beispielsweise das Drama *Die Karlsschüler* von Heinrich Laube, interessierte sie nur insofern, als sie die Rolle der Generalin Rieger gern gespielt hätte. Die Rolle der Laura hatte Heinrich Laube für Louise Neumann geschrieben, was diese als außerordentlich schmeichelhaft empfand. Als das Aufführungsverbot für das Stück erging, in das der Autor die Ereignisse, die zu Schillers Flucht aus Stuttgart führten, zum Thema gemacht hatte, begab sich Louise entschlossen zu Sedlnitzky, um ihm zu erklären, daß gerade dieses Stück eine schöne Rolle für die Mutter enthielte, was sehr wichtig für ihre Stellung sei. Vermutlich war selbst Sedlnitzky vor soviel Naivität sprachlos. Er entließ das Fräulein Schauspielerin gnädig, ohne daß irgendwelche Sanktionen folgten, die *Karlsschüler* aber erlebten wenig später im Zuge der Neuerungen durch die Revolution ihre Aufführung in Wien, was – schreibt Louise Schönfeld-Neumann in ihren Erinnerungen – einen »dreifachen Sieg bedeutete: für den Liberalismus, für den Dichter und den künftigen Direktor«.[46] Mit welchen Kleinigkeiten man bereits den Zorn des Volkes hervorzurufen fürchtete, beweist eine andere Episode, die Louise Neumann erzählte. Sie brachte eine Persiflage auf die neue Rechtschreibung dar, in der u.a. davon die Rede davon war, daß von nun an die Semmeln nur noch mit einem »m« geschrieben werden durften. (Schon damals scheint es in der Natur der Sache gelegen zu haben, daß Rechtschreibreformen unsinnige Neuerungen enthielten.) In der Zeit der 1848er Revolution waren diese Zeilen jedoch von der Zensur gestrichen worden, da sich die Wiener über die sehr viel kleiner gewordenen Brote ärgerten. Weil Louise aber gerade diese Passage als die beste des ganzen Gedichtes wertete – und aus keinem anderen Grund –, verzichtete sie nicht darauf. Erst »an dem Hallo, welches dieser Passus hervorrief«, merkte sie, »welches Unrecht« sie begangen hatte.[47]

Solche Vorkommnisse wurden von Mutter und Tochter zwar als störend, jedoch nicht als beängstigend empfunden. Dies geschah erst im Mai 1848, als der Sturm wirklich losbrach. Hellmut Andics hat die Ereignisse jener Tage zusammengefaßt:

> Im Zentrum wurden Barrikaden gebaut. In den Vororten rissen Arbeiter die Eisenbahnschienen aus dem Boden, um Truppenverschiebungen nach Wien zu verhindern. Die Nationalgarde setzte ihren eigenen Kommandanten, den Grafen Ernst Hoyos, gefangen. [...] Wien wurde nicht von Regierung, Polizei und Militär, sondern von einem Sicherheitsausschuß beherrscht, ganz nach französischem Vorbild. [...] Das Machtinstrument war die bewaffnete Akademische Legion und eine Hilfsarmee von 20 000 Proletariern.[48]

In der Nacht vom 25. auf den 26. Mai 1848 kamen die beiden Haizinger-Damen direkt vor ihrer Haustür am Judenplatz mit der Revolution in Berührung. Das Haus wurde beschossen, Amalie Haizinger als »schwarzgelbe Kanaille« beschimpft. Die Aufständischen forderten von ihr Möbel zum Barrikadenbau. Im besten badischen Dialekt und voller Empörung lehnte die Haizinger dieses Ansinnen ab: »Was wollet ihr denn mit meinem kleinen Schreibtischle für Barrikaden baue? Des isch ja zu schwach. Aber da drübe wohnt einer, der verkauft große Kischte, die passe besser dazu.«[49] Ob nun die imposante Erscheinung der Schauspielerin oder ihre – vermutlich mit großer Theatralität – vorgebrachte Weigerung ausschlaggebend war, ist nicht bekannt. Man ließ sie jedenfalls in Ruhe. Ihre Einstellung aber änderte sie ihr ganzes Leben lang nicht. Noch die 80jährige äußerte sich nach einem

Besuch bei der kaiserlichen Familie mißbilligend über die 1848er Ereignisse:

> Man ist hier von allen Seiten sehr liebenswürdig gegen mich gewesen und die alte Hofluft in diesen alten Schlössern, die mich umweht, tut mir gut, macht mich aber traurig, denn damals war noch die alte Ehrfurcht vor dem allerhöchsten Hofe zu Hause, die jetzt trotz aller Gastlichkeiten mir das Jahr 1848 nicht aus dem Gedächtnis bringen kann.[50]

Wenn Amalie Haizinger für die politischen Geschehnisse, bis auf die Revolution von 1848, wenig Interesse aufbrachte, so verhielt sich dies völlig anders, wenn es um Literatur und Schriftstellerinnen und Schriftsteller ging. Außerordentlich aufmerksam verfolgte sie Neuerscheinungen und neue Tendenzen, die sich in diesem Bereich taten. Mit vielen Dichtern war sie gut bekannt, so mit Karl von Holtei, Heinrich Laube, Franz Grillparzer und der Ebner-Eschenbach. Nur mit Eduard von Bauernfeld, dem Lustspieldichter des österreichischen Biedermeier und seinen Werken konnte sie sich nicht anfreunden. Ihrer Meinung nach stand er seinem eigenen Schaffen allzu kritiklos gegenüber, so daß »in seinen Händen fast jeglicher Stoff zerfloß«.[51]

Daß Amalie im lebenslangen Umgang mit Schauspielerkollegen und -kolleginnen und Theaterdirektoren sehr wohl diplomatische Fähigkeiten entwickelt hatte, beweist ihr Einsatz für die Anstellung Heinrich Laubes als Direktor des Burgtheaters. Sie wußte, daß auch die Erzherzogin Sophie – die Mutter Kaiser Franz Josephs I. – Laube gern in dieser Position haben wollte. Er war 1848 Mitglied der Frankfurter Nationalversammlung gewesen und noch im gleichen Jahr nach Wien gekommen, um nun endlich bei der »Inszenesetzung der Karlsschüler behilflich zu sein«. Ein Brief Amalie Haizingers hatte ihn darüber informiert, daß »die revolutionäre Bewegung die ›Karlsschüler‹ flott gemacht« habe.[52] Beide Damen spielten nun in den für sie vorgesehenen Rollen, und sie berichteten dem Oberstkämmerer Graf Moritz Dietrichstein, dem alten Freund der Familie und ehemaligen Vormund von Louise, den Laube in ihrem Haus 1845 kennengelernt hatte,[53] von den Proben. Laube hat in den *Nachträgen* zu seinen *Erinnerungen* die Überzeugung geäußert, daß er letztendlich den beiden Schauspielerinnen seine spätere Anstellung als Direktor des Burgtheaters zu verdanken gehabt habe: Dietrichstein »hörte aufmerksam zu, und Tags darauf besuchte er diese Damen, wie er öfters zu tun pflegte [...] Und wahrscheinlich ist bei diesen Besuchen meine Direktion entstanden durch Zureden dieser Damen.«[54] Der energische Laube ergänzte sich bei den Proben hervorragend mit der ebenso energischen und dabei sehr humorvollen Amalie Haizinger, dem »Anker für das Lustspiel«.[55] Eine Anekdote aus der ersten schwierigen Phase seines Direktoriums spiegelt dies wider. Im Ensemble gab es während der Proben zu einem Lustspiel heftigen Widerstand des Hauptdarstellers, der davon überzeugt war, daß Laubes Vorstellungen völlig falsch, seine dagegen die richtigen seien. Laube bot ihm seinen Platz an, damit er den Gang der Inszenierung bestimmen könne: »Er tat's mit Geräusch und hatte nach etwa zehn Minuten das Kommen und Gehen des Personals so verfahren, daß alle gegeneinander liefen und stießen.« In dieser chaotischen Situation »gab der bekannte Originalschrei der Frau Haizinger das Signal zu allgemeinem Gelächter«. Laube nahm seinen früheren Platz wieder ein, der Hauptdarsteller zog sich schmollend zurück.[56]

Solche spontanen Äußerungen lagen der Tochter Louise weniger; sie hatte sowieso von jeher das Gefühl, eher eine »gewordene«, denn eine »geborene« Schauspielerin zu sein.[57] So fiel ihr der Abschied von der Bühne nicht sonderlich schwer, nachdem sie sich entschlossen hatte, Reichsgraf Karl von Schönfeld, einen Freund des Bruders Tony, zu heiraten. Für ihre Mutter wäre der Verzicht auf die Schauspielerei undenkbar gewesen. Ihre Reaktion war denn auch typisch für ihre lebenslang währende Bühnenleidenschaft:

> Mache, was du willst, ich aber gehe nicht von der Bühne biß man mich fortschickt, und so lange ich mich noch bewegen und die Zunge gebrauchen kann, werden sie das schon nicht tun. Sie finden nicht alle Tage

eine Haizinger wieder. Es ist schon fatal genug, daß man endlich sterben muß, aber wenn man bis dahin nicht aufzuhören braucht, Komödie zu spielen, geht's noch allenfalls.[58]

Die Abschiedsvorstellung sollte am 19. Dezember 1856 stattfinden. In dem beliebten Stück *Dorf und Stadt* der Birch-Pfeiffer wollten Mutter und Tochter ein letztes Mal gemeinsam auftreten. Die Resonanz war überwältigend: Es »weinten nicht nur Frauen, sondern auch Männer«, es gab ein Meer von Blumen, und Louise Neumann wandte sich in einer kurzen Abschiedsrede noch einmal an das Publikum, in der sie bekannte, daß dieser Abschied für sie so sei wie für ein Kind, »welches aus dem geliebten Elternhause zieht; und wie vor 17 Jahren meine Mutter für mich gebeten, so bitte ich heute scheidend für *sie,* daß ihr Ihre Gunst erhalten bleibe«.[59]

Dieses Wunsches hätte es gar nicht bedurft. Die Wiener liebten ihre Haizinger, die das Geheimnis besaß »sich ewig zu verjüngen, indem sie sich in die Zeit schickte und von jedem Lebensalter die ihm eigene Blüte brach. So ist sie nie alt geworden, sondern jung gewesen als Mädchen, als Frau, als Matrone, als Greisin, und die üppige Spitzenhaube ist der Achtzigerin so jugendlich gestanden, wie der Achtzehnjährigen die Rose im Haar.«[60]

Im März 1860 feierte sie ihr 50jähriges Künstlerjubiläum und erhielt aus diesem Anlaß die goldene Künstlermedaille und im März 1875 das goldene Verdienstkreuz mit Krone für ihre 30jährige Zugehörigkeit zum Wiener Burgtheater. Ein Leben ohne das Theater konnte sie sich nicht vorstellen. Die Auftritte gaben ihr Halt, um auch schlimme Schicksalsschläge überwinden zu können: 1867 starb ihr Bruder Robert und Silvester 1869 ihr Mann, »Papa« Haizinger, nach langem Leiden. In Heinrich Laubes Beileidsbrief an Louise Schönfeld-Neumann heißt es u.a.: »Vor etwa zehn Jahren bin ich stundenlang bei ihm in Karlsruhe gewesen, und hinten im Garten haben wir behaglich geschwätzt – man erschrickt immer, wenn solch eine ruhige Existenz auf einmal ausgelöscht sein soll.«[61]

Als Amalie Haizinger die Beschwernisse des Alters 1876 nicht mehr erlaubten, selbst auf der Bühne zu stehen, verfolgte sie mit dem größten Interesse Abend für Abend die Vorstellungen von ihrer Loge im Burgtheater aus, für die ihr die jungen Kollegen ein Gestell gebaut hatten, damit sie sie bequem erreichen konnte. Hochbetagt starb sie am 11. August 1884. Daß »d' alt Haizingere« auch in ihrer Heimatstadt unvergessen war, beweist ein Spruch, den Louise Schönfeld-Neumann aufbewahrte:

schwätze un lache
Het se als könne, daß d' Schwarte krache;
Mieße hat mer lache un luschtich sein.

Amalie Haizinger
Nach einem Gemälde, das im k. k. Hofburgtheater hing.

166

Anmerkungen

1 Amalie Haizinger. Gräfin Louise Schönfeld-Neumann. Biographische Blätter gesammelt von Helene Bettelheim-Gabillon, Wien 1906, S. 31.

2 In der Neuen Deutschen Biographie, Berlin 1966, Bd. 7, S. 528, ist fälschlicherweise das Jahr 1799 als ihr Geburtsjahr angegeben.

3 Erinnerungs-Blätter aus dem Leben und Künstlerwirken der Frau Amalie Heizinger geb. Morstadt, Carlsruhe/Baden 1836, S. 10.

4 Vgl. Peter Schmitt: Schauspieler und Theaterbetrieb. Studien zur Sozialgeschichte des Schauspielerstandes im deutschsprachigen Raum 1700–1900, Tübingen 1990, S. 45.

5 Eckart Kröplin: Theatralität als gesellschaftliches Phänomen im 19. Jahrhundert, in: Welttheater. Die Künste im 19. Jahrhundert, hg. von Peter Andraschke/ Edelgard Spaude, Freiburg 1992, S. 86.

6 Erinnerungs-Blätter, a. a. O., S. 15.

7 Haizinger. Schönfeld-Neumann, a. a. O., S. 55.

8 Ebd., S. 7.

9 Erinnerungs-Blätter, a. a. O., S. 50.

10 Karl von Holtei: Vierzig Jahre, hg. von Max Grube, Schweidnitz ⁴1898, Bd. 2, S. 83.

11 Haizinger. Schönfeld-Neumann, a. a. O., S. 99.

12 Ebd., S. 9.

13 Erinnerungs-Blatter, a. a. O., S. 57.

14 Johann Wolfgang von Goethe. Gesammelte Werke. Münchner Ausgabe 1982 (1787), Bd. 13.1, S. 564.

15 Haizinger. Schönfeld-Neumann, a. a. O., S. 10.

16 Erinnerungs-Blätter, a. a. O., S. 70.

17 Ebd., S. 64.

18 Haizinger. Schönfeld-Neumann, a. a. O., S. 12.

19 Erinnerungs-Blätter, a. a. O., S. 84.

20 Eduard Devrient: Geschichte der deutschen Schauspielkunst. In zwei Bänden hg. von Rolf Kabel und Christoph Trilse, München/Wien 1967, Bd. 2, S. 121.

21 Ebd., S. 139.

22 Haizinger. Schönfeld-Neumann, a. a. O., S. 58.

23 Ebd., S. 57.

24 Ebd., S. 58.

25 Ebd.

26 Ebd., S. 97.

27 Heinrich Laubes ausgewählte Werke in zehn Bänden, hg. von Heinrich Hubert Houben, Leipzig o. J. [1906], Bd. 5, S. 228.

28 Ebd.

29 Die österreichisch-ungarische Monarchie in Wort und Bild. Auf Anregung
    und unter Mitwirkung Seiner kaiserlichen und königlichen Hoheit des durch-
    lauchtigsten Kronprinzen Erzherzog Rudolf. 1. Abtheilung: Wien, Wien 1886,
    S. 190.

30 Haizinger. Schönfeld-Neumann, a. a. O., S. 128.

31 Ebd., S. 112.

32 Ebd., S. 124.

33 Berthold Auerbach: Tagebuch aus Wien. Von Latour bis auf Windischgrätz,
    Breslau 1849, S. 19 f.

34 Haizinger. Schönfeld-Neumann, a. a. O., S. 17.

35 Ebd., S. 75.

36 Ebd., S. 43 f.

37 Ebd., S. 182.

38 Ebd., S. 110.

39 Luise Adolpha Le Beau: Lebenserinnerungen einer Komponistin, Baden-Ba-
    den 1910, S. 27.

40 Ebd.

41 Haizinger. Schönfeld-Neumann, a. a. O., S. 14.

42 Eduard Devrient: Aus seinen Tagebüchern. Karlsruhe 1852–1870, hg. von Rolf
    Kabel, Bd. 2, Weimar 1964, S. 137.

43 Ebd.

44 Eduard Devrient: Geschichte der deutschen Schauspielkunst, a. a. O., Bd. 2,
    S. 120 f.

45 Haizinger. Schönfeld-Neumann, a. a. O., S. 28.

46 Ebd., S. 33.

47 Ebd., S. 118.

48 Hellmut Andics: Das österreichische Jahrhundert. Die Donaumonarchie 1804–
    1900, Wien/München/Zürich 21981, S. 87 f.

49 Haizinger. Schönfeld-Neumann, a. a. O., S. 130.

50 Ebd., S. 29.

51 Ludwig Geiger: Amalie Haizinger und Luise Neumann-Schönfeld, in: Bühne
    und Welt. Amtliches Blatt des »Deutschen Bühnen-Vereins«, 8. Jg. 1905/06,
    1. Halbjahr, S. 372.

52 Heinrich Laubes ausgewählte Werke in zehn Bänden, hg. von Heinrich Hubert
    Houben, Leipzig o. J. [1906], Bd. 1, S. 211.

53 Vgl. ebd., S. 205.

54 Heinrich Laubes ausgewählte Werke, a. a. O., Bd. 9, S. 411.

55 Ebd., Bd. 5, S. 225.

56 Ebd., Bd. 9, S. 174.

57 Haizinger. Schönfeld-Neumann, a. a. O., S. 68.

58 Zit. nach Artikel Haizinger, in: Ludwig Eisenbergs Großes Biographisches
    Lexikon der deutschen Bühne im 19. Jahrhundert, Leipzig 1903, S. 387.

59 Ebd., S. 190.

60 Ludwig Speidel: Denkschrift Wien (1888), zit. nach: Deutsches Theater-Lexi-
   kon. Biographisches und Bibliographisches Handbuch von Wilhelm Kosch,
   Klagenfurt/Wien 1953, S. 674.
61 Haizinger. Schönfeld-Neumann, a. a. O., S. 51.

Schachfigur Napoleons
und ungeliebte, beliebte Großherzogin

Der Stoff, aus dem die Träume sind: Das könnte man von der Biographie der Stephanie Louise Adrienne, der späteren Stephanie Napoleon und Großherzogin von Baden annehmen. Doch bei näherem Hinsehen zeigt sich, daß es im Leben einer solch reichen, schönen und intelligenten Frau sehr wohl herbe Schicksalsschläge, Enttäuschungen und Brüche gegeben hat, mit denen sie meist allein fertig werden mußte. Materielle Not, wie sie in schlimmsten Ausmaßen im 18. und 19. Jahrhundert in den unteren Bevölkerungsschichten sehr häufig zu finden war, hat sie freilich nie gelitten, doch es gab Schattenseiten, und die sind vor allem dort zu suchen, wo aus Gründen des Prestiges, der Konventionen, des öffentlichen Ansehens und der dynastischen Zwänge die eigene Persönlichkeit zurückstehen mußte, und zwar meist nicht aus eigenem Antrieb, sondern auf Befehl und Geheiß von anderen.

Am 28. August 1789 war Stephanie als Tochter von Claudine Adrienne Gabrielle de Lezay-Marnesia und ihres Mannes, des Hauptmannes der königlichen Leibgarde, Claude de Beauharnais in Versailles, wo gerade die Nationalversammlung tagte, geboren worden. Am 14. Juli jenes Jahres hatte das Volk in Paris die Bastille eingenommen, am 4./5. August hatte die Revolution auch die Massen in der Provinz erreicht, die Feudalrechte und Privilegien wurden zu Fall gebracht, am 9. August waren Kanonen von Chantilly nach Paris gebracht worden, und zwei Tage vor Stephanies Geburt schließlich proklamierte man die *Déclaration des droits de l'homme et du citoyen* (Verkündung der Menschen- und Bürgerrechte). In jener Zeit der sich überstürzenden Ereignisse schien das künftige Leben sicherer und aussichtsreicher, wenn man nicht der Bourgeoisie angehörte.

Die Geburt der kleinen Stephanie schien demnach unter keinem guten Stern zu stehen, besonders als sich noch herausstellte, daß die erst 20jährige Mutter den Tuberkelbazillus in sich trug, eine Krankheit, die damals – lange vor Robert Kochs bahnbrechender Entdeckung – meist tödlich endete. Auch ein Aufenthalt an der Riviera konnte der jungen Frau des Leibgardisten Beauharnais nicht mehr helfen. Als sie im August 1791 starb, war Stephanie im Grunde eine Waise geworden, denn der Vater zeigte keine Ambitionen, sich um die Tochter zu kümmern, ebenso wenig wie die Großmutter mütterlicherseits, Fanny Mouchard, der es wichtiger war, mittelmäßige Gedichte und Romane zu verfassen. Eine ehemalige englische Freundin aus der gemeinsamen Klosterschulzeit sollte sich nun als Ersatzmutter um das Kind kümmern. Lady Bath verfügte zwar über genügend finanzielle Mittel, dies zu tun, war jedoch nicht geneigt, das Kind mit nach England zu nehmen. Die häufig genannte Begründung, daß sie möglicherweise Angst gehabt habe, der kleinen Stephanie könnte das englische Klima schaden, hat vielleicht ihre Berechtigung, doch genauso könnte man auch annehmen, daß die englische Lady keinerlei Bezug zu der Kleinen hatte und sich durch reichliche finanzielle Zuwendungen von der unmittelbaren Verantwortung freikaufte. Die ging über auf zwei adelige Nonnen, die sich den Benediktinerinnen zugehörig fühlten und weniger Wert auf Frömmigkeit als auf ihren Platz in der Gesellschaft legten, und ihrerseits sofort eine Kinderfrau für die Erziehung engagierten. In ihr fand das kleine Mädchen endlich einen Menschen, der sich wirklich liebevoll um sie kümmerte. Stephanie erinnerte sich später voller Dankbarkeit an sie: »Sie war der einzige Mensch, der sich viel mit mir beschäftigte [...] Was ich Gutes in meinem Herzen, Erhabenes in meiner Seele trage, kommt von ihr.«[1]

Auch in der südfranzösischen Provinz waren royalistisch gesinnte adelige Damen nicht sicher. Der Aufenthaltsort wurde öfter gewechselt, u.a. wohnten sie in Castelsarrasin bei Montauban, auf Schloß Trélissac bei Périgueux, der Heimat einer der beiden aristokratischen Nonnen, und schließlich in Périgueux selbst, was Stephanie am wenigsten gefiel. Bisher hatte sie während ihrer Aufenthalte südliches Flair in einer überreich gesegneten Landschaft genossen, nun erschien ihr Périgueux öde und trist.

Auf der Reise dorthin hatte sie jedoch ein beeindruckendes Erlebnis: Sie machte erstmals Bekanntschaft mit Napoleon, ohne daß sie gewußt hätte, wer das nun genau war. Nicht leibhaftig stand er vor ihr, sondern als Wachsfigur, gemeinsam mit seiner Frau Josephine de Beauharnais, geborene Marie Josèphe-Rose Tascher de la Pagerie. Die junge Stephanie wird sich gewundert haben, weshalb die Frau des großen Korsen den gleichen Namen wie sie selbst trug. Befriedigende Antworten auf ihre Fragen erhielt sie nicht, genauso wenig, wie sie über die gegenwärtige Lage in Frankreich oder die Vorgänge in Paris informiert war. Sie hatte keine Ahnung von politischen und historischen Zusammenhängen in ihrem Heimatland, sondern wuchs eher abgeschirmt als weiblicher Parsifal auf.

Der Unterricht – oder zumindest das, was die beiden Ex-Nonnen darunter verstanden – der ihr erteilt wurde, war auch nicht gerade dazu angetan, die Grundlage für eine solide Bildung zu legen. Im Vordergrund stand die religiöse Unterweisung durch einen Abbé, den Bruder von Madame Trélissac, sowie Musikunterricht bei einem Lehrer, der falsche Töne bei den Singübungen, die er seiner Schülerin abverlangte, mit brutalen Fausthieben auf die Hände ahndete. Die Begeisterung für die Musik hat er Stephanie mit seinen Methoden merkwürdigerweise nicht austreiben können. Sie hat später als Großherzogin sehr viel Wert auf das Musikleben am Hof gelegt und besaß eine beachtliche Sammlung an Opernpartituren, Kirchen- und Klaviermusik. Werke u.a. von Gluck,

Mozart, Beethoven, Meyerbeer, Spohr, C. M. von Weber, Haydn, Händel und Cherubini befanden sich in ihrem Besitz. Auffallend viele der Lieder waren für Klavier und Mezzosopran geschrieben, so daß man davon ausgehen kann, daß Stephanie auch selbst gesungen hat.[2]

Doch vorläufig dachte keiner auch nur im Traum daran, daß die Tochter eines französischen Hauptmannes dereinst Gemahlin eines badischen Großherzogs werden würde. Im Jahre 1800 gefiel es den edlen Damen auch nicht mehr in Périgueux, und man ging zurück nach Montauban, wo die weltfremde Erziehung weiter praktiziert wurde. Der sehr einseitige und eintönige Unterricht, bei dem Stephanie neben ein bißchen Grammatik und Mythologie soviel in der Bibel lesen durfte, wie sie wollte, bewirkte, daß das phantasievolle Mädchen sich seine eigenen Gedanken machte, angeregt auch durch die heimliche Lektüre von Büchern, die sie zufällig im Haus in Périgueux gefunden hatte.

Das Jahr 1803 brachte die entscheidende Veränderung, denn von nun an bestimmte Napoleon den Lebensweg Stephanies. Der Gedanke, daß eine Engländerin die Ausbildung und Erziehung einer, wenn auch sehr entfernten, Verwandten seiner Frau finanzierte, störte ihn ganz erheblich, und so erhielten die Damen Trélissac und Sabatière, die bis dahin die Verantwortung für Stephanie gehabt hatten, in der Folge einige Briefe, die sie in höchste Aufregung versetzten: einmal von Napoleon, den sie als hergelaufenen Korsen verachteten, vom Vater Stephanies und von Lady Bath. Napoleon ordnete an, das Mädchen sofort nach Paris zu bringen, Lady Bath forderte sie auf, sofort nach England zu reisen. Der Vater Claude de Beauharnais beugte sich schließlich dem Befehl des Ersten Konsuls, die Abreise der Kleinen nach Paris sofort in die Wege zu leiten. Um die Gefühle einer weltfremden 13jährigen, die bisher einseitig und in absoluter Gegnerschaft zu Napoleon erzogen worden war, kümmerte sich niemand, auch nicht der Vater, zu dem sie keinerlei näheren Kontakt fand, obwohl sie anfangs bei ihm und seiner zweiten Frau wohnte.

174

Eine erste Ahnung von der großen Welt erhielt Stephanie, als sie von ihrer Verwandten Josephine de Beauharnais, der Gattin Napoleons, im Louvre empfangen wurde. Beide scheinen sich auf Anhieb sympathisch gewesen zu sein. Allerdings erteilte auch Josephine über den Kopf von Stephanie hinweg – und dieses Mal im wahrsten Sinne des Wortes – ihren Befehl: Die Mode in Paris schrieb den kurzgeschnittenen Tituskopf vor, folglich mußte Stephanie ihre langen Haare opfern. Dies scheint nur eine unbedeutende Episode am Rande zu sein, sie enthüllt aber, wie einmal mehr bis in die persönlichsten Belange des Mädchens hinein, ohne auch nur einen einzigen Gedanken an deren Bedürfnisse zu verschwenden, eingegriffen wurde.

Stephanie hatte einige Schwierigkeiten, sich in der neuen Umgebung zurechtzufinden. Die Atmosphäre in Paris war nicht südlich heiter, spontane Äußerungen in Gesellschaften waren nicht erwünscht, ohne es zu wissen, benahm sie sich völlig daneben. Auch ihr südfranzösischer Dialekt und die für die anderen merkwürdig antiquiert erscheinenden Auffassungen und Umgangsformen, trugen nicht zu ihrer Akzeptanz bei. Wirklich wohl fühlte sie sich nur in der märchenhaften Welt der Tuilerien, wo es hell und luftig war, hier konnte sie atmen. Und Napoleon hatte tatsächlich ein Einsehen: Sie mußte nicht mehr in die dunkle Wohnung des Vaters in der Stadt zurückkehren, sondern durfte im Palais bleiben. Die Distanz, die sie bisher zu Napoleon empfunden hatte, wandelte sich in schwärmerische Verehrung, wie sie nur eine 14jährige aufbringen kann. Allerdings hatte diese Nähe auch Nachteile, denn obwohl der Korse seine eigene Bildung hauptsächlich auf Militärschulen erworben hatte, merkte er sehr schnell, daß bei Stephanie einiges im argen lag, nicht nur was das geforderte Benehmen bei Hofe anbelangte.

Und wieder wurde bestimmt, diesmal daß die weitere Ausbildung im angesehenen 1795 gegründeten Mädchenpensionat der Madame Campan erfolgen sollte, einer ehemaligen Kammerfrau der Königin Marie Antoinette. In der Gemeinschaft mit ca. 100

anderen Zöglingen, die sowohl aus alten Adelsfamilien stammten wie auch aus solchen, denen die Revolution letztendlich ein Emporkommen verschafft hatte, fand sich Stephanie ein weiteres Mal in einer neuen Umgebung, mit sie nichts anzufangen wußte, nämlich allein in einer »zahllosen Schar junger Mädchen«.[3] Es verwundert kaum, daß die Schwierigkeiten, sich anzupassen, ihr jede Motivation zum Lernen nahmen. Als unter dieser Situation auch ihre Gesundheit zu leiden begann, durfte sie in die Sommerresidenz nach Saint-Cloud zu ihrer neuen Familie zurückkehren, wo sich auch Marie Rose Françoise Tascher de la Pagerie aus Martinique aufhielt, ebenfalls eine Verwandte von Josephine de Beauharnais. Die beiden Mädchen freundeten sich an und wurden gemeinsam in das Institut der Madame Campan zurückgeschickt. Dieses Mal kam Stephanie besser zurecht, sie hatte ihre pubertären Schwierigkeiten überwunden und begann mit Interesse und großem Erfolg zu lernen. Nach den zweieinhalb Jahren ihres Aufenthaltes im Institut konnte sie einige Preise für ihre Leistungen vorweisen.

In ihre Pensionatszeit war am 2. Dezember 1804 die Krönung Napoleons gefallen, ein glänzendes Ereignis, das ganz Europa nach Paris blicken ließ. Stephanie erlebte es aus unmittelbarer Nähe und war von dem »großen und feierlichen Augenblick«, in dem Napoleon die Krone aus der Hand des Papstes nahm und sich selbst aufsetzte, tief beeindruckt.[4] Nur etwas mehr als fünf Jahre hatte es gebraucht, den Widerstand des Volkes gegen Monarchie, Feudalrechte und Privilegien der Herrschenden zu überwinden und ihm zu suggerieren, daß diese Monarchie die bessere sei.

Zu Beginn des Jahres 1806 bahnte sich in Stephanies Leben schon wieder eine neue, und diesmal fundamental andere Situation an. Zu ihrem allergrößten Erstaunen teilte ihr die Gattin des Kaisers mit, daß sie heiraten solle und zwar den Erbprinzen Karl von Baden. Dies war nun wirklich eine Mitteilung, die einem jungen Mädchen das Gefühl geben konnte, den Boden unter den Füßen zu verlieren: eine Ehe zu schließen mit einem Mann, den sie nicht kannte, in ein ihr völlig fremdes Land zu ziehen, dessen Sprache ihr fremd war, eine neue Familie zu akzeptieren, mit der sie bisher nicht das geringste zu tun gehabt hatte, Pflichten übernehmen zu müssen, deren Tragweite sie nicht abschätzen konnte. Für ein Mädchen mit knapp 17 Jahren, das sich bisher ständig an neue Bezugspersonen hatte gewöhnen müssen, das den Begriff Heimat nicht mit einem festen Platz, sondern ganz allgemein mit Frankreich verband, das sicherlich irgendwelche romantischen Vorstellungen von der Zukunft hegte, war das ein herber Schlag. Doch Rücksichten auf solche Empfindungen kannte Napoleon nicht, ihm ging es um Expansion und einen nach allen Seiten abgesicherten Staat, und dafür kam ihm ein familiäres Bündnis mit Baden gerade recht. Daß sich die Verbindung zwischen Karl und Stephanie erst herstellen ließ, nachdem der künftige Bräutigam zuvor sein Verlöbnis mit der bayerischen Prinzessin Augusta gelöst hatte, störte den französischen Kaiser nicht im geringsten, denn für letztere hatte er bereits Eugène, den Sohn seiner Frau aus der ersten Ehe, parat.

Erbprinz Karl von Baden sollte eines Tages die Nachfolge seines Großvaters Karl Friedrich (1728–1811) antreten, der bereits ein ganzes Menschenalter lang als Großherzog regierte. Nachdem Karl Friedrichs erste Frau 1783 gestorben war, heiratete er im Jahre 1787 nochmals und zwar eine mehr als 40 Jahre jüngere Hofdame, die zur Reichsgräfin von Hochberg (1768–1820) ernannt wurde. Sein ältester Sohn Karl Ludwig (1755–1801), der eigentlich die Nachfolge hätte antreten sollen, war in Folge eines Unfalls auf einer Reise gestorben, und so fiel die Nachfolge an den 1786 geborenen Karl, der seinerseits völlig unter dem Einfluß seiner Mutter Amalie von Hessen-Darmstadt (1754–1832) stand, der man den Spitznamen »Schwiegermutter Europas« verpaßt hatte, da sie ihre Töchter mit den Monarchen von Bayern, Rußland, Schweden, Braunschweig und Hessen-Darmstadt verheiratet hatte. Während ihrem Sohn Karl die ganze Sache reichlich egal war, und er sich zufrieden gab mit der Versicherung, Stephanie sei hübsch, geriet die künftige Schwiegermutter völlig außer sich: Eine katholische Französin, die Tochter eines kleinen Hauptmannes wollte sie nicht in ihrer Familie haben, zudem fürchtete sie um ihren bisherigen Einfluß, was sie jedoch wohlweislich verschwieg. Doch von ihren Argumenten ließ sich Napoleon jedoch nicht in seinen Plänen beirren, schließlich war er es, der die Züge der Schachfiguren auf dem Feld Europas bestimmte. Er sagte kurzerhand zu, Stephanie zu adoptieren, so daß sie Mitglied der kaiserlichen Familie war, erklärte sein Einverständnis, daß die künftigen Kinder protestantisch erzogen werden sollten und überzeugte Amalie während seines Aufenthaltes am 20. Januar 1806 in Karlsruhe in der ihm eigenen Weise davon, daß es geraten war, sich seinen Plänen nicht entgegenzustellen. Die Badener waren, so der Eindruck des Abts von St. Peter, Ignaz Speckle, »gar nicht erfreut« über diese geplante Heirat, um so weniger, als Befürchtungen laut wurden, daß die Kinder dieser Ehe »alle sollen katholisch werden, ja man sagt sogar, der Kurprinz werde noch katholisch werden«.[5]

Nach vielem diplomatischem Hin und Her, nach Drohungen und Versprechungen wurde der Bündnis- und Ehevertrag in Paris ausgehandelt, und bereits am 2. März 1806 traf Erbprinz Karl in Paris ein, um seine künftige Frau kennenzulernen. Die war inzwischen von einer Stimmungslage in die andere gefallen. Als »vollwertiges« Mitglied des Kaiserhauses genoß sie einerseits ein sehr großes Ansehen, hatte auch einen gehörigen Standesdünkel entwickelt und mußte sich andererseits mit dem Neid der gerade erworbenen Verwandtschaft abfinden; außerdem schwebte die baldige Hochzeit wie ein Damoklesschwert über ihr.

Die erste Begegnung mit Karl war alles andere als berauschend. Eine der Hofdamen schrieb über ihn in ihren Erinnerungen, daß er jung, aber sehr dick gewesen sei und ein gewöhnliches Gesicht ohne Ausdruck gehabt habe. »Er sprach wenig, er schien sich zu genieren und schlief ungefähr überall ein.«[6] Zudem trug er noch eine altmodische Zopfperücke, die in Paris schon seit den Revolutionszeiten verpönt war. Das paßt in das Bild, das Karl

Die junge Stephanie Napoleon

August Varnhagen von Ense (1785–1858), der spätere preußische Ministerresident in Baden, von ihm zeichnete. Er hielt nicht sehr viel von Karls Qualitäten und bezeichnete ihn als einen eher labilen, völlig unter dem Einfluß seiner Mutter Amalie stehenden jungen Mann. Sie sei früh darauf bedacht gewesen, »den Sohn zu kindlichem Gehorsam zu gewöhnen, ihren Rat, ihre Leitung ihm unentbehrlich zu machen«. Dabei habe sie darauf geachtet, ihn nicht allzu streng zu erziehen, ihm sogar »mancherlei Vergnügungen« nachzusehen, ihn dafür aber sorgfältig von »allen Geschäften entfernt« zu halten, so daß er als Großherzog weder »die Einsichten noch die Willenskraft« besaß, seinen Beruf adäquat auszuüben. »Mißmutige Abspannung und gleichgültige Trägheit« hätten sein Wesen gekennzeichnet.[7] Dies entspricht auch zahlreichen Charakterisierungen anderer Zeitgenossen, die ihn als langsam, schwerfällig in seinen Bewegungen und seinem Auftreten, untersetzt und uninteressiert an kulturellen Dingen beschrieben.

Großherzog Karl von Baden

Die so häufig an Fürstenhöfen zu beobachtende nur mittelmäßige Begabung der Mitglieder des Hochadels scheint auch auf Karl zuzutreffen. Daß seine Mutter Amalie angesichts seiner Zukunft als regierender Großherzog nicht größeren Wert auf eine sorgfältigere Ausbildung des Sohnes gelegt hat, erstaunt. Sie war ganz im Gegenteil äußerst nachsichtig und ließ dem Heranwachsenden vieles durchgehen, was sogar seinem Ruf schadete. Der Gedanke, daß sie darauf spekuliert hat, ihn völlig ihrem Einfluß zu unterwerfen, damit sie als die tatsächlich Regierende eines Tages aus dem Hintergrund die Fäden nach ihrem Gutdünken ziehen konnte, ist nicht von der Hand zu weisen. Als positive Eigenschaften wurden für Karl vermerkt, daß er stets äußerst hilfsbereit gewesen sei.

Etwas mehr als ein Jahr nach der Hochzeit sah ihn der Dichter Joseph von Eichendorff, allerdings nur aus der Ferne. Seine Sympathie galt eher dem jungen »Erbgroßherzog« als seiner französischen Frau. Er fand, daß er ein »junger schöner u. kräftiger Mann« sei, die Herzogin Stephanie »fast zu frech«.[8]

Vorläufig aber war Stephanie alles andere als frech, sondern äußerst gehemmt, und die Anordnung des Kaisers, daß sich das Brautpaar jeden Tag eine Stunde lang sehen sollte, war auch nicht gerade dazu angetan, die Beziehung zu fördern. Keiner wußte, was er sagen sollte, jeder wartete darauf, daß diese »endlos peinliche Stunde des Zusammenseins« endlich vorüber war.[9] Immerhin muß man sich klar machen, daß hier zwei junge Leute verkuppelt wurden, die aus ziemlich verschiedenen Welten kamen. Unmittelbar vertraute und wohlmeinende nahe Freunde oder Verwandte, mit denen sie ihre Ängste und Probleme hätten besprechen, die ihnen hätten raten können, hatten beide nicht. Und nun verlangte man von ihnen, daß sie sich näherkommen sollten. Aber Liebe auf Befehl läßt sich eben schlecht verwirklichen.

Die Hochzeit – die erste seit der Kaiserkrönung – fand, wie es sich für ein Mitglied der kaiserlichen Familie gehörte, mit äußerstem Pomp statt. Eine ansehnliche Mitgift, zu der auch der Breisgau gehörte, begleitete Stephanie in ihre neue Heimat, die sie ein

Vierteljahr später kennenlernte. Der Abschied von Frankreich fiel ihr unendlich schwer, in Straßburg, der letzten französischen Station, regnete es in Strömen, und kaum weniger trist wird es Stephanie zumute gewesen sein, wenn sie an ihr zukünftiges Leben dachte:

> Ich war zu jung, um zu verstehen, welche Pflichten eine Frau gegenüber ihrem Manne hat, zu jung, um in den Bindungen der Ehe einen Ausgleich zu finden für das, was ich aufgab. Der Kurprinz war auch zu jung, um ein einfaches und reines Mädchen zu schätzen, das [...] wohl bald eine gute, vielleicht liebenswerte Frau geworden wäre, wenn er genügend Erfahrung gehabt hätte, meinen Charakter zu verstehen.

Doch sie sah in der Ehe nur »eine Art Knechtschaft«, die sie weder erfüllen konnte noch wollte.[10] Um solche bitteren Erfahrung zu machen und Einsichten zu gewinnen, brauchte man nicht den höchsten Kreisen anzugehören. Enttäuschte und desillusionierte junge Ehefrauen, die keine Ahnung hatten, was auf sie zukam, ganz besonders im sexuellen Bereich, gab es unterschiedslos in allen Gesellschaftsschichten.

Stephanie wurde wenigstens von Seiten des alten Großherzogs Karl Friedrich ein freundlicher und warmherziger Empfang zuteil. Auch die Karlsruher, von denen die meisten ebenso wie Stephanie katholisch waren, hatten alles getan, um zu demonstrieren, wie sehr sie sich über die Ankunft der Gattin des künftigen Großherzogs freuten. Die Stadt erstrahlte zum abendlichen Empfang in hellem Glanz, ein Eindruck, der am nächsten Morgen im nüchternen Tageslicht sich jedoch reichlich desillusionierend erwies. Die attraktive junge Französin aber erregte Aufsehen und Bewunderung, selbst bei einem solch spröden Menschen wie dem protestantischen Kirchenrat und Dichter Johann Peter Hebel. An den vertrautesten seiner Freunde, Friedrich Wilhelm Hitzig (1771–1849), berichtete er ins Pfarrhaus nach Rötteln:

> Man machte sich keine große Erwartung von der Prinzessin Adrienne, weil gar keine Lobpreisungen von Paris herkommen wollten. Noch bey

dem Einzuge schien mehr Neugierde und Pflicht als Theilnehmung und Freude die Gemüther und Beine zu bewegen. [...] Aber die neue Prinzessin hat gestern als sie die Aufwartungen von uns annahm allgemein überrascht, und iedermann für sich gewonnen. Im einfachen weißen Gewand mit einigen Blumen in dem Geflecht der Haare [...] stand sie mehr mit iugendlicher und iungfräulicher Anmuth als mit fürstlicher Würde ungezwungen unverlegen da, nahm die Bewillkommnungskomplimente freundlich an, und sprach, aus den Minen zu schließen, viel Artiges, das ich nicht verstand. Sie hat mittelmäßige Größe, gegen das kleine hinneigend, ein gesundes Aussehen [...] und wurde von den Meisten für schön gehalten. Schwerer zu befridigende Kenner gestehn wenigstens, daß ihre Anmuth an das Schöne gränze. [...] Die Marggrävinn ist in Darmstadt und kam nicht zum Empfang.[11]

Die letzte Bemerkung bezieht sich auf die Schwiegermutter Amalie, die es vorgezogen hatte, den Empfang des neuen Familienmitgliedes zu ignorieren. Den Grund, den sie dafür angab – sie hätte ihrer kranken Tochter in Darmstadt beistehen müssen –, war offensichtlich an den Haaren herbeigezogen, denn schon vorher hatte sie angekündigt, daß sie nicht gedenke, zu diesem Anlaß in Karlsruhe anwesend zu sein. Erst in Mannheim trafen die beiden Frauen aufeinander, und die Begrüßung verlief ziemlich frostig. Distanziert, aber mindestens um Ehrlichkeit bemüht, berichtete Amalie, die ihren Witwensitz im Bruchsaler Schloß hatte, ihrer Tochter, der Zarin Elisabeth, nach St. Petersburg, daß Stephanie zwar hübsch aussehe, ihre Haltung allerdings zu wünschen übrigließe. Dennoch sei der Gesamteindruck »angenehm«. Sie konstatierte auch deren Wunsch, ihr zu gefallen, hielt sie jedoch mit einigem Recht für wenig sanftmütig, außerdem sei sie in ihren Sohn »überhaupt nicht verliebt«.[12]
Die Zuneigung zu ihrer von Napoleon aufgezwungenen Schwiegertochter hielt sich in äußersten Grenzen, zumal diese begann, französische Sitten einzuführen. So wie ihr Mann Karl es bereits in Paris kennengelernt hatte, verzichteten nun auch im Badischen die Herren auf die angestammte Zopfperücke, man zog das ausgedehnte Diner am Abend dem Mittagessen vor, und Stephanies

französische Hofdamen taten das ihre, um für eine etwas weniger schwerfällige Atmosphäre zu sorgen.

Mit ihrem Mann hatte Stephanie nicht allzu viel Kontakt. Sie lebte im Mannheimer Schloß, unternahm zahlreiche Reisen, um ihre neue Heimat kennen zu lernen, während er wohl oder übel zunächst an der Spitze der badischen Truppen an der Schlacht bei Jena teilnehmen und danach Napoleon nach Warschau begleiten mußte. Erst nach dem Friedensschluß von Tilsit kehrte er nach Baden zurück. Stephanie hatte sich inzwischen – nach einer Fehlgeburt – nach Mainz begeben und Freundschaft mit ihrer Cousine Hortense de Beauharnais geschlossen, die seit 1802 mit Louis, dem Bruder ihres Adoptivvaters, verheiratet war.

Ein Wiedersehen mit ihrer französischen Heimat bescherte ihr die Hochzeit Jerômes, dem jüngsten Bruder von Napoleons, der 1807 in Paris die Tochter des Königs von Württemberg heiratete. Die nicht sehr attraktive Braut war konsterniert, als sie mitansehen mußte, mit welcher Ungeniertheit die hübsche Stephanie mit Jerôme flirtete. Selbst Napoleon ging diese Tändelei etwas zu weit, und er ließ sie wissen, daß er ihr Verhalten mißbillige. Übelnehmen kann man dieses Verhalten einer jungen lebenslustigen Frau von nicht einmal 20 Jahren, die von ihrem Mann bestenfalls Desinteresse zu spüren bekommt, wohl kaum. Das änderte sich auch nach der Rückkehr des Paares nach Baden nicht. Die getrennten Hofhaltungen wurden beibehalten, sie blieb in Mannheim, er zog Karlsruhe vor, wo er sich reichlich merkwürdigen und ausschweifenden Vergnügungen ungeniert hingab. Die Situation eskalierte, als Stephanie angesichts öffentlich bekannt gewordener Peinlichkeiten, die sich auch gegen sie richteten, einen Nervenzusammenbruch erlitt, was ihren Mann nicht sonderlich berührte, denn er hielt es nicht für notwendig, sich um seine ernsthaft erkrankte Frau zu kümmern. Erst eine wütende und unmißverständliche Botschaft seines Schwiegervaters Napoleon brachte ihn zum Umdenken: »Hätte ich Deinen Charakter gekannt, wie ich ihn jetzt kenne, hätte ich mich gehütet, Dir ein mir teures Wesen zur Frau zu geben. Willst Du Dich weiter so benehmen, schicke mir meine Tochter zurück. Du bist ihrer nicht würdig.«[13]

Sowohl Karl als auch Großherzog Karl Friedrich, der ebenfalls einen entsprechenden Brief Napoleons erhalten hatte, bemühten sich nach Kräften, den Kaiser Frankreichs zu besänftigen: Trotz Geldknappheit erhielt Stephanie die Erlaubnis, eine von ihr gewünschte Promenade an der Rückseite des Mannheimer Schlosses zum Rheinufer hin großzügig anbauen zu lassen, ein Entschluß, den Karl Friedrich ihr mit zuckersüßen Worten am 10. Februar 1808 mitteilte: »Ihr Lebensweg, meine liebe Tochter, soll, soweit es von mir abhängt, von Rosen übersät sein, und ich werde nicht aufhören, das Beste für ihr Glück zu wünschen.«[14]

Doch auch solche Schmeicheleien konnten Stephanie nicht über erlittene Enttäuschungen und Kränkungen hinwegtrösten. Sie hatte vor, in die Schweiz überzusiedeln und sich von ihrem Mann zu trennen, was wiederum Napoleon mit einer eindringlichen Mahnung zu verhindern wußte. Er, der sich im darauffolgenden Jahr selbst von seiner Frau Josephine scheiden ließ, appellierte an Stephanie: »Bleiben Sie bei Ihrem Gatten, und geben Sie niemals Gelegenheit, daß man über Sie redet. Eine Frau darf niemals ihren Mann verlassen. Seien Sie vernünftig, und benehmen Sie sich gut.«[15] Auch zu Beginn des 19. Jahrhunderts wurde offensichtlich mit zweierlei Maß gemessen.

Alle mischten sich in diese Ehe ein, in der Stephanie allein und unglücklich ausharrte. Tief deprimiert schrieb sie an ihrem dritten Hochzeitstag im Jahre 1809 in ihr Tagebuch: »In diesen drei Jahren kein glücklicher Tag [...]. Noch einige Zeit, und ich fühle, daß ich nicht mehr fähig sein werde, weder Glück noch Leid zu empfinden.«[16] Ein solches Bekenntnis aus der Feder einer 20jährigen ist an Resignation kaum zu überbieten. Daß es dennoch gelang, die Freudlosigkeit in dieser Beziehung etwas aufzuhellen, war vermutlich allein ihren Initiativen zu verdanken, denn ihr lethargischer Ehemann hätte sich aus eigenem Antrieb wohl kaum dazu aufraffen können. Jedenfalls besserte sich das gegenseitige Einvernehmen, wenn auch durch ein sehr tragisches Ereignis.

Am 9. Juni 1811 starb Karl Friedrich hochbetagt, ihm folgte Stephanies Mann, der bereits zuvor zum Mitregenten ernannt worden war, in der Position des Großherzogs nach. Wenig später brachte sie im Schwetzinger Schloß ihre erste Tochter zur Welt, die auf den Namen Luise getauft wurde. Im August des gleichen Jahres verzichtete das Ehepaar auf die getrennte Hofhaltung, Stephanie übersiedelte nach Karlsruhe, ihren Mannheimer Haushalt gab sie 1813 auf.

Am 29. September 1812 meldeten Kanonenschüsse in Karlsruhe die Geburt eines Thronfolgers. Die Freude währte jedoch nicht lange, denn das Kind starb – noch namenlos – vierzehn Tage später angeblich an »entzündlicher Blutüberfülle im Gehirn, [an] Gichter mit Steckfluß«. Der jungen Mutter überbrachte ausgerechnet Amalie die Todesnachricht. Sofort rankten sich die wildesten Vermutungen um diesen unerwarteten Tod. Der Vorwurf, daß die Ärzte nicht rechtzeitig und effektiv genug eingegriffen hätten, war noch der harmloseste. Gemunkelt wurde allenthalben von einem Giftanschlag. In Verbindung gebracht wurde damit die Gräfin Hochberg, die zweite Frau des verstorbenen Karl Friedrich. Sie war ihres intriganten Wesens wegen nicht sehr beliebt und ließ alle Welt spüren, daß sie nicht den hohen Rang erhalten hatte, den sie glaubte, beanspruchen zu können. Die aus dieser Ehe hervorgegangenen vier Kinder – drei Söhne und eine Tochter – hatten hinter dem Thronanspruch der aus der Ehe von Karl und Stephanie stammenden Söhne zurückzustehen, d.h. die Hochbergschen Kinder hatten größere Chancen, die Thronfolge zu erlangen, wenn es keine männlichen Nachkommen aus der Verbindung von Karl und Stephanie gab.

Die Gerüchte, die nie ganz verstummt waren, fanden 1828 neue Nahrung, als in der Nähe von Nürnberg ein Halbwüchsiger auftauchte, der allem Anschein nach keine menschliche Gesellschaft kannte, der sich nicht richtig artikulieren konnte, ganz zu schwei-

Der Marktplatz in Karlsruhe (um 1828)

gen davon, daß er ausreichende Kenntnisse im Schreiben und Lesen gehabt hätte: Kaspar Hauser. Er gab an, bisher allein in einem dunklen Raum gelebt zu haben, war aber offensichtlich gut verpflegt worden. Diese merkwürdige Existenz erregte weit über die Landesgrenzen hinaus größtes Aufsehen, zumal sofort Spekulationen laut wurden, daß es sich hierbei eventuell um den Sohn von Stephanie und Karl handeln könnte, den man gegen das todkranke Kind einer Bäuerin ausgetauscht habe. Anselm Ritter von Feuerbach nahm sich in Ansbach der Sache an und gelangte tatsächlich zu dem Schluß, daß Kaspar Hauser in Wirklichkeit ein badischer Prinz sei. In der von seinem Sohn Ludwig Feuerbach 1852 veröffentlichten zweibändigen Schrift *Anselm Ritter von Feuerbachs weiland königl. Bayerischen wirkl. Staatsraths und Appellationsgerichts-Präsidenten Leben und Wirken aus seinen ungedruckten Briefen und Tagebüchern, Vorträgen und Denkschriften veröffentlicht*[17] sind im zweiten Band die *Briefe über das Verhalten Kaspar Hausers* enthalten. Der plötzliche Tod Anselm Feuerbachs, der zuletzt noch auf einen Zettel die Worte »Man hat mir etwas gegeben« gekritzelt hatte, das Verbot der Königin Caroline von Bayern, Feuerbachs Forschungen zu verbreiten und schließlich der Mord an Kaspar Hauser in Ansbach am 14. Dezember 1833 boten der Sensationsgier der breiten Masse reichlich Nahrung. Kaspar Hauser war und blieb *die* Attraktion, das Kind Europas. Eine Fülle von Autoren versuchte mit ihren Publikationen definitiv zu beweisen, daß der mit erstaunlicher Schnelligkeit lernende junge Mann wirklich der badische Thronfolger gewesen war, andere wiederum erklärten genauso definitiv, daß dies auf gar keinen Fall zuträfe. Bis heute regt dieses Mysterium die Phantasie vieler immer wieder an, obwohl inzwischen nachgewiesen scheint, daß Stephanie mit ihrer Meinung »Das ist eine unsinnige Fabel« wohl Recht gehabt hat. Neuere Forschungsergebnisse bestätigen ihre Auffassung, so z. B. eine Veröffentlichung in der *Zeitschrift für die Geschichte des Oberrheins* aus dem Jahre 1989, in der Kaspar Hauser als Sohn eines Tiroler Soldaten bezeichnet wird, der »nicht zuletzt das Opfer

Moritatensänger auf dem Volksfest bei Cannstatt
besingen im Herbst 1835 die Ereignisse um Kaspar Hauser

einer Clique von Esoterikern« wurde, die ihre Experimente mit ihm durchgeführt hätten.[18]

Den Schmerz um den tragischen Tod des ersten Sohnes trugen die Eltern gemeinsam. Beide waren tief erschüttert, und der Großherzog begann sich nicht nur um seine Frau zu kümmern, sondern sie sogar zu lieben, wie eine der Hofdamen höchst erstaunt und fast schon empört feststellte. Für Stephanie war diese neu gewonnene gute Beziehung auch bitter notwendig, denn immer noch bestand die latente unterschwellige Feindschaft zwischen ihr und der Schwiegermutter, die alles daransetzte, daß bei Hof ihr Wille maßgeblich war. Varnhagen von Ense berichtet beispielsweise, daß eine Gesellschaft bei der Großherzogin sicher sein konnte, von der alten Markgräfin nicht gern gesehen zu sein, daß zudem Neid und Eifersucht den Umgang erschwerten, daß das »wechselseitige Aufpassen und Mäkeln« eine »freie und geistige Gesellschaft« nicht zuließ.[19]

Drei Kinder hat Großherzogin Stephanie noch zur Welt gebracht: 1813 Josephine, 1816 Alexander, der im darauffolgenden Jahr bereits starb, und 1817 Marie. Mit dem Tod des zweiten Sohnes war die Hoffnung auf eine unmittelbare Nachfolge durch das Haus Baden zunichte geworden, und wieder tauchten obskure Gerüchte von Giftmord auf. Dabei war man damals an eine hohe Säuglings- und Kindersterblichkeitsrate gewöhnt, was angesichts der hygienischen Bedingungen und der mitunter abenteuerlichen Behandlung heute harmloser Kinderkrankheiten auch nicht verwunderlich war.

Napoleon hatte unterdessen am 2. April 1810 Marie Luise von Habsburg geheiratet und zu den Feierlichkeiten in Paris selbstverständlich auch Karl und Stephanie eingeladen; ein Sommeraufenthalt in Baden-Baden, und Ausflüge in den Schwarzwald schlossen sich an. Im September 1811 stattete Großherzogin Stephanie Freiburg und Umgebung einen Besuch ab. Abt Ignaz Speckle hatte sich von St. Peter hinunter in die Stadt begeben, um die Feierlichkeiten zu beobachten. Und es lohnte sich: Die Freiburger hatten sich Ehrenpforten, einfallsreiche Dekorationen, Illuminationen und zahlreiche unterschiedlichste Ehrungen ausgedacht. Selbst Kapuziner und Franziskaner beleuchteten den Eingang ihrer Klöster. »[...] in der Grünwaldgasse [gab es] einen Baum von rotem Wein, wo den ganzen Tag Wein gegen Bezahlung, 6 x für den Schoppen, floß und abgelangt wurde«, in der »Wolfshöhle [wurde] eine Wolfshöhle vorgestellt«. Der Stadtrat hatte die Eingabe der Bürger der bisherigen »Schnecken-Vorstadt« gebilligt, sie in »Stephanien-Vorstadt« umbenennen zu dürfen. Die Großherzogin gab sich »sehr leutselig, freundlich« und soll im nachhinein über diesen Besuch »überall ihre höchste Zufriedenheit bezeugt haben«.[20]

Doch die Zeiten änderten sich. Als sich Napoleon 1812 in seinem Expansionsdrang gegen Rußland wendete, war die Katastrophe bereits vorgezeichnet, denn es mangelte sowohl an Ausrüstung wie an Nachschub für einen Krieg, der sich in den Winter hineinzog. Die glorreiche »Große Armee« scheiterte und wurde unter unmenschlichen Qualen aufgerieben.

In der Völkerschlacht bei Leipzig vom 16. bis zum 19. Oktober 1813 schien das Schicksal des Korsen endgültig besiegelt. Die französische Armee wurde geschlagen, in Baden schloß man sich der Koalition gegen Napoleon an, und der Rheinbund wurde aufgelöst. Außerdem spielte sich der Krieg jetzt nicht mehr nur auf fernen Schlachtfeldern ab, sondern seine Auswirkungen waren bis in die kleinsten Orte hinein spürbar: Die Getreidepreise stiegen immens, notwendige Nahrungsmittel waren kaum mehr zu haben, so daß in manchen Gegenden regelrechte Hungersnöte herrschten. Varnhagen von Ense berichtet, daß besonders aus dem Oberland und der Schweiz sich die Klagen häuften, und auch »in der Nähe von Karlsruhe stieg das Elend auf einen hohen Grad«.[21] Das Anliegen der Großherzogin war es, durch die Gründung von Wohltätigkeitsvereinen ihren Beitrag zur Linderung der Not zu leisten – eine Initiative, der sich auch u.a. Rahel Varnhagen von Ense sehr aktiv und zupackend anschloß.

Die letzte Begegnung, die Stephanie mit ihrem Adoptivvater hatte, fand am 26. Juli in Mainz statt. Sie mußte sich nun mit der Situation abfinden, daß seine schützende Hand, die er so oft über sie gehalten hatte, jede Wirkung verloren hatte. Jene, die bei Hof schon immer gegen das Bündnis mit den Franzosen gewesen waren, gewannen die Oberhand. Sie forderten vom Großherzog, aus der politischen Entwicklung klare Konsequenzen zu ziehen und seine französische Frau zu verlassen, was der Großherzog jedoch mit nie gekannter Entschlossenheit rigoros ablehnte. Zwischen ihm und seiner Frau hatte sich eine, wenn auch sehr späte, Beziehung ergeben, die von gegenseitiger Achtung und wohl auch Zuneigung geprägt war.

Am selben Tag, an dem der Großherzog vom Wiener Kongreß schwerkrank nach Hause zurückkehrte, erlitt Napoleon in der Schlacht bei Waterloo seine letzte und endgültige Niederlage. Karl erholte sich noch einmal, und »er konnte ganze Wochen und auch Monate zählen, in denen er sich verhältnismäßig wohlbefand«,[22] doch die Krankheit verließ ihn nicht mehr, so daß er sich sicher war, auf der Wiener Reise Opfer eines Giftanschlags geworden zu sein, zumal sein Kammerdiener einen Tag nach Ausbruch der Krankheit unter mysteriösen Umständen Selbstmord begangen hatte.

In der Folgezeit verschlechterte sich Karls Gesundheitszustand zusehends, was durch seine Lethargie und sein undiszipliniertes Verhalten sich selbst gegenüber noch verschlimmert wurde. Auch seine psychische Verfassung wurde zunehmend instabiler, er mißtraute allem und jedem, wichtige Entscheidungen blieben noch länger liegen als zuvor. Eine der wenigen Anordnungen, unter die er noch am 22. 8. 1818 seine Unterschrift gesetzt hatte, war die Verfassung für das Großherzogtum Baden, die das Land politisch zu einem der fortschrittlichsten im Deutschen Reich machte.

Am Ende seines Lebens duldete der ohnehin schon seit jeher menschenscheue Karl, der einen regelrechten Verfolgungswahn entwickelt hatte, nur noch Stephanie um sich, die kaum wagte, von seiner Seite zu weichen, mit ihm zur Kur nach Rippoldsau oder Griesbach fuhr und schließlich im Schloß von Rastatt, ohne helfen zu können, zusehen mußte, wie ihr Mann am 8. Dezember 1818 an »Brustwassersucht« qualvoll starb. Varnhagen von Ense versuchte in dieser Zeit, ihr im Rahmen seiner Möglichkeiten beizustehen, da es selbst die Mutter des Großherzogs abgelehnt hatte, den Ernst der Krankheit offiziell zu akzeptieren. Bei dem Diplomaten muß Stephanie wenigstens nicht ihre »französischen Sympathien verleugnen«.[23]

Begraben wurde der Großherzog in der Familiengruft in Pforzheim. Nur vier Tage später verließ Stephanie mit ihren Töchtern das Schloß in Rastatt und begab sich zunächst auf das Hofgut Scheibenhardt nahe Karlsruhe, blieb den Sommer über in Baden-Baden und siedelte schließlich in das Mannheimer Schloß über, ihrem Witwensitz. Auch Freiburg war als solcher im Gespräch gewesen, doch entschied sich Stephanie für das ihr schon vertraute Mannheim. Daß dies einigermaßen reibungslos vonstatten ging, hatte sie zum großen Teil der Hilfe ihrer Schwägerin, der Zarin Elisabeth von Rußland, zu verdanken, die dafür sorgte, daß die im Heiratsvertrag bereits getroffenen Abmachungen eingehalten wurden.

Den Glanz, den man gemeinhin von einem hochherrschaftlichen Schloß erwartet, bot jenes in Mannheim wahrlich nicht. Voller Entsetzen beschrieb eine der Hofdamen den Zustand des Bauwerks als »öde und leer. Die großen Zimmer [...], die uns bestimmt waren, entsprachen ganz diesem Begriffe, der auch auf die Aussicht aus den hohen Fenstern anwendbar war; denn durch einen kahlen Platz von uns getrennt lag gegenüber der verbrannte Teil des Schlosses, die moderne Ruine des Schloßtheaters.«[24] Die Rheuma- und Gichtanfälle, unter denen Stephanie später zu leiden hatte, waren sicherlich auf die besonders im Winter unkomfortablen Wohnverhältnisse in den damaligen Schlössern, in denen sie sich aufhielt, zurückzuführen. Sie waren nur bedingt heizbar, und die hygienischen Einrichtungen waren noch nicht sehr ausgereift.

Womit beschäftigt sich nun eine verwitwete gerade 30jährige alleinerziehende adelige Mutter ohne finanzielle Sorgen, die ihrer französischen Herkunft wegen zwar immer noch von vielen angefeindet – und wie sie mit Recht befürchtet – auch bespitzelt wird, aber andererseits auch in der Lage ist, ein recht bequemes Leben zu führen? Sie konzentrierte sich auf die Erziehung der Töchter, setzte sich mit pädagogischen Fragen auseinander, hielt bereits Ausschau nach möglichen und passenden Ehepartnern. In ihrer »Freizeit« malte sie und das recht beachtlich. Ignaz Speckle weiß in seinem Tagebuch zu berichten, daß die Großherzogin während ihres Aufenthaltes in Freiburg im September 1811 auch nach Höllsteig gefahren war, wo sie »auf einem großen Stein am Bach« sitzend eine Zeichnung von der dortigen Landschaft anfertigte.[25]

Stephanie las sehr viel, in ihrem Besitz befand sich eine umfangreiche Bibliothek, die alle Klassiker aufwies. Sie komponierte auch ein bißchen – wenn auch dilettantisch – und sang mit ihrer andeutungsweise ausgebildeten Mezzosopranstimme gelegentlich in privaten Gesellschaften, die sich großer Beliebtheit erfreuten. Der Heidelberger Historiker Friedrich Christoph Schlosser (1776–1861) hatte beispielsweise regelmäßigen Zugang zu diesen abendlichen Treffen. Seine umfassende mehrbändige *Weltgeschichte* war für mehrere Generationen das Werk, an dessen Lektüre ein gebildeter Mensch nicht vorbeikam. Auch Stephanie versuchte ihre historischen Kenntnisse zu vervollkommnen. Dadurch daß sie nicht nur aus deutscher sondern viel mehr noch aus französischer Sicht die Ereignisse bewertete, gelangen ihr sehr viel differenziertere Urteile als vielen anderen Zeitgenossen. Die Freundschaft mit Schlosser wurde daher auch sehr intensiv gepflegt, und der spätere Großherzog Friedrich I. schätzte die Zusammenkünfte, die sie zwischen ihm, der noch Student war, und Schlosser arrangierte. Überhaupt hatte er ihr sehr viel zu verdanken: »Der häufige Umgang mit der geistreichen Frau, die uns viel Liebe erwies und eine wahrhaft mütterliche Fürsorge widmete, war uns teuer und wert.«[26] Ein weiterer Gesprächspartner war der Konstanzer Generalvikar Heinrich von Wessenberg, der wegen seiner liberalen Offenheit bei den Kirchenoberen alles andere als beliebt war. Mit ihm, dem die Malerin Marie Ellenrieder ihre fundierte Ausbildung zu verdanken hatte, diskutierte sie hauptsächlich pädagogische Probleme.

Insgesamt erlebte durch Stephanie der Mannheimer Hof mindestens einen kleinen Aufschwung, er bot doch Geselligkeit, ein lebendiges musisches und geistiges Umfeld. Viel Interesse hatte sie auch an Theateraufführungen, und durch ihre Anregungen und Innovationen erfuhr sowohl das Mannheimer als auch das Karlsruher Theater einen Aufschwung, wenn auch in bescheidenem Maße. Mit einigen Schauspielern und Schauspielerinnen, darunter Amalie Haizinger, war sie zudem recht gut bekannt.

Den Sommer verbrachte sie gern in Baden-Baden oder noch lieber im kleinen Schloß in Umkirch, das sie 1827 für 345 000 Gulden von der Familie Kageneck erworben hatte. Auch dieses Domizil

Schloß Umkirch (Lithographie um 1835)

wurde zu einem gesellschaftlichen Treffpunkt. Der König von Preußen sowie der Kronprinz, Metternich und sogar Otto von Bismarck zählten hier zu den Gästen, außerdem einige Professoren der Freiburger Universität. Die in Umkirch ansässigen Bauern schätzten Stephanie nicht weniger, da sie sich für ihr Leben und ihre Arbeit interessierte. Sie gründete die sogenannte »Viehkasse«, aus deren Finanzen in Not geratene Landwirte unterstützt wurden. Sie wurde später in eine Spar- und Kreditkasse umgewandelt. Auch eine krankenkassenähnliche Institution entstand, außerdem eine Hilfe für Kinder, deren Eltern tagsüber als Taglöhner auf dem Feld oder in der Fabrik arbeiteten.

Stephanie unternahm auch größere Reisen, z.B. 1832/33 in Begleitung ihrer Töchter Josephine und Marie nach Italien. Im Unterschied zu vielen Künstlern, für die eine Bildungsreise in den Süden das Traumziel war, das sie sich nicht selten mit Entbehrungen erkaufen mußten, konnte dies Stephanie ohne Geldsorgen tun. Sie machte bei mehreren Verwandten, wie u.a. bei der Mutter Napoleons Station und kam auch mit Künstlern, wie dem Nazarener Friedrich Overbeck in Kontakt. Mehr als höfliches Interesse auf beiden Seiten ist bei dieser Begegnung allerdings kaum vorstellbar, denn der asketische Overbeck konnte mit der doch immer noch sehr eleganten, weltzugewandten und kapriziösen Großherzogin-Witwe wohl wenig anfangen.

Henri Grèvedon:
Großherzogin Stephanie
(Paris 1829)

Mit besonderer Anteilnahme verfolgte Stephanie die Versuche ihres Neffen Louis Napoleon (1808–1873), der so gern in die Fußstapfen des großen Verwandten getreten wäre und dessen Eroberungspolitik fortgesetzt hätte. Doch dazu fehlte ihm Genialität und vor allem die Klugheit, Tendenzen nüchtern und ohne falschen Idealismus einzuschätzen. Dies war einer der Gründe, weshalb er 1836 und 1840 mit seinen Versuchen, die Regierung zu stürzen, scheiterte. Erst 1848, nachdem er zuvor seiner Verurteilung durch die Flucht nach England entgangen war, gelang es ihm, sich als »Retter der Gesellschaft« zu präsentieren, zum Präsidenten der französischen Republik gewählt sowie in der Folge durch Plebiszit 1852 als erblicher Kaiser proklamiert zu werden.

Stephanie unterstützte den Neffen, wo sie konnte. Der badischen Revolution von 1848/49 stand sie, die zum Adel gehörte, natürlich ziemlich reserviert gegenüber. Für sie war nur Frankreich in der Lage, durch die Wahl eines Präsidenten – eben Louis Napoleons – wirkliche Ordnung zu schaffen. Die badische Revolution schien ihr viel zu chaotisch und dilettantisch, als daß sie anders als in einer Katastrophe hätte enden können. Die Revolutionäre hielt sie für »arme verführte und mitgerissene Leute«. Doch auch vor Selbstkritik machte sie nicht halt, als sie 1849 fragte: »Und sind die Fürsten jetzt klüger, werden die gemachten Erfahrungen dazu dienen, den Völkern, die sie regieren, Ruhe zu sichern? Regieren ist kein Glück, sondern eine schwer zu erfüllende Aufgabe.«[27] Die Skepsis, die hinter dieser Aussage zu spüren ist, war entstanden aus einer langen Kette von Erfahrungen mit unterschiedlichsten Regierungssystemen, die Stephanie miterlebt hatte: Aufgewachsen mit den Idealen der alten Monarchie, konfrontiert mit revolutionären Ereignissen, versetzt in den Prunk der napoleonischen Ära, die sie aufsteigen und zugrunde gehen sah, ein Lebensabschnitt in relativ ruhigen Bahnen in Baden, das nicht einmal revolutionäre Aufstände hatte erschüttern können, und schließlich das Erlebnis einer aus dem Volk entstandenen Monarchie in Frankreich. Es ist kaum verwunderlich, daß Stephanie, die sehr klar und hellsichtig zu urteilen verstand, nun als diplomatische Mittlerin zwischen Preußen, Frankreich und England fungierte.

Ihre Töchter hat Stephanie – und darin war sie wohl ihrer ungeliebten Schwiegermutter ähnlich – mit einigem Geschick, aber auch mit Verständnis verheiratet: Als Luise, die älteste, sich aus der Ehe mit Prinz Gustav Wasa von Schweden nach 14 Ehejahren befreite, fand sie bei der Mutter offene Türen vor. Die zweite Tochter Josephine war die Frau Karl Antons von Hohenzollern-Sigmaringen (1811–1885) geworden und Marie die von Wilhelm Douglas Herzog von Hamilton (1811–1863).

Nach Paris fuhr Stephanie nun wieder häufiger, immerhin war ihr per Erlaß vom 6. Oktober 1855 erneut der Titel einer »Kaiserlichen Hoheit« zuerkannt worden. Ihre angegriffene Gesundheit machte aber genauso Kuren in mildem Klima notwendig, zuletzt in Nizza, wo sie am 28. Januar 1860 starb und von der dortigen Bevölkerung aufrichtig betrauert wurde. Der Sarg mit ihren sterblichen Überresten wurde nach Straßburg und schließlich nach Pforzheim überführt, wo sie an der Seite ihres Mannes und der beiden Söhne die letzte Ruhe fand.

Gewürdigt wurde sie von der Bevölkerung weniger als Mitglied eines Fürstenhauses, sondern eher wegen ihres engagierten karitativen Einsatzes und ihres liebenswürdigen Verständnisses für viele Belange. So initiierte sie u.a. den Badischen Frauenverein zur Unterstützung der alliierten Truppen im Befreiungskrieg und in Mannheim ein Heim für Waisenkinder, das als Luisen-Stephanie-Haus sich heute noch um Kinder von Schiffern kümmert. Abt Ignaz Speckle von St. Peter im Schwarzwald hatte seine eigene Meinung zu derartigen Stiftungen von Fürstinnen, die Geld zum »Besten der Armen« sammelten; für ihn stellte dies lediglich »eine neue Besteuerung der Untertanen« dar.[28]

Daß die Bewunderung für diese attraktive und kluge Frau mitunter auch sehr seltsame Blüten getrieben hat, belegen die Aufzeichnungen des schwäbischen Dichters Wilhelm Waiblinger (1804–1830), der mit Hölderlin, Mörike und Gustav Schwab befreundet war. Im sechsten Band seiner Tagebücher verewigte er seine skurrilen Phantasien, die eine idealisierte Gipsbüste Stephanies vom Künstler Heinrich Dannecker (1758–1841) in ihm geweckt hatte. Am 1. Mai 1822 heißt es:

> Meine Liebe zur Gypsbüste der Grossherzogin Stephanie wird immer feuriger. Ich komme mir selber wunderlich vor, aber ich liebe sie. Es ist eine recht sinnliche Liebe. Ich stehe täglich vor ihr, und sehe sie an, und liebe sie brünstiger. [...] Ach und heut hört' ich vollends, dass sie einmal eine Hure gewesen sey und ich fühle mich desswegen nur desto mehr angezogen, denn sie wird mir dadurch menschlicher, wiewohl räthselhafter und unerklärbarer.

Und einen Tag später fleht er: »Ach diese Büste ist das Urbild, das Ideal aller Weiblichkeit, aller Liebenswürdigkeit. O warum erwärmt, warum erweicht sich der Gyps nicht?«[29] O warum sollte man einer schwäbischen Dichterseele nicht die erotischen Phantasien und die romantisch-gleißende Hingabe an eine badische Großherzogin nachsehen?

Anmerkungen

1 Zit. nach Leonhard Müller: Stephanie Napoleon. Großherzogin von Baden 1789–1860, in: Lebensbilder aus Baden-Württemberg. Im Auftrag der Kommission für geschichtliche Landeskunde in Baden-Württemberg hg. von Gerhard Taddey und Joachim Fischer, Stuttgart 1994, S. 196.

2 Robert Arpád Murányi: Musikalien der Großherzogin Stephanie von Baden im Helikon-Schloßmuseum zu Keszthely, in: Zeitschrift für die Geschichte des Oberrheins, NF 98, Stuttgart 1998, S. 483–485.

3 Zit. nach Rudolf Haas: Stephanie Napoleon. Großherzogin von Baden. Ein Leben zwischen Frankreich und Deutschland 1789–1860, Mannheim 1976, S. 13.

4 Ebd., S. 16.

5 Das Tagebuch von Ignaz Speckle, Abt von St. Peter im Schwarzwald, 2. Teil, 1803–1819, =Veröffentlichungen der Kommission für Geschichtliche Landeskunde in Baden-Württemberg, Stuttgart 1966, S. 151.

6 Ebd., S. 22.

7 Karl August Varnhagen von Ense. Werke in 5 Bdn, hg. von Konrad Feilchen-feldt, Frankfurt a. M. 1987, Bd. 3, S. 52 f.

8 Joseph von Eichendorff. Werke, München 1980, Bd. 4, S. 591.

9 Zit. nach Leonhard Müller, a. a. O., S. 204.

10 Ebd., S. 205.

11 Johann Peter Hebel. Briefe, ausgewählt und eingeleitet von Wilhelm Zentner, Karlsruhe/Ebenhausen 1976, S. 127 f.

12 Zit. nach Rudolf Haas, a. a. O., S. 33.

13 Zit. nach Leonhard Müller, a. a. O., S. 207.

14 Zit. nach Rudolf Haas, a. a. O., S. 36.

15 Ebd., S. 37.

16 Ebd., S. 39.

17 Anselm Ritter von Feuerbachs weiland königl. Bayerischen wirkl. Staatsraths und Appellationsgerichts-Präsidenten Leben und Wirken aus seinen unge-druckten Briefen und Tagebüchern, Vorträgen und Denkschriften veröffent-licht, 2 Bde., Leipzig 1852.

18 Zit. nach Leonhard Müller, a. a. O., S. 217.

19 Karl August Varnhagen von Ense, a. a. O., S. 95.

20 Ignaz Speckle, a. a. O., S. 382 f.

21 Karl August Varnhagen von Ense, a. a. O., S. 133.

22 Ebd., S. 212.

23 Ebd., S. 315.

24 Leonhard Müller, a. a. O., S. 210.

25 Ignaz Speckle, a. a. O., S. 383.

26 Leonhard Müller a. a. O., S. 213.

27 Rudolf Haas, a. a. O., S. 85.

28 Ignaz Speckle, a. a. O., S. 545.

29 Herbert Meyer: Wilhelm Waiblinger und »seine« Stephanie von Baden, in: Mannheimer Hefte, Jg. 1983, S. 33.

»Ein Republikaner von der ersten Sorte«

EMMA HERWEGH
1817–1904

Mit ganz unterschiedlichen Attributen wurde Emma Herwegh zeitlebens und auch noch nach ihrem Tod belegt. Voll Bewunderung und Stolz nannte sie ihr Mann Georg (1817–1875) einen »Republikaner von der ersten Sorte« – wohlgemerkt in der männlichen Form –, aber auch eine »femme politique«, was sicher ungewöhnlich und ein ganz besonderes Kompliment war. Theodor Mögling (1814–1867), der sich unter Heckers Führung am badischen Aufstand 1848 beteiligt hatte, zollte ihr unverhohlen mit der Anrede »mutige Frau«[1] seine Hochachtung; für Adolf Ludwig Follen, einen der Trauzeugen, der sich später von Herwegh abwandte, war sie nur dessen »Sekretär Emma«,[2] und Frank Wedekind spricht von ihr in seinen Tagebuchaufzeichnungen schlicht, aber nicht ohne Respekt einfach als »die Alte«. Sich selbst sah die junge Emma Herwegh als »wilde arabische Stute«.[3]

Auf den jungen Maler Anselm Feuerbach, der gerade in die Malklasse der Düsseldorfer Akademie aufgenommen worden war, muß sie einen sehr entschlossenen und mutigen Eindruck gemacht haben, denn er fertigte 1845 die Studie *Die Erstürmung des Germanischen Lagers in der Schlacht auf den Raudischen Feldern* an, bei der er als zentrale Figur an Emma Herwegh dachte. Ein Brief Henriette Feuerbachs an Emma Herwegh gibt hierüber Auskunft. Sie schrieb u. a.: »Ich hatte tags vor seiner Ankunft viel mit Anselm (junior) von Ihnen geredet, und denselben Morgen zeichnete er eine Germanenschlacht, in welcher die Hauptfigur ein ger-

manisches Weib ist. [...] Sie steht hoch auf der Wagenburg mit
fliegenden Haaren. Als ich's zum erstenmal sah, war ich frappiert:
›Das sieht Frau Herwegh ähnlich‹, sagt' ich, und Anselm erwiderte: ›Seltsam, ich dachte auch an sie, und stellte mir sie ohngefähr
so vor.‹«[4] Eine endgültige Ausführung erlebte die Skizze allerdings
nicht.

Anselm Feuerbach: Die Erstürmung des Germanischen Lagers
in der Schlacht auf den Raudischen Feldern (Skizze, 1845)

Emma Herweghs Zeitgenossen sahen sie weniger als hehre Heldin, und für spätere Chronisten war sie – wenn man sie überhaupt
zur Kenntnis nahm – entweder eine »Hochverräterin« oder eine
»Freiheitskämpferin«.
Diese sehr ambivalenten Einschätzungen zeigen zunächst einmal,
daß Emma eine sehr ungewöhnliche Frau war, die man nach heutigen Maßstäben in gewissem Sinn als emanzipiert bezeichnen

darf, da sie sich wie selbstverständlich ohne Hemmungen in einer Männergesellschaft par excellence behauptete. Sie war eine politisch engagierte und hervorragend informierte Frau, die bereit war, ohne Vorbehalte für ihre Überzeugungen einzutreten, u.a. für eine republikanische Staatsform, für Gewissens- und Pressefreiheit, für ein gesamtdeutsches Parlament.

Dabei stammte sie keineswegs aus einer Familie, in der revolutionäre Ideen an der Tagesordnung gewesen wären. Vielmehr wartete auf die am 10. Mai 1817 in Berlin geborene Emma Siegmund das geordnete Leben einer höheren Tochter aus reichem Haus. Der Vater Johann Gottfried Siegmund, ein ehemals jüdischer, dann zum Protestantismus konvertierter Kaufmann und Hoflieferant, und seine Frau Henriette Wilhelmine genossen in Berlin höchstes Ansehen. Der Salon der Siegmunds war Treffpunkt der vornehmen Gesellschaft. Auf sorgfältige und umfassende Bildung wurde Wert gelegt, und entsprechenden Unterricht erhielt auch Emma. Zu ihren Privatlehrern gehörte u.a. der weit gereiste Musikpädagoge Ludwig Berger (1777–1839), der auch Fanny und Felix Mendelssohn Bartholdy unterrichtete, und der Historiker Max Duncker (1811–1886), der sich später aktiv an der Revolution 1848 beteiligte und Mitglied der Frankfurter Nationalversammlung wurde. Daß Emma bei solchen Einflüssen – sie informierte sich bereits als junges Mädchen umfassend über Vorgeschichte und Verlauf der Französischen Revolution – selbst mehr als offen für freiheitliche Auffassungen war, ist kaum verwunderlich und spricht für ein liberales Klima in ihrem Elternhaus. Allerdings ließ Emma alle Tugenden eines jungen Mädchens ihrer Generation vermissen. Es war absolut nicht ihre Sache, sich wie ihre Altersgenossinnen mit »Stickerei und dem mitgebrachtem Kuchen zu stundenlangem Klatsch« niederzulassen,[5] und sie entsprach auch nicht den gängigen Erwartungen, nach denen gute Erziehung gleichgesetzt wurde mit Ahnungslosigkeit und Lebensfremdheit. Sie mischte sich ein, setzte sich mit den aktuellen politischen Ereignissen auseinander, beteiligte sich an den Diskussionen der

Emma Siegmund
Zeichnung von Friedericke Miethe (1842)

Männer. Von den meisten hielt sie sowieso nicht allzuviel. »Speichellecker« und »Beamtenseelen«, die zudem allesamt noch »niederträchtig« seien,[6] sind nur einige ihrer wenig schmeichelhaften Bemerkungen über die Männerwelt. So wenig Ehrfurcht und so viel Mißachtung herrschender Konventionen, wie sie sie ein Leben lang erkennen ließ, wurde noch im nachhinein bestraft: In kaum einem Nachschlagewerk ist Emma Herwegh ein gesonderter Artikel gewidmet, immer wird sie am Rande neben ihrem Mann eher zufällig erwähnt. Zwar sind seine Verdienste als Dichter und politischer Anführer während der revolutionären Bewegungen unbestritten, seine Frau hatte daran jedoch keinen geringen Anteil. Erst in Publikationen jüngeren Datums werden Emma Herwegh eigene Darstellungen eingeräumt.

Allerdings hat sie – besonders in den ersten Jahren ihrer Ehe – selbst auch einiges dazu getan, sich in den Schatten ihres Mannes zu stellen. Ihm gegenüber betonte sie ausdrücklich, wie glücklich sie z. B. sei, daß er sich ohne Eitelkeit, Übermut oder Stolz unermüdlich bewähre und daß sie ihm dabei helfen dürfe. In einem Brief schrieb sie ihm: »Ich fühle und weiß es, daß ich in keiner Weise Dich hemmen werde und darf; denn ich betrachte mich nur als ein kleines Erleichterungsmittel für Dich, Deine Zwecke schneller und sicherer auszuführen. Ich will für mich nichts. Nichts als die Gewißheit, Dir zu nutzen und durch Dich der Welt.«[7] Die Beharrlichkeit, mit der sie solche und ähnliche bis an die Grenze der Unterwürfigkeit gehenden Formulierungen stets wiederholte, lassen – trotz der großen Liebe, die aus den Briefen spricht – daran denken, daß die intellektuell ihrem Mann um einiges überlegenere Emma diesen Kunstgriff ganz bewußt angewandt hat, um den sensiblen Georg nicht zu verletzen, sich damit aber selbst den Freiraum zu schaffen, den sie brauchte. Aus einem Brief vom Oktober 1847, in dem sie von einem Reiseerlebnis berichtete, geht dies in Andeutungen hervor. Sie erzählt, wie sie sich einen Spaß daraus macht, einen konservativen Reisegenossen über ihre Identität im Unklaren zu lassen und eine politische Diskussion mit ihm beginnt. Sie betont ausdrücklich, daß sie sich zwar zurückgehalten, aber dabei doch bemerkt habe, daß sie imponiere. Georg möge aber nicht fürchten, daß sie eitel geworden sei, denn das verhindere ihre Liebe zu ihm, doch einmal »diesen Leuten die Wahrheit sagen, ihnen einmal zeigen, was auch ein Weib und *Dein* Weib kann, sie womöglich zur Begeisterung bringen, das wäre meine Lust, und sie als Besiegte Dir zuführen, mein übermütiges Vergnügen«.[8]

Was lag näher, als ein solches Verhalten öffentlich negativ zu interpretieren? In einer Rezension des Herweghschen Briefwechsels aus dem Jahre 1907 war über Emma zu lesen, daß sie »ein kluges, energisches, scharfsinniges, aber auch gern bis zur Extase [sic!] sich steigerndes weibliches Temperament« gehabt habe, daß sie darauf bedacht gewesen sei, »den geistig und seelisch schwächeren Mann zu heben und vorwärts zu treiben«, ihm damit aber »seine beste Kraft geraubt« habe, weil sie ihn »dank einer bis ins Überschwengliche schweifenden Phantasie auf einen Piedestal stellt, auf dem den Mann Schwindel befällt«.[9] Vorgeworfen wird ihr hier nicht nur ihre Bildung und Phantasie, sondern darüber hinaus ihr Bemühen, ihm zu helfen, um gesteckte Ziele zu erreichen. Hätte sich einer seiner zahlreichen Freunde in dieser Weise für ihn eingesetzt, so hätte das Urteil über einen solch edlen Förderer sicher anders gelautet.

Charlotte Gutike, der Braut Max Dunckers – Emilies Geschichtslehrer – hatten die Herweghs ihre erste Begegnung zu verdanken. Sie hatte Georg ein Empfehlungsschreiben an die Eltern gegeben, das ihm die Siegmundsche Tür öffnete. Am 6. November 1842 lernten sich Emma und Georg persönlich kennen. Es war die berühmte Liebe auf den ersten Blick, wobei gesagt werden muß, daß Emma die Gedichte des gleichaltrigen Georg bereits gelesen hatte und schätzte. Sie glaubte, seine Gefühle und Empfindungen genau zu kennen, mit ihm verband sie die Verachtung für die bestehenden überkommenen politischen und gesellschaftlichen Strukturen und die Hoffnung auf neue freiheitlich-liberale Formen. Es verwundert kaum, daß die entschlossene Emma bereits sieben Tage später, am 13. November, sich mit dem Dichter Georg Herwegh verlobte. Die fromme und wohl gut gemeinte Gratulation eines befreundeten Theologen, der Emma wünschte, daß »nun das Schwert in eine sanfte Zither verwandelt« würde,[10] war jedoch völlig fehl am Platze. Weniger leutselige Zeitgenossen äußerten sich hämisch – und dies wurde auch später noch kolportiert –, daß sie mit ihren immerhin schon 25 Jahren bereits auf dem Wege gewesen sei, eine alte Jungfer zu werden und sich deshalb so rasch zu dieser Verbindung entschlossen habe. Dies ist eine schlichte Bosheit, denn zum einen war dieses Heiratsalter damals sehr wohl üblich.[11] Zum anderen hatten sich hier unbestreitbar zwei seelenverwandte, wenngleich in vielen Zügen doch recht unterschiedliche Partner getroffen. Emma hatte eine weit differenziertere Bildung aufzuweisen, war es auch gewohnt, rasch und entschlossen zu handeln, dachte sehr viel praktischer und realistischer als der bisweilen verträumte Dichter-Ehemann. Heinrich Heine hat diesen Charakterzug in sein Gedicht »An Georg Herwegh« von 1841 eingeschrieben:

> Herwegh, du eiserne Lerche,
> Weil du so himmelhoch dich schwingst,
> Hast du die Erde aus dem Gesichte
> Verloren – Nur in deinem Gedichte
> Lebt jener Lenz, den du besingst.

So war Georg Friedrich Rudolf Theodor Herwegh zwar »eines der Häupter der zentraleuropäischen Demokratie«,[12] aber wohl kaum der Schwiegersohn, den man sich erträumte. Er sah gut aus, war »ein schöner, schlanker Mann, mit einem Kopfe wie ein Armenier«, besaß – so berichtet schwärmerisch Alfred von Meißner (1822–1885), einer der Dichter des »Jungen Böhmen« – das »Aussehen eines Prinzen von den Ufern des Oxus«,[13] aber er stammte aus einer gescheiterten Ehe, was damals noch ein großer Makel war. Nach nur einem Jahr Studium – das er nie wieder aufnahm – war er aus dem Tübinger Stift ausgewiesen worden, hatte sich dem Militärdienst entzogen und war wegen Beleidigung eines Offiziers im Arrest gelandet. Die Flucht in die Schweiz bewahrte ihn vor erneuter Strafe. Seine *Gedichte eines Lebendigen* hatten zwar 1841 einen enormen Erfolg, wurden in Preußen jedoch verboten. Zu seinem großen Freundeskreis zählten viele interessante Persönlichkeiten; auf seinen Reisen nach Paris und durch die deutschen Länder war er u. a. Karl Marx, Iwan Turgenjew und Michail Bakunin begegnet. Eine sichere finanzielle Grundlage konnte er jedoch nicht bieten. Dies alles war dem Paar jedoch nicht wichtig. Die Zukunft schien erst einmal durch Emmas reiche Mitgift gesichert – was übrigens ebenfalls Auslöser für zahlreiche boshafte Tuscheleien war –, und vorrangig allein war das nun gemeinsame Ziel, eine neue und gerechtere Ordnung anzustreben, wobei Georg nicht selten seine Ambitionen als Dichter in den Hintergrund gedrängt sah.

Eine Audienz Herweghs bei König Friedrich Wilhelm IV., die für beide Teile auf ganz verschiedene Weise wenig befriedigend verlief, und ein anschließender Brief Georgs an den König, mit dem er auf das Verbot seiner Zeitschrift *Der deutsche Bote aus der Schweiz* reagierte und unverblümt Recht und Gerechtigkeit forderte, hatten die sofortige Ausweisung aus dem Land zur Folge. Er war nun nicht mehr »nur ein berühmter Dichter«, sondern auch ein »berüchtigter Fall«.[14] Für Emma war es ganz klar, daß sie ihren Verlobten zumindest bis nach Leipzig, im Königreich Sachsen, begleitete. Noch Jahre später dachte sie an diesen kurzen gemeinsamen Aufenthalt. Am 17. Dezember 1847 schrieb sie Georg aus Leipzig: »Ich sitze in demselben Hotel und in demselben Zimmer, wo ich einst mit Dir so glücklich war.«[15]

Zürich lehnte das Aufenthaltsgesuch Georg Herweghs ab, so daß er sich gezwungen sah, in den Kanton Baselland überzusiedeln. Dort wurde er nach einigen Schwierigkeiten endlich geduldet,[16] und bevor sich neue Probleme auftürmten, heirateten Georg und Emma in einer recht überstürzten Aktion am 8. März 1843, noch ehe der Familie die Zeit blieb, zu dieser Hochzeit anzureisen.

Die Hochzeitsreise führte sie nach Südfrankreich und Italien. Im Herbst 1843 bezogen sie eine luxuriöse Wohnung in Paris, und ihr großzügiger Lebensstil lockte bald exklusive Gäste wie Victor Hugo, George Sand oder Franz Liszt und seine damalige Partnerin Gräfin d'Agoult, die Mutter Cosima Wagners, an.

Die Lebensführung der Herweghs entsprach keineswegs dem, was man gemeinhin von einem zum Kampfe entschlossenen Revolutionär erwartete. Er war durch die Heirat mit »einer vortrefflichen, mutigen Frau« reich geworden und residierte »höchst luxuriös in [...] der Rue du Cirque. Er [...] ruhte nun auf opulenten Sofas von grünem Samt [...]. Man wurde durch einen feingekleideten Diener angemeldet und traf den Dichter noch um die Mittagsstunde im seidenen Schlafrock«, erinnerte sich Alfred von Meißner.[17] Sehr viel kleinlicher noch klingt die Beschwerde Jakob Baechtolds. Er war der erste Biograph Gottfried Kellers und hatte dessen Abneigung, in die sich die vorhergehende schwärmerische Verehrung für Herwegh gewandelt hatte, aufgegriffen. Emil Ermatinger übernahm diese abwertende Haltung genüßlich in seine Ausgabe der Kellerschen Werke: »Immer widerlicher trat das Extravagante seines Wesens hervor. Der poetische Revolutionär gab sich äußerlich als Geck, der nur den auserlesensten leiblichen Genüssen nachging, bloß Champagner trank [...] und daneben mit Schuster- und Zimmermannsgesellen in Revolution machte.«[18] Allerdings bezichtigte ihn selbst sein wohlmeinender Freund Karl Marx der »Verschwendung« sowie des »unsittlichen Verkehrs mit der Gräfin d'Agoult, einer Courtisane Liszts, die ihrem Manne entlaufen war«.[19] Und der von Herwegh verehrte Heidelberger Philosoph Ludwig Feuerbach (1804–1872) berichtete seiner Mutter am 19. Mai 1844 von seiner Verärgerung über dessen Faulheit.[20] Was Dichtung und was Wahrheit an diesen Vorhaltungen ist, läßt sich kaum mehr auseinanderhalten. Das Verhältnis zwischen der Gräfin d'Agoult und Georg scheint tatsächlich bestanden zu haben, denn Frank Wedekind notierte am 14. Januar 1894 nach einem Gespräch mit Emma in seinem Tagebuch, daß sie ihm erzählt habe, daß »die d'Agoult ein Verhältnis mit Herwegh« hatte. »Als sie das Verhältnis in die Brüche gehen sah, schloß sie sich der Frau Herwegh an.«[21] Es war im übrigen nicht die einzige außereheliche Beziehung – nicht nur Georg nahm sich diese Freiheit, sondern später auch Emma, ohne daß die gegenseitige Achtung gelitten hätte. Skandalträchtig und öffentlich wurde Georgs Verhältnis mit Nathalie Herzen, der Frau von Alexander Herzen, der zum linksextremen Flügel des Sozialismus in Paris gehört hatte. Mit Nathalie wollte Herwegh eine neue Verbindung eingehen, d.h. er schlug einfach einen Partnertausch vor, was Emma dann allerdings doch zu weit ging und eine dreijährige Trennung der Herweghs nach sich zog.[22] Wedekinds Tagebuch weiß auch hierüber zu berichten:

> Nachdem Herwegh in der Schweiz drei Jahre lang die Schweine gehütet, bat er seine Frau, zu ihm zurückzukehren. Sie sagte sich damals, ich kann das nur, wenn ich gewiß bin, daß nie ein Vorwurf über meine Lippen kommt. Sie will diese Bedingung, die sie sich gestellt, erfüllt haben. [...] Dies ist eine Herzensgeschichte, die mir die Herwegh vor mehreren Wochen erzählt hat und von der sie sagt, daß eine Frau sich entweder damit abfinden oder das Maul halten müsse.[23]

Auf Emmas Wesensart wirft diese Haltung ein sehr bezeichnendes Licht: Sie war Pragmatikerin, die sich trotz Kränkung und Verärgerung rational mit den Gegebenheiten auseinandersetzte. Das war nicht nur in Krisenzeiten ihre Stärke.

Im Herbst 1847 begab sich Emma allein – Georg war der Aufenthalt in Preußen immer noch verboten – auf die Reise: über Berlin nach Polen; ihre Schwester Fanny begleitete sie. Seit ihrer Jugendzeit hegte Emilie große Sympathien für die polnischen Aufständischen, deren Anführer, von denen sie die meisten persönlich kannte, sich jetzt wegen Hochverrats vor Gericht verantworten mußten. Die Briefe, die sie von dieser Reise an Georg schrieb, spiegeln ihre Eindrücke wider, die teilweise deprimierend waren. Sie war enttäuscht von Deutschland, wo sich nichts geändert hatte, wo nach wie vor die »Philister« das Sagen hatten und die Liberalen sich »einschläfern« ließen: »Da ist auch nicht ein Funken heiliger Flamme, nicht ein Tropfen Blut, der nicht durchwässert wäre, nicht *eine* Persönlichkeit, deren bloße Erscheinung magnetisch auf die Menge wirken könnte. Philister, Egoisten, alte Weiber mit und ohne Hosen«.[24]

Karikatur von
Emma Herwegh

Schmerzlich empfand sie vor allem die Lethargie, mit der die Menschen ihrer Heimatstadt »das ganze Elend ihrer politischen und socialen Verhältnisse wie ein Verhängniß« hinnahmen, »nicht wie ein Übel, das zu bewältigen ist und mithin auch bewältigt werden muß«.[25] Selbst bei einer Frau wie ihrer Freundin Bettine von Arnim vermißte sie Objektivität, denn als diese nochmals auf die Audienz beim König und den Brief Georg Herweghs an ihn zu sprechen kam, erklärte sie Emma, daß der König »ehedem gewiß große Pläne« mit Georg im Sinn gehabt habe, die er selbst »durch den Brief zerstört« habe.[26] Emma gab sich dennoch verbindlich und nahm auch Bettines gefühlvolle Überschwenglichkeit – wie es scheint – nicht ganz ernst. Das enthüllt eine Bemerkung, in der es um die Herweghschen Kinder geht; den am 28. Dezember 1843 geborenen Horace sowie den am 19. Mai 1847 zur Welt gekommenen Camille hatte Emma auf die Reise mitgenommen: »Unsere Kinder haben Bettinen *sehr* gefallen, und die Ähnlichkeit mit Goethe und unserem Ältesten schien ihr frappant. Man muß bei ihr jedoch Wahrheit und Dichtung sondern.«[27]

Über die Berliner Gesellschaft, in der sie fremd geworden war, aber durch ihr Auftreten ungeheuer viel Aufsehen erregte, mokierte sie sich u.a. deshalb, weil sie als »intimste Freundin« der George Sand galt, nach deren Beispiel sie in Paris ebenfalls in »Männertracht« durch die Straßen gehe, Zigarren rauche und »folglich ein emanzipiertes Frauenzimmer« sei.[28]

Obwohl sie diesen Begriff für sich ablehnte und nicht müde wurde zu beteuern, daß sie lediglich »die unberühmte Frau eines berühmten Mannes« sei,[29] mischte sie sich ganz selbstverständlich, – nach Paris zurückgekehrt – wieder in die Diskussionen und Gespräche über Politik ein. Als Herwegh im März 1848 zum Präsidenten der »Deutschen demokratischen Gesellschaft« gewählt wurde, machte sie sich keinerlei Illusionen über diese Position: »Kommt es zu einer gemeinsamen That und mißglückt diese, so fällt immer die Verantwortlichkeit auf den Führer [...], und ist das Resultat befriedigend, so hat er die üble Laune all derer zu ertragen, deren Eitelkeit dabei nicht ihre volle Rechnung gefunden.«[30]

In ihrer Schrift *Zur Geschichte der deutschen demokratischen Legion aus Paris. Von einer Hochverräterin,* die sie nach den revolutionären Ereignissen in Frankreich und Südbaden verfaßte, wird ihr Anteil, den sie an den badischen Revolution von 1848 hatte, deutlich. Im

Vorwort erklärte sie unmißverständlich, daß sie keinesfalls »die Zahl der schriftstellernden Frauen [...] irgendwie, selbst auch nur vorübergehend vermehren« wolle. Daran hindere sie der »Mangel an Beruf, an Neigung« und vor allem »ein gutes, liebendes Geschick«.[31] Auch hier findet man also wieder einmal mehr die Beteuerung, dem Dichter-Beruf ihres Mannes in keiner Weise Konkurrenz machen zu wollen. Zum anderen ist es aber auch durchaus möglich, daß sie sich mit dieser Bemerkung nicht mit Marie d'Agoult verglichen wissen wollte, die unter dem Namen Daniel Stern schrieb und ebenfalls eine Darstellung der Revolution von 1848 projektierte und auch vollendete.

Emma Herwegh begann ihre Darstellung mit dem Bericht von der Proklamation ihres Mannes zum Präsidenten der »Deutschen Demokratischen Gesellschaft« Anfang März 1848 und schloß dessen Rede »An das französische Volk« daran an. Es folgen ihre Auffassungen über die aktuelle politische und soziale Situation in Deutschland und Frankreich, wobei die deutschen Landsleute deutlich schlechter abschneiden:

> Ja, wäre nicht jeder Deutsche mit seltenen Ausnahmen nach einer Seite hin wenigstens Pfaffe, so wäre die Einheit Deutschlands längst nicht mehr als ein Problem, das zu lösen, man schon seit Jahrhunderten vergeblich bemüht gewesen [...]; und wäre in unserem lieben Vaterlande nicht jeder seine eigene Republik, und mithin der natürliche Feind seines Nachbars [...], so wäre die große deutsche Republik längst zu Stande gekommen; aber dieses musikalische Volk [...] begreift bis jetzt nur die Einheit in der Eintönigkeit.[32]

Die Forderungen Herweghs und seiner Anhänger waren unmißverständlich: umgehende Abschaffung der Monarchie in ganz Deutschland, Freiheit, Gleichheit, Bruderliebe. Ganz entschieden wehrten sich die Republikaner gegen das Etikett »Freischärler«, denn sie seien »ein wohlgerüstetes Hilfskorps im Dienste des *deutschen* Volkes«, »eine Armee der Freiheit«.[33]

Der entschlossenen Rede Georg Herweghs »An unsere deutschen Mitkämpfer aus Frankreich und der Schweiz und an das deutsche

Volk«, die er am 15. April 1848 in Straßburg gehalten hatte, ließ Emma nun den eigentlichen Bericht von den Vorgängen um die 1848er Revolution aus ihrer Sicht folgen. Sie und Georg trafen die Revolutionäre, die in der Hauptsache Handwerker und Studenten waren, in Straßburg, von wo aus Emma allein nach Mannheim aufbrach, um Kontakt mit Hecker, dem Anführer der badischen Republikaner, aufzunehmen, denn Georg war der Grenzübertritt von der badischen Regierung verboten worden. Doch Hecker war bereits unterwegs nach Konstanz, und so wurde in Straßburg beschlossen, daß Emma ihn dort aufsuchen sollte. In Engen schließlich fand sie »die ganze Heeresmacht noch beisammen«, 600 Mann und »die Kavallerie nicht zu vergessen, welche aus einem Pferd und mehreren Reitern bestand«.[34] Doch Hecker interessierte sich nur wenig für Emma Herwegh und ihre Mission. Ihre Mitteilung, daß Herwegh mit seiner deutschen Legion in Straßburg jeden Augenblick darauf warte, sich mit den Truppen diesseits des Rheins zu vereinen, entlockte ihm nur eine ausweichende Antwort. Emma kehrte ohne definitive Angaben nach Straßburg zurück, wo die gesamte Revolutionärsschar ungeduldig auf ihren Einsatz wartete. In diesen Tagen des Wartens starb am 14. April der in Berlin zurückgelassene zweite Sohn, Camille. Merkwürdigerweise kommt Emma in ihrem ganzen Bericht – nicht einmal im nachhinein – auch nur mit einer Silbe auf diesen Schicksalsschlag zu sprechen, ganz zu schweigen davon, daß sie auch nur den Gedanken erwog, nach Berlin zu fahren. Sie ordnete offensichtlich ihr privates Leben den politischen Zielen unter.

Die Zeit in Straßburg wurde lang, doch als ein Offizier schließlich aufgeregt von einem angeblichen Hilferuf Heckers Bericht erstattete, war man mit Recht mißtrauisch. Das Comité, dem offensichtlich auch Emma angehörte, beschloß auf ihren Vorschlag hin, daß sie erneut allein hinüber nach Baden fuhr, um die Lage zu erkunden.

Bereits auf halbem Weg hörte Emma, daß es sich tatsächlich um eine Falle gehandelt haben mußte, denn Hecker war bereits in

Freiburg. Dort angekommen konnte sie der Versuchung nicht widerstehen, ihre Freundin Henriette Feuerbach, die ihr »sehr, sehr lieb« war,[35] zu besuchen. Diese erhielt deshalb eine Vorladung und verbrachte zwölf Stunden im Arrest. Nachdem Emma Herwegh auch in Freiburg erfolglos nach Hecker gesucht hatte, schlug sie sich »zu Esel, zu Fuß, zu Pferd, kurz auf alle mögliche Art«[36] durch nach Müllheim, um dort zu erfahren, daß sich Hecker in Kandern oder Lörrach aufhielt. In Steinen traf sie ihn schließlich in großer Panik an, da er sich von allen Seiten eingekesselt glaubte. Nur mit Mühe gelang es ihr wieder, einige Worte mit ihm zu wechseln, ihm zu sagen, daß Herwegh mit seiner Mannschaft nur darauf warte, sich ihm anzuschließen. Die Antwort Heckers ließ keine große Begeisterung erkennen: »Sagen Sie Herwegh, rufen könne ich ihn nicht, aber wenn er kommen wolle, und recht bald und in recht großer Anzahl, soll mir's lieb sein«.[37] Emma war enttäuscht und verärgert. Sie hatte geglaubt, daß Hecker nicht nur eine badische Revolution wolle, sondern eine Republik für ganz Deutschland, denn hierfür hatten die Männer, die jenseits des Rheins warteten, den langen Weg von Paris auf sich genommen, um gemeinsam für dieses Ziel zu kämpfen. Gustav Struve hatte 1849 in seiner *Geschichte der drei Volkserhebungen in Baden* die Antwort Heckers auf Emma Herweghs Drängen anders wiedergegeben: Es sei immer dessen Wunsch gewesen, »die Erhebung des deutschen Volkes von innen heraus zu bewerkstelligen, und erst wenn Resultate erzielt worden seien«, würde er »den Anschluß der in Frankreich zusammengetretenen deutschen Mitbürger an das Revolutionsheer in Anspruch nehmen«.[38] In Wahrheit allerdings habe Hecker zweifellos der »von der Reaktion ausgestreuten lügenhaften Gerüchte« zuviel Gewicht beigemessen, denen zufolge die Pariser deutsche Legion aus »Raubgesindel und Abentheuerern der schlimmsten Art« bestanden habe. Theodor Mögling versuchte Emma gegenüber Heckers Zögern damit zu rechtfertigen, daß dieser wohl gehofft habe, das badische Militär auf seine Seite ziehen zu können, damit ganz Süddeutschland dies als Zeichen nehme und sich den revolutionären Zielen anschließe. Doch Emma war viel zu sehr von der Notwendigkeit eines französisch-deutschen Zusammenschlusses überzeugt, als daß sie klein beigegeben hätte. Ihrem Bericht zufolge war es Mögling, der mit »zweien seiner Kollegen« entschied, daß man sich bei Bansenheim treffen sollte, um gemeinsam nach Freiburg zu marschieren. Als Emma diese Nachricht übermittelte, wird »sie mit Jubel aufgenommen«, und am 22. April 1848 zog eine Gruppe von ungefähr 800 Mann los, die auf dem Weg bis zur Rheinüberquerung sich auf 650 reduzierte. Die Bewaffnung war nicht einmal dürftig, man hoffte, auf deutscher Seite, wenn man sich in Todtnau mit den von Oberst Sigel angeführten 3000 Mann vereinigte, diesen Mangel beheben zu können. Der Weg dorthin erwies sich als beschwerlich, von den Bauern war kaum Hilfe zu erwarten. Von Begeisterung sei – so Emmas empörter Bericht – damals bei ihnen keine Rede gewesen. Sie hätten die Republik angenommen, »wenn man sie ihnen ins Haus gebracht, und gern, sobald sie dabei ihren Vorteil, eine Erleichterung der Abgaben gefunden hätten. Etwas dafür zu wagen – fiel ihnen selbst im Traume nicht ein«.[39] Emma bedachte bei ihrer harschen Kritik nicht, daß die Furcht vor den Franzosen seit den Kriegen von 1792 bis 1815 bei der Bevölkerung noch immer tief saß.

Die Nachricht, daß Heckers Schar bei Kandern bereits geschlagen worden war und sich auf der Flucht in die Schweiz befand, schien nur noch die Möglichkeit offenzulassen, sich mit Struves Korps zu verbinden. Doch auch dieses Ziel schien nicht durchführbar. Nach anstrengenden und abenteuerlichen Märschen über die zum Teil noch verschneiten Berge, immer in der Furcht, von feindlichen Truppen angegriffen zu werden, erfuhren sie, daß auch Struve mit seinen Leuten, ohne auf die französische Unterstützung zu warten, nach Freiburg losgezogen war. Dort hatte er ebenfalls eine Niederlage erlitten, bei der fast die gesamten Anhänger der Revolution den Tod gefunden hatten, verletzt oder gefangen worden waren; der traurige Rest versuchte, sich in die Schweiz zu retten.

Die Waffen, auf die man so sehr gehofft hatte, waren in die Hände der badischen, hessischen, württembergischen oder nassauischen Truppen gefallen. Herwegh als dem politischen, nicht militärischen, Führer blieb nichts anderes übrig, als für einen raschen und »ehrenvollen Rückzug in die Schweiz« zu plädieren.[40] Dieser Vorschlag stieß bei einigen der Offiziere, die das Kommando hatten, auf wenig Gegenliebe. Sie waren »von der ausschließlichen Wichtigkeit ihrer Mission durchdrungen« und wollten »die ganze Sache zu einer rein militärischen« machen.[41] Es wurde heftigst und ausführlich debattiert, und schließlich ging es nur noch darum, die Männer, die von den Anstrengungen todmüde waren, dazu zu bewegen, sich so schnell wie möglich in die sichere Schweiz zu flüchten. Während das Comité endlos weiter debattierte, ging Emma kurz entschlossen zu den Leuten und machte ihnen unmißverständlich den Ernst der Lage klar, und es war »auch kein Einziger, der mir nicht geantwortet hätte: Wir gehen und gleich, wenn's sein muß.«[42] Der Vorwurf, diese Zustimmung sei ein reiner »Akt der Galanterie« gewesen, weil keiner einer mutigen Frau nachstehen wollte, erschütterte sie wenig angesichts dessen, daß dadurch Leben gerettet werden konnten. Der Rückweg gestaltete sich weit anstrengender als sie es sich alle vorgestellt hatten. Sie wurden verraten, mußten riesige Umwege in Kauf nehmen, sich gegen ein württembergisches Regiment verteidigen. Wie ungleich dieser Kampf war, beweist die Anzahl der Waffen auf Seiten des Freikorps: Circa 650 Mann besaßen je vier Patronen und insgesamt 250 Gewehre, von denen nur die Hälfte überhaupt brauchbar war; der Rest behalf sich mit Sensen, Säbeln oder Pistolen. Emma war während dieses Kampfes gemeinsam mit ihrem Mann damit beschäftigt, den Kämpfenden den kläglichen Rest an Pulver und Patronen zukommen zu lassen. Obwohl es unglaublich klingt: Die Revolutionäre konnten sich behaupten und hatten weit weniger Opfer zu beklagen als die Württemberger.

Die nächste böse Überraschung aber ließ nicht auf sich warten: Herweghs erfuhren, daß 4000 Gulden auf ihren Kopf ausgesetzt

waren. Zunächst flohen sie noch unter dem Schutz von 35 Getreu-
en, danach allein. Ein Bauer versteckte sie unter Lebensgefahr in
seinem Haus, und durch seine Hilfe und der seiner Familie gelang
es ihnen – gehüllt in alte Bauernkleider – zu entkommen. Mit
Genugtuung hielt Emma in ihrem Bericht fest, wie wütend die
württembergischen Soldaten gewesen sein müssen, als sie einige
Tage später feststellten, daß sie in unmittelbarer Nähe der Ge-
suchten gewesen waren und daß ihnen »der kostbare Fang (denn
4000 fl. sind für einen schwäbischen Soldaten eine Welt) so un-
wiederbringlich entgangen war«.[43]

Ihren Bericht, zu dem keiner »befähigter« gewesen sei als sie selbst,
da sie ihren Mann »von Anfang bis zum Schluß der Expedition
keinen Augenblick aus den Augen verloren« habe und »Zeuge
jedes Wortes gewesen« sei, »das er gesprochen habe«,[44] beendet
Emma Herwegh, indem sie den Grund für sein Entstehen nennt:
Ihr ging es darum, die öffentlichen Meinungen über die Hand-
lungsweisen ihres Mannes richtig zu stellen, Verleumdungen den
Boden zu entziehen. Die erlittene Niederlage bei Dossenbach
sei vor allem auf Verrat zurückzuführen. Herwegh selbst habe
wenig Einfluß auf den Lauf der Dinge gehabt, weil er kein mili-
tärisches Kommando gehabt habe, und die »ungeschicktesten«
militärischen Führer hätten ihn »während der ganzen Expedition
nur als glänzendes Aushängeschild« benutzt.[45] Die sogenannte
»Spritzlederlegende« schließlich, nach der Herwegh sich feige unter der Abdeckung ihres Wagens versteckt haben sollte, die seinen
Ruf nachhaltig beeinträchtigt hatte, entlarvte sie als pure boshafte
Erfindung. Mit der Parole »Vive la République démocratique et
sociale« schließt Emma Herwegh.

Bedenkt man, welch heterogene Mischung von Charakteren, Ein-
stellungen und Auffassungen diese revolutionäre Bewegung kenn-
zeichnete, so ist es schon erklärlich, daß unterschiedlichste Darstellungen entstanden. Jugendliche Begeisterung und freiheitliche
Ideale waren ebenso zu finden wie verblendete und nach Macht
strebende Demagogie.

Der neue Winkelried.

Karikatur der sogenannten »Spritzleder-Legende«. Georg Herwegh soll sich auf dem Rückzug angeblich unter dem Spritzleder des von Emma gelenkten Wagens versteckt haben.

Über den Verlauf der Revolution existiert ein weiterer ausführlicher Bericht aus der Feder einer Frau, nämlich von Amalie Struve (1824–1862). Sie hatte vor ihrer Ehe als Sprachlehrerin gearbeitet und büßte ihre Teilnahme am Aufstand vom September 1848 mit einer Haftstrafe vom September 1848 bis April 1849 in Freiburg. Im gleichen Jahr verließen sie und ihr Mann Gustav Struve Baden und gingen über die Schweiz in die USA, wo Amalie sich als Schriftstellerin versuchte. Georg Herweghs Beschreibung von ihr, die er 1849 in einem Brief an Emma gab, war nicht sehr schmeichelhaft. Sie habe einen »elegisch evangelischen Ton«, betrachte Menschen und Dinge auf sehr »puritanische Weise« und ihre Erscheinung strahle etwas »Lebloses, Unreales« aus.[46]
Die *Erinnerungen aus den badischen Freiheitskämpfen*[47] widmete Amalie Struve »Den deutschen Frauen«. Diese Erinnerungen unterscheiden sich in vielem von denen Emma Herweghs, da sie sowohl sehr persönliche Anmerkungen an die Zeit vor der Revolution enthalten wie auch die Berichte von den beiden folgenden

Aufständen in Baden sowie der Zeit danach. Anders als die unpersönliche Form des Nachnamens, die Emma gebrauchte, wenn sie von ihrem Mann sprach, nannte Amalie ihren Gustav meist mit dem Vornamen und setzte auch noch das besitzanzeigende »mein« davor. Sie stellte sehr selbstbewußt ihren Anteil an den revolutionären Ereignissen heraus: »So kann ich wohl mit Fug und Recht behaupten, daß die Kämpfe meines Gatten auch die meinigen waren«,[48] und – ganz anders als Emma – pochte sie auf ihre selbst errungene Selbständigkeit bereits vor der Heirat. Sie besaß sicherlich nicht jene universale Bildung, wie Emma Herwegh sie aufweisen konnte. Aber ihr war klar – und sie kommt auch immer wieder darauf zu sprechen –, daß sie gegen die »unwürdige Stellung« des »weiblichen Geschlechts gegenüber dem männlichen« anzukämpfen gedachte.[49]

Die Ereignisse vom April 1848 nehmen bei ihr auch sehr viel weniger Raum ein als bei Emma Herwegh, von deren Besuch am 18. April sie berichtet. Sie habe sich dabei bitter darüber beklagt, daß »die wackere Schaar thatenlos jenseits des Rheines gehalten, statt daß dieselbe von den Republikanern diesseits des Rheines aufgefordert würde, an dem deutschen Freiheitskampfe Theil zu nehmen«.[50] Worin sie mit Emma übereinstimmte, war die Klage über die mangelnde Ausrüstung an Waffen und Munition, nicht aber in der Einschätzung des französischen Einflusses, denn »der republikanische Geist, der Sinn für Freiheit, Gleichheit und Brüderlichkeit« sei noch nicht tief genug eingedrungen. Davon hätten sie und ihr Mann sich während ihres Aufenthaltes in Paris überzeugen können. Sie schränkte allerdings ein, daß sie die Pariser Bevölkerung möglicherweise nicht gut genug kenne, um deren »Bewegungen richtig würdigen zu können«.[51]

Amalie Struve war keine Kämpferin, die allein auf ihren Mann fixiert war wie Emma. Eines ihrer Ziele war es, auch die Frauen für die Revolution zu interessieren und zu mobilisieren. Während der September-Revolution hatte sie beispielsweise »Frauen und Jungfrauen« um sich versammelt, welche sie für »die Sache der

Freiheit zu begeistern suchte«. Sie besprach mit ihnen ihren Plan, daß sie dem »Freiheitsheere folgen« sollten, um »ermuthigend und begeisternd auf dasselbe einzuwirken«, aber ebenso – und hier verfiel Amalie wieder in alte Verhaltensmuster – »unter der Leitung der Aerzte sich der Pflege der Verwundeten« widmen sollten.[52]

Beide Frauen, Emma Herwegh und Amalie Struve, bewegten sich vor und während der Revolution in einer Männer-Gesellschaft, wie sie typischer nicht sein konnte. Die Meinungen, die ihre männlichen Mitstreiter von ihnen hatten, bewegten sich zwischen den Polen vorsichtiger Bewunderung und entschiedener Ablehnung als »Flintenweiber«, die in Kampfsituationen nichts zu suchen haben. Gemeinsam war ihnen auch, daß sie sich recht gut über männliche Vorurteile hinwegsetzen konnten.

In den Augen der Politikerin der Arbeiterbewegung und Funktionärin der internationalen sozialistischen Frauenbewegung Clara Zetkin (1857–1933) konnte keine der an der 1848er Revolution beteiligten Frauen als eigenständige Vorkämpferin für die Freiheit bestehen: weder Emma Herwegh noch Amalie Struve oder Mathilde Franziska Anneke (1817–1884), die 1849 an der Seite ihres Mannes an den Kämpfen um Ubstadt und Rastatt beteiligt war und sich später in den USA in der Frauenrechtsbewegung engagierte. Alle drei hatten sich nach Zetkins Meinung eher aus Liebe in das revolutionäre Abenteuer gewagt, denn aus echter Anteilnahme.[53]

Ein Brief Emma Herweghs an Georg vom 11. August 1849 scheint diese Auffassung zu bestätigen. Nicht ohne Spott berichtete sie von einer Begegnung mit Johannes Ronge (1813–1887), der »eine Hochschule für Frauen zu deren Emanzipation« errichten wollte. Nach dem Zweck solcher Einrichtungen befragt, erklärte der überzeugte Katholik, daß die »sociale und religiöse Frage durch solche Vereine praktisch verschmolzen ins Leben treten« sollten, daß Frauen »durch höhere Erziehung« gleiche Chancen erhalten sollten. Emma kommentierte die recht einseitige Intention Ronges wenig respektvoll: Sollten demnach künftig »alle Köchinnen Courtisanen werden, und alle Courtisanen kochen können?« Sie glaubte nicht an den Erfolg solcher Bemühungen und hielt sie für wenig zukunftsträchtig, denn »der einzige Hebel zur Emanzipation der Frau« sei die Liebe.[54] Obwohl auch hier wieder durchscheint, wie sehr Emma auf Georg fixiert war, sollte man doch bedenken, daß sie solch undifferenzierte Vorstellungen, wie sie Ronge vorschwebten, überhaupt nicht ernst nehmen konnte, denn ein Bildungssystem, das alle Frauen gleich behandelt und gleich ausbilden will, ist nicht nur utopisch, sondern in Wahrheit auch wenig frauenfreundlich.

Die einstigen Kampfgenossen um Freiheit und Gleichheit waren sich bereits im Jahr nach der gescheiterten Revolution recht fremd. Nach einer Begegnung mit Gustav Struve bekannte Georg Herwegh, daß ihm »im Kreis dieser deutschen Republikaner [...] immer etwas zu Mut [sei], wie in einer deutschen Kirche und in ihrer Nähe fühle ich mich unterdrückt. Auch ihre Republik ist am Ende nur ein neuer politischer Glaubensstall, in den sie uns hineintreiben wollen.«[55] Zwei Tage zuvor hatte Herwegh unmittelbar nach seiner Ankunft in Genf mit Entsetzen festgestellt, »daß Struve und eine Menge deutscher Flüchtlinge sich hier eingefunden haben und noch einzufinden drohen. Wir denken schon an alle möglichen Barrikaden, um sie uns vom Leibe zu halten.«[56] Die Solidarität zwischen den Revolutionären war also nichts als schöner Schein gewesen.

Im Februar 1849 wurde in Paris die Tochter Ada geboren, im Juli des gleichen Jahres mußte Georg Paris verlassen. Er ging nach Genf, wo sich die bereits erwähnte unselige Affäre mit Nathalie Herzen zu entwickeln begann; später trieb es ihn weiter nach Zürich. Von August bis Anfang Dezember des Jahres 1851 lebten die beiden Familien Herwegh und Herzen zunächst noch gemeinsam unter einem Dach in Nizza. Der frühere Reichtum aber war längst geschwunden, Emma mußte sich von Alexander Herzen sogar Geld leihen.

Nach Bekanntwerden des Verhältnisses zwischen Georg, dem Gottfried Keller übrigens recht boshaft das Empfinden »wahrer Leidenschaft« glatt absprach,[57] und Herzens Frau Nathalie blieb Emma bis zum Sommer 1851 in Genua und kehrte dann mit den Kindern nach Nizza zurück. Hier begegnete sie dem italienischen Kämpfer Felice Orsini, der Emma erfolglos bestürmte, Georg zu verlassen und ihn zu heiraten. Malwida von Meysenbug, die spätere Erzieherin der Töchter von Alexander Herzen, beschrieb Orsini schwärmerisch als das »Bild eines Condottiere des Mittelalters, wie ihn sich die Phantasie nicht besser träumen konnte. [...] er war schön [...], der echte Römer mit der scharf gebogenen Nase, den fest geschlossenen Lippen, den dunklen blitzenden Augen und der hohen Stirn«.[58]

Frank Wedekind gegenüber hat sich Emma später sowohl über diese Affäre wie auch über die von Georg mit Nathalie Herzen freimütig geäußert. Obwohl Georg ihr schrieb, sie sei frei, da er alle Rechte an ihr verloren habe, kehrte sie Mitte Mai 1853 zu ihm zurück. Von ihrem Zürcher Heim aus erhielt Emma eine freundschaftliche Verbindung mit Orsini aufrecht, begann sogar Geld zu sammeln, als er in Mantua verhaftet wurde und im Gefängnis landete. Die jedem Abenteuerroman Ehre machende Episode, wie sie – verborgen in einem Buch – ihm Sägeblätter schickte, mit deren Hilfe er geduldig die Gitterstäbe seines Fensters durchsägte und ihm so die Flucht gelang, ereignete sich im März 1856. Vergessen konnte Emma diese Beziehung zu dem zwei Jahre später wegen seines Attentats auf Napoleon III. hingerichteten Orsini nie. Alle seine Briefe bewahrte sie bis an ihr Lebensende auf.

Am 18. Mai 1858 wurde in Zürich der Sohn Marcel geboren, dessen Taufpatin Liszts Tochter Cosima wurde, die spätere zweite Frau Richard Wagners. Nach wie vor führte man zwar einen großen Haushalt, der Treffpunkt für viele war, doch die frühere Sorglosigkeit in Gelddingen war geschwunden. Von Emmas Vermögen war nichts mehr übrig. Georg Herwegh versuchte, mit

journalistischen Beiträgen Geld zu verdienen, Emma mit Übersetzungen, außerdem schrieb sie unzählige Briefe an Freunde, in
denen sie unverblümt um Geld bat. Die Gesundheit Herweghs
hatte inzwischen ebenfalls gelitten, und so erhofften sich beide
endlich einen Ruhepol, als ihm eine Professur für vergleichende
Literaturwissenschaft an der neuen Hochschule in Neapel in Aussicht gestellt wurde. Doch die politischen Verhältnisse in Italien
veränderten sich, und Herwegh erhielt eine Absage, die ihn endgültig davon überzeugte, »nicht dazu geboren« zu sein, eine Anstellung zu haben.[59] Diese Auffassung schien noch dadurch bestätigt zu werden, daß auch der Vorschlag, Herwegh eine Professur
für Kunstgeschichte am Zürcher Polytechnikum anzubieten, der
in einer Zeitschrift geäußert wurde, nicht beachtet wurde. Dabei hätten die Herweghs regelmäßige Einnahmen gut brauchen
können, denn die Schulden waren inzwischen so angewachsen,
daß sich Emma gezwungen sah, den Haushalt in Zürich mitsamt
dem Mobiliar und großen Teilen der Bibliothek versteigern zu
lassen. Georg war schon im Frühsommer 1866 nach Lichtental bei
Baden-Baden übergesiedelt, da er durch eine inzwischen ergan-
gene Amnestie in Deutschland nichts mehr zu befürchten hatte.
Aufgrund von Emmas Bettelbriefen erhielt ihr Mann 1868 nicht
wie erhofft eine Pension auf Lebenszeit, sondern nur eine einmalige Zuwendung von 250 Reichstalern von der Schillerstiftung, was
seine Frau außerordentlich verbitterte, da der Dichter Ferdinand
Freiligrath nach seiner Amnestie ein Ehrengeschenk von 60 000
Talern in Empfang nehmen konnte.
Den deutsch-französischen Krieg von 1870/71 verurteilten die
Herweghs, zu sehr waren sie sowohl mit Frankreich als auch mit
Deutschland verbunden, als daß sie den deutschen Haß auf alles,
was französisch war, nachvollziehen konnten. Das Paar lebte nun
eher zurückgezogen in Baden-Baden, wo Georg Herwegh erst
58 Jahre alt am 7. April 1875, vermutlich an einer Lungenentzündung, starb. Begraben wollte er in Deutschland nicht werden,
seine letzte Ruhestätte sollte in der Schweiz liegen. So fand die

Beisetzung am 15. April in Liestal im Kanton Basel-Land statt. Zwei Jahre später veröffentlichte Ludwig Pfau im Auftrag von Emma Herwegh den Band *Neue Gedichte von Georg Herwegh* in der Schweiz. Sie selbst schrieb nur noch wenig, es sei denn, es ging um Richtigstellungen und Entgegnungen auf Darstellungen, die das Leben ihres verstorbenen Mann betrafen.

Emma Herwegh verbrachte ihr Alter in Paris, wo sie im Quartier Latin eine »Studentenbude« bezog.[60] Den Schriftsteller Frank Wedekind hatte sie hier im Frühjahr 1893 kennengelernt und war seine Vertraute geworden. Gemeinsam mit ihm und der englischen Schriftstellerin Louisa Read korrigierte sie den vierten Akt der Urfassung *Die Büchse der Pandora,* den Wedekind in französischer Sprache geschrieben hatte und den sie – wie er in seinem Tagebuch festhielt – »fürchterlich« fand.[61]

Mit der gleichen vorbehaltlosen Liebe, die sie einst ihrem Mann entgegengebracht hatte, hing sie nun an ihrem Sohn Marcel, der als mittelmäßiger Violinist von seiner Sendung als großer Musiker überzeugt war. Entsprechend arrogant und selbstbewußt trat er auf – selbst gegenüber seiner Mutter, die ihm alles nachsah. Wedekind mochte ihn nicht, fühlte sich von ihm sogar abgestoßen, da er seine Mutter »unter aller Kanone« behandelte. Als im *Figaro* ein Artikel über Emma Herwegh und Orsini erscheinen sollte, war sie einerseits stolz, fürchtete andererseits aber den »fürchterlichen Krakeel«[62] ihres Sohnes. Trotz aller Unverfrorenheit des Sohnes ihr gegenüber, verteidigte ihn Emma mit Vehemenz, versuchte abzuwiegeln: »Er meine es nicht böse [...], er habe es von seinem Vater, sein Vater sein ebenso gewesen.«[63] Die Erfolglosigkeit Marcels mochte sie nicht zur Kenntnis nehmen, wie eine Episode beweist, die Wedekind in Erinnerung an ein Konzert aufgezeichnet hat, bei dem nur fünf oder zehn Eintrittskarten tatsächlich verkauft worden waren, während das übrige »unelegante« Publikum den Saal mindestens zur Hälfte füllte. Marcel spielte wie immer »empfindungslos«, und bevor er seinen zweiten Auftritt hatte, wurde Wedekind von Emma bestürmt, »doch ein wenig aus sich herauszugehen« und zu applaudieren. »Ich gehe also aus mir heraus, indem ich den Ekel überwinde, den mir sein Anblick verursacht«, schrieb Wedekind am 15. Januar 1894 in sein Tagebuch.

Emma Herwegh starb am 24. März 1904 mit 87 Jahren nach einem Schlaganfall. Beigesetzt wurde sie an der Seite ihres Mannes in Liestal. Zuvor hatte Marcel Herwegh noch die *Briefe von und an Georg Herwegh* 1896 im Verlag Albert Langen herausgegeben. Zur Veröffentlichung weiterer Dokumente aus dem Nachlaß, die – wie in der *Neuen Revue* von 1908 angekündigt[64] – konnte er sich offenbar nicht mehr entschließen.

Anmerkungen

1 Theodor Mögling an Emma Herwegh, in: Briefe von und an Georg Herwegh 1848, hg. von Marcel Herwegh, München 1896, S. 254.

2 Zit. nach Paul Rilla (Hg.): Über Gottfried Keller. Sein Leben in Selbstzeugnissen und Zeugnissen von Zeitgenossen, Zürich 1978, S. 106.

3 Briefe von und an Georg Herwegh 1848, a. a. O., S. 43.

4 Henriette Feuerbach. Ihr Leben in ihren Briefen, hg. von Hermann Uhde-Bernays, Berlin 1912, S. 101.

5 Lilly Braun: Memoiren einer Sozialistin, München 1909, Bd. 1, S. 498.

6 Zit. nach Michail Krausnick: Die eiserne Lerche. Die Lebensgeschichte des Georg Herwegh, Weinheim/Basel 1993, S. 54.

7 Zit. nach Adolf Trampe: Georg Herwegh. Sein Leben und sein Schaffen, Leipzig 1910, S. 26.

8 Briefe von und an Georg Herwegh 1848, a. a. O., S. 43.

9 Zit. nach Adolf Trampe, a. a. O., S. 25.

10 Michail Krausnick, a. a. O., S. 68.

11 Vgl. Heidi Rosenbaum: Formen der Familie, Frankfurt a. M. 1982.

12 Alfred Meißner: Ich traf auch Heine in Paris. Unter Künstlern und Revolutionären in den Metropolen Europas, Berlin 1973, S. 237.

13 Ebd.

14 Fritz J. Raddatz: Taubenherz und Geierschnabel. Heinrich Heine. Eine Biographie, Weinheim/Berlin ²1997, S. 232.

15 Briefe von und an Georg Herwegh 1848, a. a. O., S. 76.

16 Vgl. hierzu Martin Leuenberger: Einbürgerungen III. Georg Herwegh: »Allein Petent täuschte sich sehr«, in: Ders.: Frei und gleich ... und fremd. Flüchtlinge im Baselbiet zwischen 1830 und 1880, Liestal 1996, S. 105–114.

17 Alfred Meißner, a. a. O., S. 238.

18 Gottfried Kellers Leben, Briefe und Tagebücher. Auf Grund der Biographie Jakob Baechtolds dargestellt und hg. von Emil Ermatinger, Stuttgart/Berlin 1915, Bd. 1, S. 123.

19 Adolf Trampe, a. a. O., S. 35.

20 Ebd., S. 36.

21 Frank Wedekind: Die Tagebücher. Ein erotisches Leben, hg. von Gerhard Hay, München 1990, S. 293 f.

22 Vgl. ebd., S. 288–292.

23 Ebd., S. 291.

24 Briefe von und an Georg Herwegh 1848, a. a. O., S. 33 f.

25 Ebd., S. 77.

26 Ebd., S. 74.

27 Ebd., S. 75.

28 Ebd., S. 80.

29 Ebd., S. 58.

30 Emma Herwegh: Zur Geschichte der deutschen demokratischen Legion aus Paris. Von einer Hochverräterin, Grünberg 1849, in: Briefe, a. a. O., S. 145.

31 Ebd., S. 130.

32 Ebd., S. 139.

33 Ebd., S. 154 f.

34 Ebd., S. 159.

35 Ebd., S. 172.

36 Ebd., S. 173.

37 Ebd., S. 175.

38 Gustav Struve: Geschichte der drei Volkserhebungen in Baden, Bern 1849, NA Freiburg i. Br. 1998, S. 158.

39 Briefe von und an Georg Herwegh, a. a. O., S. 183.

40 Ebd., S. 187.

41 Ebd., S. 190.

42 Ebd., S. 193.

43 Ebd., S. 206.

44 Ebd., S. 208.

45 Ebd., S. 210.

46 Ebd., S. 286.

47 Amalie Struve: Erinnerungen aus den badischen Freiheitskämpfen, Hamburg 1850, NA Freiburg i. Br. 1998.

48 Ebd., S. 27.

49 Ebd., S. 61.

50 Ebd., S. 46.

51 Ebd., S. 57.

52 Ebd., S. 63.

53 Vgl. Sabine Kienitz: Frauen in der Revolution 1848/49. Handlungsspielräume und Geschlechtersymbolik, in: Südwestdeutschland – die Wiege der deutschen Demokratie, hg. von Otto Borst, Tübingen 1997, S. 167.

54 Briefe von und an Georg Herwegh, a.a.O., S. 289f.

55 Ebd., S. 284.

56 Ebd., S. 285f.

57 Gottfried Keller in einem Brief an Wilhelm Baumgarten im Juli 1852, in: Gottfried Keller: Sämtliche Werke und ausgewählte Briefe, München ²1958, S. 1129.

58 Malwida von Meysenbug: Memoiren einer Idealistin, hg. und kommentiert von Renate Wiggershaus, Königstein/Taunus 1998, S. 200.

59 Adolf Trampe, a.a.O., S. 52.

60 Frank Wedekind, a.a.O., S. 351.

61 Ebd., S. 283.

62 Ebd., S. 274.

63 Ebd., S. 279.

64 Vgl. Adolf Trampe, a.a.O., S. 57.

Ein Leben für andere

In einem Brief an Emma Herwegh bezeichnete sich Henriette Feuerbach als »ein Geschöpf, das mit zugenähten Lippen durch die Welt geht«.[1] Diese Selbsteinschätzung beruhte darauf, daß sie glaubte, leichter mit dem Gänsekiel zurechtzukommen als mit dem gesprochenen Wort; diese Bemerkung wirft ein bezeichnendes Licht auf ihre Zurückhaltung, wenn es darum ging, eigene Ansprüche und Erwartungen stets zugunsten der Familie zurückzustellen.

Henriette Feuerbachs Lebensweg war alles andere als einfach. Geboren wurde sie als Henriette Heydenreich am 13. August 1812 im fränkischen Ermetzhofen. Der Vater, ein evangelischer Pfarrer, starb zwei Jahre nach ihrer Geburt im Alter von 60 Jahren. Die Mutter hatte nun für Henriette und die beiden 14 und 12 Jahre älteren Brüder Wilhelm (1798–1857) und Christian (1800–1864) allein zu sorgen. Sie nahm sich mehrere Kostgänger ins Haus, war aber dennoch auf die finanzielle Unterstützung ihres Bruders angewiesen. Mit ihm und seiner Frau, die beide glaubten, die Erziehung der drei Kinder mitbestimmen zu können, kam es deshalb häufiger zu Meinungsverschiedenheiten. Dennoch gelang es der Mutter, den beiden Söhnen eine solide Ausbildung zu sichern. Christian Heydenreich, Henriettes Lieblingsbruder, wurde Jurist und verzichtete damit auf die eigentlich ersehnte künstlerische Laufbahn als Musiker. Wilhelm Heydenreich ließ sich als praktischer Arzt in Ansbach nieder. Alle drei verband zeitlebens ein sehr gutes Verhältnis.

Von den Brüdern lernte Henriette Latein und Griechisch – die im Laufe der Zeit vergessenen Kenntnisse frischte die 40jährige später systematisch wieder auf –, interessierte sich für deren naturwissenschaftliche Studien und übernahm die Begeisterung für Literatur und Musik. Insbesondere das musikalische Talent pflegte sie sehr intensiv; sie wurde eine gute Pianistin, die jedoch nur im kleinen Kreis ihre Fähigkeiten bewies. Auch hier war ihre Scheu, sich in größeren Gesellschaften zu produzieren, die entscheidende Barriere.

Ihre Hauptaufgabe sah Henriette Feuerbach nach der Heirat darin, als Ehefrau und Mutter die »gütigste und verständnisvollste Beschützerin«[2] zu sein. Auf diese Rolle hatte sie sich eingelassen, als sie im Frühjahr 1834 den 14 Jahre älteren Archäologen und Professor der Philosophie Anselm Feuerbach (1798–1851) geheiratet hatte. Er stammte aus der weit über Ansbach hinaus bekannten Familie Feuerbach. Sein Vater Johann Paul Anselm Ritter von Feuerbach (1775–1833) war Präsident des Appellationsgerichtes in Ansbach gewesen und seines Temperamentes und seiner unbestechlichen, aber auch unbequemen Gradlinigkeit wegen bei der Regierung nicht sonderlich beliebt. Um seinen frühen Tod rankten sich allerlei Gerüchte, denn er hatte noch kurz zuvor auf einem Zettel die Worte »man hat mir etwas gegeben«[3] notiert. Sein von vielen Seiten wenig gern gesehenes Engagement, das er bei der Aufdeckung der geheimnisvollen Herkunft des Kaspar Hauser an den Tag gelegt hatte, brachte man mit dieser Bemerkung in Verbindung. Von Anfang an hatte er sich bemüht, den hilflosen Findling vor den mehr oder weniger gut gemeinten Initiativen und Ränken verschiedenster Kreise so weit als möglich zu schützen. Seine Erfahrungen und Erlebnisse mit Europas geheimnisvollstem Kind hatte er in den *Memoiren über Kaspar Hauser* aufgezeichnet, in denen er die Vermutung äußerte, dieser könnte das Kind der badischen Großherzogin Stephanie sein.[4]

Sieben Geschwister hatte Anselm Feuerbach, unter ihnen die Brüder Karl und Eduard, die Universitätsprofessoren in Erlangen wurden; Ludwig erlangte als Philosoph Berühmtheit. Mit der 1813 geborenen Schwester Elise war Henriette Heydenreich gut befreundet und lernte auf diese Weise im Hause Feuerbach ihren späteren Mann kennen, der nach wenigen Jahren Ehe seine über alles geliebte Frau Amalie verloren hatte. Sie war erst 24jährig kurz nach der Geburt des zweiten Kindes an Tuberkulose gestorben. Der Witwer, der zu jener Zeit am Gymnasium in Speyer Latein und Griechisch unterrichtete, wußte mit der 1827 geborenen Tochter Emilie und dem fast genau zwei Jahre jüngeren Sohn An-selm wenig anzufangen. Es war vor allem »grenzenloses Mitleid«,[5] d.h. der von purem Idealismus getragene Wunsch zu helfen, der Henriette bewog, eine Verbindung mit Anselm Feuerbach einzu-gehen. Hinzu kam, daß die kluge und gebildete Henriette auf eine großartige Heirat nicht hoffen konnte, da sie keine entsprechende Mitgift aufzuweisen hatte. So kann man wohl am ehesten von einem Zweckbündnis sprechen, von dem ein acht Jahre später verfaßter Brief wenig Positives zu berichten weiß. Ihrem Bruder Christian vertraute Henriette an, daß sie doch wohl »recht dumm ins Leben hineingeplumst« sei. Denn als Frau sei sie einerseits »im Gemüt zu weich [...], und doch wieder zu fest und eigensinnig, um mich geistig unterzuordnen«. Für die Ehe hält sie sich »we-gen des gänzlichen Mangels an Sinnlichkeit« weder »geistig noch körperlich« für qualifiziert.[6] Diese tief deprimierende Erkenntnis einer gerade 30jährigen jungen Frau offenbart, daß zwischen den Ehepartnern von großer Liebe keine Rede sein konnte, allenfalls von distanzierter Achtung. Die psychischen Probleme, die bei ihrem Mann immer stärker und in immer kürzeren Abständen auftauchten und ständige Pflege notwendig machten, belasteten diese Verbindung enorm, denn »wen man bemitleiden muß, hört auf, ein Mann zu sein«,[7] gestand Henriette ihrem Bruder Chri-stian in einem Brief.

An der »Seite eines unpraktischen Mannes und zweier Waisen«[8] blieb kein Raum für Illusionen. Henriette konzentrierte sich darauf, das Vertrauen der beiden Kinder Anselm und Emilie zu gewinnen, was anfangs sicherlich keine leichte Aufgabe war. Wiederum in einem Brief an Christian erwähnte sie den Verzicht auf eigene Kinder. Sie begründet dies zwar nicht näher, doch kann man annehmen – auch aufgrund der oben zitierten Briefstelle –, daß zwischen ihr und ihrem Mann körperliche Beziehungen wohl kaum ausgelebt wurden. So blieb nur ein gewisses Maß an Achtung, was für eine junge Frau wenig genug war – selbst dann, wenn sie mit den sittenstrengen Regeln eines protestantischen Pfarrhauses aufgewachsen war.

Nachdem die Hoffnungen Feuerbachs, eine Professur an der Münchner Universität zu erhalten, durch die Ablehnung des Königs 1834 gescheitert waren, wurde der Antrag auf eine Berufung endlich in Freiburg genehmigt.

Im Sommer 1836 zog die ganze Familie ins Badische, das man Henriette Feuerbach zuvor von allen Seiten »als ein Paradies«[9] geschildert hatte. Und sie schien sich hier tatsächlich wohl zu fühlen, wie aus einem der an Christian Heydenreich gerichteten Schreiben hervorgeht. Vor allem schätzte sie eine gewisse Unabhängigkeit, die sie als »ganz behaglich«[10] empfand. Die Führung ihres großen, offenen Hauses zunächst in der Nähe des Schwabentors und danach im Fahnenbergschen Haus am Viehmarkt, dem heutigen Holzmarktplatz 6, das bald zu einem kleinen gesellschaftlichen Mittelpunkt wurde, verlangte ebenso ihren Einsatz wie die Erziehung der Kinder. Nur bei letzterem allerdings fühlte sie sich wirklich gefordert. Hier meinte sie, ihre Lebensaufgabe gefunden zu haben:

> Was mich aber doch oft peinigt, ist meine Halbheit, so daß ich von allem etwas bin, aber nicht ganz, halb Verstandes-, halb Gefühlsmensch, halb in der Poesie, halb in der Musik webend, halbe Hausfrau, und wenn ichs dem Gefühl nach bei Licht betrachte, halbe Gattin – halb sanguinisch, halb melancholisch, bald philosophisch und halb mystisch, kurz, alles bin ich halb – nur ganze Erzieherin.[11]

Mit der älteren Emilie, die »herzensgut ist und fleißig lernt« und eine »recht tüchtige Klavierspielerin« zu werden versprach, hatte

Anselm Feuerbach: Selbstbildnis (Jugendbildnis)

sie zu Beginn noch wenig Schwierigkeiten, weit mehr hingegen
mit dem Sohn Anselm, dem späteren Maler. Er war der Liebling
aller, auch der Lehrer. Lustig und munter, der Erste der Klasse,
entwickelte und pflegte er bereits Marotten, die von Henriette
manchmal mehr als Nachsicht verlangten. Bereits als Junge ließ er
dandyhafte Züge und einen Hang zum Extravaganten erkennen,
der sich mit schwärmerisch-romantischer Überschwenglichkeit
paarte. Über das Maß seiner Eitelkeit urteilte Henriette, daß es
so hoch sei »wie ich noch nichts gesehen. Ich hab immer mit ihm

zu kämpfen, und bald kann ihm Schneider und Schuster nichts mehr recht machen.«[12] Anselm selbst empfand die Erziehung im Freiburger Elternhaus als sehr offen und anregend, vor allem deshalb, weil er und seine Schwester »nie in einer Kinderstube abgesperrt« waren und er – gemäß dem Grundsatz seiner Eltern – in den unterrichtsfreien Stunden auch tatsächlich ganz frei gewesen sei, so daß er einer »der bekanntesten Gassenbuben« im »Revier« war. »Manche zerbrochene Scheibe mußte im Stillen« von der Mutter ohne Wissen des Vaters bezahlt werden.[13]

Das Talent Anselms für die Malerei hatte das Ehepaar Feuerbach sehr früh erkannt. Der Vater war glücklich darüber, sorgte für den ersten Privatunterricht bei einem Anatomiezeichner. In Düsseldorf setzte der erst 16jährige, der seine Schullaufbahn hatte aufgeben dürfen, die Ausbildung bei dem Direktor der dortigen Akademie Wilhelm von Schadow und bei Karl Friedrich Lessing fort. Viele Briefe gingen zwischen Anselm und Henriette von nun an hin und her. Oftmals leistete sie moralischen Beistand, wenn der über alles geliebte Stiefsohn wieder einmal mit den Ergebnissen seiner Studien nicht zufrieden war, wenn er glaubte, nicht schnell genug vorwärts zu kommen bzw. wenn er meinte, sein Talent würde nicht genügend anerkannt. Die Ausbildung, die Feuerbach in München und Antwerpen fortsetzte, forderte von Anfang an beträchtliche finanzielle Opfer von der Familie. Neben den anfallenden Kosten für das Material war es vor allem die großzügige Lebenshaltung, die sich der narzißtische Anselm zugestand. Ein schriftlicher Stoßseufzer von Henriette bekundet, daß er allein mehr brauchte als Eltern und Schwester zusammen. Reichlich unbekümmert rechtfertigte er seine Lebensweise damit, daß er schließlich Feuerbach hieß und daher Feuer in seinen Adern hätte.[14]

Seine selbstverständliche Generosität sich selbst gegenüber behielt Anselm sein ganzes Leben lang bei, obwohl er wußte, wie sehr die Familie und später Henriette allein sich hierfür einschränken mußten. In beinahe jedem Brief von Anselm an seine Mutter ist von Geld die Rede, und immer wieder versprach er, sich zu ändern, fleißiger und disziplinierter zu werden. Dessen ungeachtet genoß er sein Leben in vollen Zügen. Im Karneval 1849 bekundete er brieflich zwar sein Bedauern über »Krankheit und Leid« zu Hause, berichtet jedoch im gleichen Atemzug von einem Ball, den er mitgemacht und von zwei Abenden, die er »flott« durchgetanzt habe. Zwar habe er »vielleicht zuviel gebraucht«, dafür aber glücklich gelebt. Als Schlußsequenz führte er gar an, daß er sich »sogar in eine arme Lage denken« könne.[15] Doch selbst als er mit dem Verkauf seiner Bilder bereits recht gut verdiente, nahm er ihre finanzielle Unterstützung ohne Skrupel noch an.

Mit dem Honorar für ihre Artikel, die Henriette Feuerbach für verschiedene Zeitschriften verfaßte, trug sie zeitweise zur Aufbesserung des Familienbudgets bei. Gern hätte sie mehr und regelmäßig gearbeitet, doch dies ließ ihr Mann nicht zu; schließlich war es für eine Professorengattin jener Zeit weder üblich noch schicklich, selbst Geld zu verdienen. Später, als Witwe, die sich mit äußerst geringen Einkünften begnügen mußte, erfuhr sie, wie wenig Möglichkeiten einer Frau wie ihr blieben, das schmale Einkommen durch eigene Arbeit aufzubessern.

Eine große Enttäuschung brachte der Winter 1846. Nach langem Hin und Her hatte die Universität Heidelberg den Archäologen Anselm Feuerbach endlich einstimmig zur Ernennung für eine Professur vorgeschlagen, doch der Minister verweigerte die formelle Bestätigung. Objektiv betrachtet kann man diese Entscheidung sicherlich nicht als willkürlich betrachten, denn Feuerbach war aufgrund seiner Krankheit oft nicht in der Lage, seine Lehrveranstaltungen abzuhalten, was auch zu Beschwerden beim Karlsruher Ministerium geführt hatte. Die Nachricht von der Ablehnung wirkte sich auf seinen Gemütszustand jedoch katastrophal und nachhaltig aus. Die Depressionen führten zu absoluter Teilnahmslosigkeit, machten Feuerbach auch aggressiv, was Henriette natürlich unmittelbar zu spüren bekam, wenn ihr Mann »sehr böse« mit ihr war.[16] Ihren Kummer und die stän-

Anselm Feuerbach:
Seine Mutter Henriette Feuerbach (1878)

digen Überforderungen – sie sah sich nur noch als »Trost- und Beruhigungsmaschine für Kranke«[17] – schrieb sie sich in einem Brief an Emma Herwegh am Neujahrstag 1847 vom Herzen. Das ganze Ausmaß der Krankheit ihres Mannes, die auch viele Kuren nicht hatten heilen können, trat nun zutage. Ihrer Schwägerin Elise Feuerbach teilte Henriette diese Tatsache im März desselben Jahres mit: »Ich will Dir die ganze Wahrheit sagen. Ich fürchte, daß Dein armer Bruder an einem organischen Leiden im Gehirn

krank ist. Was mir und den Kindern noch bevorsteht – Gott –
wer weiß es.«[18]

In jenen schwierigen Jahren hatte Henriette Feuerbach nicht allein
mit ihren immensen privaten Schwierigkeiten zu kämpfen, hinzu
kamen die Revolutionswirren von 1848, die sich unmittelbar auf
das persönliche Umfeld auswirkten, denn die Unruhen machten sich auch in Freiburg bemerkbar. Was Henriette Feuerbach
in einem Brief an Emma Herwegh am 6. März noch ein wenig
amüsiert und in Verkennung der Tatsachen als »Revoluti̇önchen«,
das man gehabt habe, bezeichnete, wuchs sich sehr schnell zu
handfesten Kämpfen aus. Und Henriette selbst gelangte wegen
ihrer »Kontakte mit der Landesverräterin Herwegh« nach ausführlichen Verhören für zwölf Stunden in Arrest.

Die Bürger und Studenten, die in Freiburg »hübsch Soldaten gegen einige Jakobinermützen«[19] gespielt hatten, wurden nun in den
Strudel der Ereignisse hineingerissen. Vor dem Feuerbachschen
Haus kämpften die Freischärler, die Einquartierung von Soldaten
ließ es vorübergehend zur Kaserne werden. Beim Aufeinander-
prallen der Fronten gab es zahlreiche Tote und Verletzte. Von
den Zielsetzungen und der Wirkungskraft der Revolution war
Henriette Feuerbach nicht überzeugt. Skeptisch fragt sie sich:
»Ob unsere Kinder die Früchte der jetzigen Zeit ernten? ich
will's hoffen, für uns Alten wird wohl nach einem mühseligen
und erbärmlichen Morgen und Mittag ein kampffreier Abend
folgen.«[20] Ihre Schwägerin Sophie Heydenreich unterrichtete sie
am 25. Mai 1848 ausführlich über das ganze Ausmaß der Kämpfe
in Freiburg:

> Von der Stadt waren wir drei Tage abgeschlossen, nur durch die hinteren
> Fenster hörten wir drin heulen und schreien und Sturmläuten. Die
> Freischärler waren wie im Rausch. Am Ostersonntag morgens began-
> nen die Feindseligkeiten an der Dreisambrücke vor unserm Haus. Die
> Arbeiter wollten aus der Stadt Hecker zu Hilfe holen, den sie ein paar
> Stunden entfernt glaubten. Die Hessen hatte auf der anderen Seite die
> Brücke besetzt und ließen sie nicht durch – die Sensenmänner sahen

scheußlich aus. Endlich zogen sie nach langem Parlamentieren zurück, indem sie Schildwachen an der Brücke ließen und verbarrikadierten die Stadt. Um vier nachmittags sollte die Stadt von unserer Brücke aus beschossen werden, die Kanonen rasselten an, Infanterie, Kavallerie rückten nach, da schossen die zwei Brückenschildwachen der Freischaren, zwei junge Turnerbürschchen, ihre Flinten ab, und in dem Augenblick schrie alles: Hecker kommt! – und stob auseinander. Aus dem Günthersthaler Wald sah man eine lange schwarze Kolonne herankommen, mit vier Kanonen und einem berittenen Anführer an der Spitze. Das Militär wogte in einem Knäuel an der Brücke durcheinander, ein Augenblick genügte, um den Angriff von der Stadt gegen die Freischaren zu richten. Pelotonfeuer krachte, Kanonen donnerten, die Freischaren sausten bis zu unserm Haus. Das alles geschah in der Hälfte der Zeit, als ich es erzählen kann. Die hessische Infanterie warf sich in vollem Lauf und mit lautem Hurrageschrei gegen den Wald zu, die Freischaren verschwanden drin und zogen sich nach zwei verschiedenen Richtungen in die Höhe, badische Dragoner besetzten die Eingänge, und nun blitzte und krachte es aus meinem schönen grünsamtnen Wald heraus, ach – das war traurig! Tote und Verwundete wurden herausgetragen, auf der Brücke standen noch immer Kartätschen gegen die Stadt gerichtet, damit die drinnen nicht herauskonnten, sie tobten wie gefangene wilde Tiere, und auf dem Münster stürmte es in einem fort. Das Gefecht dauerte bis 8 Uhr, dann wurde das Schießen seltener und schwieg endlich. Die Hessen kamen mit ziemlich gelichteten Reihen zurück. Einen Dragoner trugen sie vor unserm Haus vorbei, der war mit seinem Mantel zugedeckt, so steif und starr wie Eisen, sein Pferd ging traurig mit. Man war ganz dumm geworden vor Schrecken und Überraschung, denn kein Mensch dachte an einen Angriff von außen, außer die Turner, die eine Verbindung unterhielten mit denen außen und an diesem Tag das Zusammentreffen mit den deutschen Arbeitern ausgemacht hatten, wozu die bewaffnete Volksversammlung das Signal war, Heckers und Struves Niederlagen gaben sie ihren Leuten als fingiert an.

Den andern Morgen war es trübes Wetter, ich öffnete die Läden um 6 Uhr. Alles leer, kein Soldat, keine Kanonen, keine Schildwache. Der Wald so still und geheimnisvoll, alles heimtückisch öde, nur der Staub wirbelte im Sturm auf die Straße. Um 9 Uhr hieß es, die Nassauer kommen mit der Eisenbahn – plötzlich drei Kanonenschläge vom Bahnhof, kleine Gewehrfeuer, Pelotonsalven, endlich regelmäßiger Kano-

238

nendonner. – Ich machte geschwind die Läden zu, da jagte in blanker Karriere die hessische reitende Artillerie auf unsere Brücke zu, ich, kaum vom Fenster weg, rufe die Meinigen, da kracht es, die Kartätschen platzen. Wir gingen in den Keller, das Bombardement dauerte 1½ Stunden, dann drang das Militär in breiten geschlossenen Reihen mit klingendem Spiel im Sturmschritt mit gefälltem Bajonett in die Stadt. Wer auf der Straße war, wurde gefangen oder niedergemacht, wer an den Fenstern sich zeigte, erschossen. Die Freischärler hatten vorher die Hessen in Furcht gejagt, sie warteten auf kochendes Pech und einen völligen Straßenkampf. Nachher kamen die Arrestationen, das war greulich. Ich war nachmittags in der Stadt, sie glich einem Feldlager; 5–6000 Mann Hessen, Nassauer, Württemberger, Badenser, biwakierten in den Straßen, die Häuser zerschossen, überblasste, blutende Gebundene inmitten eines Trupps Soldaten mit geschwungenen Säbeln. Das dauerte vier Tage; aus den Kellern herauf, zu den Fenstern heraus wurden sie gezogen. Alle Häuser durchsucht. Dann kam die Einquartierung. [...] Unser Haus war wie eine Kaserne.[21]

Über den Ausgang der Kämpfe, die viele Soldaten und Freiheitskämpfer mit dem Leben bezahlten, notierte Amalie Struve, eine der wenigen Frauen, die sich aktiv für die Revolution eingesetzt hatten:

Siegestrunken rückten die fürstlichen Truppen ein, gleich als hätten sie große Thaten vollbracht. [...] Die Zahl der Freiheitskämpfer, welche bei Candern, bei Güntersthal, im Sternenwalde und bei Freiburg gefallen, war nicht gering. [...] In Wien und Berlin hatten die Freiheitskämpfer gesiegt, allein doch keine Freiheit errungen. In Baden wurden sie besiegt, allein ihre Niederlage bildete die Grundlage zu der republikanischen Partei Deutschlands, welche allein im Stande ist, die Wiedergeburt Deutschlands zu vollenden.[22]

Im Hause Feuerbach hatte sich unterdessen der Gesundheitszustand des Vaters immer mehr verschlechtert. Die Unterbringung in einer Heilanstalt auf Dauer war wegen der schwierigen finanziellen Situation nicht möglich; die Ausbildung des Sohnes und zukünftigen Künstlers – in Düsseldorf, München, Antwerpen –, an dessen Talent auch der Vater unverbrüchlich glaubte, verschlang große Summen. An eine Fortführung der beruflichen

Tätigkeit war nicht zu denken, so daß Feuerbach 1850 nichts anderes übrig blieb, als sein Ansuchen um Pensionierung einzureichen, dem 1851 stattgegeben wurde. Nur wenige Tage nach dem Eintreffen der Bewilligung starb Anselm Feuerbach in Freiburg. Nach dem Tod ihres Mannes entschloß sich Henriette Feuerbach, mit Emilie nach Heidelberg zu ziehen. Dort erhoffte sie sich ein freieres Leben als jenes, das sie in Freiburg geführt hatte, aber genauso bessere berufliche Möglichkeiten, damit sie den Lebensunterhalt für sich und Emilie, vor allem aber für Anselm, der 1851 nach Paris gegangen war, bestreiten konnte. Von 1852 an verlebte sie in der Neckarstadt die – nach ihrer Aussage – glücklichsten Jahre ihres Lebens, obwohl auch diese nicht ganz so unbeschwert verliefen, wie sie es sich gewünscht hätte. Zum einen verbrauchte Anselm auch in Paris nicht gerade kleine Summen für sich, so daß u.a. sowohl Einnahmen aus der zweiten Auflage des *Vatikanischen Apoll* von Anselm Feuerbach als auch Emilies Mitgift nach Frankreich flossen. Zum anderen verstärkten sich bei Emilie Krankheitssymptome, die jenen des Vaters ganz ähnlich waren. Jahrelang war sie wohl immer ein wenig zu kurz gekommen. Die ständige Sorge um den Vater und die beherrschende Künstlernatur Anselms hatten sie mit ihren nicht überragenden künstlerischen Talenten in den Hintergrund gedrängt. Sie hatte sich als Blumenmalerin versucht, unterrichtete sogar einige Zeit in dieser Kunst, und hatte außerdem mit wenig Erfolg Kindermärchen verfaßt. Einige Reisen, u.a. nach Wien, wo sie eine Zeitlang als Gesellschafterin tätig war, unterbrachen den eintönigen Alltag.

Das Leben der beiden Frauen in Heidelberg gestaltete sich, auch wegen der Geldknappheit, nicht ganz einfach. Als sich im Laufe des Jahres 1856 das Leiden Emilies verschlimmerte, hatte Henriette keine Kraft mehr, auch noch diese Aufgabe auf sich zu nehmen. Sie gab die Tochter in eine private Pflegestelle nach Freiburg. Dort blieb sie, die nach Henriettes Einschätzung »zeitlebens äußerlich und innerlich ein Kind geblieben« war,[23] bis zu ihrem Tod 1873.

Anselm Feuerbach:
Die Schwester Emilie (1827)

Mit Klavierunterricht und verschiedenen literarischen Unternehmungen sicherte Henriette Feuerbach mehr schlecht als recht ihren Lebensunterhalt, denn sie erfüllte nach wie vor so gut sie konnte die ständigen schriftlichen Forderungen Anselms nach Geld.

Anhand der zahlreichen Briefe an seine Mutter läßt sich der künstlerische Werdegang des Malers Anselm Feuerbach verfolgen, seine Berichte geben Zeugnis von geplanten Projekten, von Auseinandersetzungen mit Kollegen und Lehrern, vom Fortgang der Arbeit an seinen Bildern. Durch die Antwortschreiben der Mutter, die unverbrüchlich an ihn und sein Talent glaubte, erhielt er steten Zuspruch und Bestätigung, denn »Feuerbach war, so scheint es, in der Tat ein Leben lang auf der Suche nach Halt und Verfestigung seiner selbst und seines künstlerischen Wollens, begonnen mit im wörtlichen Sinne fixen Ideen und Vorstellungen, was ein Künstler ist und wie er bilde, vor allem *was* er bilde«.[24]

Henriette Feuerbachs Aufgaben erweiterten sich zusehends. Sie wurde quasi Anselms Managerin, kümmerte sich um Ausstellungen und mögliche Käufer, erledigte nach seinen Vorgaben einen Großteil der Korrespondenz, beantwortete Anfragen und Bestellungen von Museen, Kunstvereinen und hatte immer wieder die Wogen zu glätten, wenn der Künstler in seiner schroffen Art sogar Freunde und Mäzene verprellte, wie z.B. Baron von Schack, zu dem er durch Henriettes Hilfe Kontakt gefunden hatte. Für ihn wollte Anselm Feuerbach das *Gastmahl des Plato* ausführen, sich für die Arbeit jedoch drei Jahre Zeit lassen und pro Jahr von Schack dreitausend Gulden Gehalt haben. Um solche und ähnliche Forderungen durchzusetzen, wandte er sich um Vermittlung an die Mutter, die ihn, den Künstler, vor allen Angriffen in Schutz nahm. So schrieb sie am 16. Juli 1859 an den Karlsruher Hoffinanzrat Kreidel:

> Es ist eine eigentümliche Sache, daß es den jungen Talenten in unserer Zeit so schwer wird, den kürzesten und geraden Weg zu einer gesunden Entwicklung und Bildung zu finden. Der Richtungen sind so viele und

das Selbstbewußtsein macht sich so lange vor der Einsicht geltend, daß eine lange Reihe von Irrtümern die Bahn versperren.[25]

Und immer wieder sind es Anselms Schulden, um deren Ausgleich sie sich bemühte. Den gemeinsamen Freund, den Kupferstecher Julius Allgeyer (1839–1900) unterrichtete sie noch im Januar 1880 – nicht wissend, daß der so sehr geliebte Sohn bereits tot ist – davon, daß dessen finanzielle Verpflichtungen nun endlich geringer würden:

> Von den Schulden, die Anselm in Frankfurt, Wien und Rom hatte, sind jetzt noch ungefähr 2000 Mark übrig. Das ist ein unbeschreibliches Gefühl für mich, die ich dafür zu stehen hatte; denn Anselm begriff nie, daß Schulden Schulden sind. Es kommt mir wie ein Wunder vor, aus diesem Abgrund herausgerettet zu sein. Nahezu 20 000 Mark in *einem* Jahre bezahlt![26]

Über den Tod des Stiefsohnes hinaus bewahrte sie ihm und seinem Werk die Treue, gab seine autobiographischen Aufzeichnungen heraus, kümmerte sich um Verkäufe und den Nachlaß.

Was ihre eigene Arbeit anbelangte, so setzte sie die schriftstellerische Tätigkeit nach dem Tod ihres Mannes fort. Dessen *Gesammelte Schriften* gab sie gemeinsam mit Hermann Hettner heraus, mit Michael Bernays eine Neuausgabe des *Vatikanischen Apoll,* den ihr Mann verfaßt hatte, und bearbeitete u.a. auch eine Neuauflage von Christian Oesers *Weltgeschichte für Töchterschulen und zum Privatunterricht. Mit besonderer Beziehung auf das weibliche Geschlecht,* außerdem beabsichtigte sie, 193 ungedruckte Briefe des Dichters Johann Georg Forster herauszugeben, wie sie Josef Viktor Widmann in ihrem Silvesterbrief von 1866 mitteilte. Ungeachtet der recht bescheidenen Umgebung, in der sie lebte, trafen sich bald Künstler und Wissenschaftler bei ihr, die bei aller Zurückhaltung und Bescheidenheit ihre Position als geistiger Mittelpunkt dieser wechselnden Runde von Besuchern behauptete. Von der Freundin Rosalie Artaria-Braun, einer der Töchter des Mannheimer Verlegers, stammt eine ausführliche Beschreibung der Atmosphäre in der Feuerbachschen Wohnung:

Frau Feuerbachs damalige Wohnung war wie ein Gleichnis auf ihre ganze Existenz: Vereinigung der höchsten geistigen und künstlerischen Atmosphäre mit den allerbescheidensten äußeren Verhältnissen. Um zu ihrem großen, nach rückwärts in die Gärten schauendes Zimmer zu gelangen, dessen Mitte ein schöner Flügel einnahm, während Anselms Bilder die hohen Wände bedeckten, und grüne Topfpflanzen die Fenster nach der ganz in Baumwipfel gehenden schönen Terrasse umgaben, mußte man die langen Gänge des Kayserschen Hauses passieren, an denen die übereinfachen kahlen Schlafzimmer lagen. Kaffee- und Teestunde konnte es bei ihrer Lebensweise nicht geben, aber in der Ofenröhre brieten langsam ein paar schöne Äpfel.[27]

Die Schweizer Dichter Josef Viktor Widmann (1842–1911) und Carl Spitteler (1845–1924) waren während ihrer Heidelberger Studentenzeit häufig Gäste bei Henriette Feuerbach. Besonders für Widmann wurde sie, die ihn bald wie einen Sohn behandelte, eine unentbehrliche Ratgeberin. In seinen autobiographischen Schriften notierte Widmann später, er habe damals versucht, mit »verschiedenen hervorragenden Männern« ins Gespräch zu kommen: »unter andern Gervinus, dem Literaturhistoriker, Weber, den bekannten großen, mittlern und kleinen ›Weltgeschichte-Weber‹, Frau Feuerbach, die edle Stiefmutter des Malers Anselm, die ich ja in Anbetracht ihres Geistes und ihrer Kenntnisse wohl zu den Männern rechnen darf«.[28] Mag diese Aussage heute auch recht befremdlich klingen, so zeugt sie doch von größter Hochachtung und äußerstem Respekt. Der zwischen Widmann und Henriette Feuerbach geführte Briefwechsel ist ein Indiz für die lang andauernde private Verbindung, in der die mütterliche Freundin aber nie vor deutlicher Kritik an den Werken Widmanns zurückschreckte.

Henriette Feuerbach besaß aufgrund ihrer umfassenden geistes- und naturwissenschaftlichen Bildung ein sehr sicheres Urteilsvermögen. Früh schon hatte sie Rezensionen verfaßt, u.a. für das *Cottasche Morgenblatt,* für die *Allgemeine Zeitung* oder die in Leipzig erschienene Wochenschrift *Grenzboten,* außerdem literarhistorische Arbeiten, in denen sie sich um äußerste wissenschaftliche Genauigkeit bemühte, so beispielsweise über die beiden fränkischen Dichter Johann Peter Uz (1720–1796) und den früh verstorbenen Johann Friedrich Cronegk (1731–1758). Außerdem bemühte sie sich um Übersetzungen, u.a. bat sie Emma Herwegh um Vermittlung bei der Vergabe der Übertragung der Memoiren George Sands ins Deutsche, ein Wunsch, der sich offenbar nicht erfüllte. Neben all diesen vielfältigen Tätigkeiten erteilte sie Klavierunterricht, fand auch noch Zeit für das Erarbeiten neuer Stücke. Mit den Werken Richard Wagners setzte sie sich sehr intensiv auseinander und unterhielt eine ausgedehnte Korrespondenz mit zahlreichen bedeutenden Persönlichkeiten ihrer Zeit. Zu ihren Briefpartnern zählten u.a. – neben dem Stiefsohn Anselm – Emma und Georg Herwegh, Johannes Brahms, der Dirigent Hermann Levi und Charlotte Kestner, die Tochter der Charlotte Buff, die Goethe als Vorbild für Werthers Lotte gedient hatte. Von ihr erhielt sie einige Notate und unveröffentlichte Skizzen von Goethe.[29]

In Henriette Feuerbachs Alltag hatte das Briefeschreiben einen überaus wichtigen Stellenwert, und es ging weit über den reinen Mitteilungscharakter hinaus. Meist erfolgte darin eine eingehende Auseinandersetzung mit den Werken der Künstler, mit kulturellen, aber auch mit politischen Ereignissen, die sie in der ihr eigenen Weise kommentierte, was viele der Briefe zu Dokumenten werden läßt, in denen sich der Geist ihrer Epoche widerspiegelt. Bei aller Weltoffenheit in künstlerischen und kulturellen Fragen vertrat sie eine merkwürdig konservative Haltung, wenn es um Fragen der Emanzipation ging. Hier konnte sie sich nicht von der Tradition des pietistisch-protestantischen Gedankengutes befreien, das sie – im Gegensatz zur katholischen Religion, die sich voll »Pracht und Glanz in weite, bunte Gewänder« hülle und die Künstlerphantasie befruchte – als »Daguerreotypbild« sah, »ein Schatten des Wirklichen, Wahrhaftigen«.[30] Bereits in ihrer kleinen 1839 in Nürnberg erschienenen Schrift *Gedanken über die Liebenswürdigkeit der Frauen. Ein kleiner Beitrag zur weiblichen Charakteristik von einem Frauenzimmer* hatte sie in Form von Aphorismen Überlegungen angestellt, die selbst für ihre Zeit eine mehr als konservative Auffassung erkennen lassen. Es ist kaum verwunderlich, daß in einer Rezension in der *Allgemeinen Zeitung* und in den *Hallischen Jahrbüchern* diese Schrift ganz besonders den Theologen als Lektüre empfohlen wird.

Eine typisch weibliche Beschäftigung war zweifellos auch die Arbeit im Heidelberger Frauenverein. Henriette Feuerbach wurde Vorsteherin der 3. Abteilung für Verwundetenpflege, die sie selbst ins Leben gerufen hatte, und sie setzte sich während der Kriegszeit als Krankenpflegerin ein, was ihr zwar einige Auszeichnungen, u. a. den Badischen Luisenorden und das Verdienstkreuz aus der Hand Kaiser Wilhelms I., einbrachte, jedoch keine zusätzliche finanzielle Absicherung, die sie so gut hätte brauchen können.

Ihr Freundes- und Bekanntenkreis in Heidelberg wuchs trotz all dieser zeitaufwendigen Tätigkeiten beständig. So hatte sie durch den Kapellmeister Hermann Levi, einem Freund Anselm Feuerbachs aus dessen Karlsruher Zeit, den Komponisten Johannes Brahms kennengelernt. Beide empfanden von Anfang an eine gegenseitige hohe Wertschätzung sowie die gleiche tiefe Bewunderung für Anselm Feuerbach, den Brahms in Wien zu fördern suchte. Julius Allgeyer hatte Brahms und Feuerbach in den 1860er Jahren in Karlsruhe zusammengebracht; sie verband u. a. die Liebe zur Antike. Brahms schätzte den Malerfreund, »ohne blind zu sein für seine Schwächen, die provozierende Langsamkeit seiner Sprache und Motorik etwa und die nach außen gekehrte Genialität seines schwarzen Maler-Samtröckchens, das Brahms allerdings eher an einen Jockey erinnerte«.[31]

Mit Henriette Feuerbach hatte Brahms wohl auch den Plan erörtert, eine Oper zu schreiben, und sie hatte als Libretto *Fortunat* ins Gespräch gebracht, eines der vielen von ihr verfaßten Märchenspiele für Puppentheater, die sie einst zum Vergnügen der beiden Kinder und deren Freunde aufgeführt hatte. Im Nachlaß von Johannes Brahms fand sich jedenfalls ein Librettoentwurf in Henriettes Handschrift. Daß sie an eine Überarbeitung gedacht hat, geht aus einem Brief an Julius Allgeyer hervor, den sie darum bat, Brahms mitzuteilen, daß sie »mit tausend Freuden zu Diensten« stehe, »wenn nur ein leiser Fingerzeig vorliegt«.[32] Sein kompositorisches Schaffen verfolgte sie sehr aufmerksam und empfahl beispielsweise Josef Viktor Widmann, sich das *Deutsche Requiem* von Brahms anzuhören, das sie als das »größte musikalische Werk der Gegenwart« bezeichnete.[33] Als sich Brahms im Sommer 1875 in Heidelberg aufhielt, war die Wohnung Henriette Feuerbachs häufig sein Ziel; er machte sie auch mit Clara Schumann bekannt, der Henriette einige kleinere Kompositionen ihres Neffen Heinrich vorlegte, des Sohnes von Christian Heydenreich. Weitergehende persönliche Kontakte mit der berühmten Pianistin ergaben sich nicht. Obwohl beide Frauen ein ähnliches Schicksal zu bewältigen hatten – auch Robert Schumann war in den letzten Lebensjahren psychisch schwer krank und starb früh – fanden sie offenbar keine Anknüpfungspunkte. Dies mag zum einen an einer gewissen Verunsicherung Henriettes einer in der Öffentlichkeit so erfolgreichen Künstlerin gegenüber gelegen haben, zum anderen haderte sie doch ein wenig mit dem Schicksal, das ihr eine Karriere als Pianistin versagt hatte. Denn was die Einschätzung ihres eigenen musikalischen Talentes anbelangte, so war sie durchaus der Meinung, daß es mit Sicherheit »größer als das der Clara Schumann« gewesen sei.[34]

Obgleich sich Henriette in Heidelberg wohl fühlte, hatte sie einst dem Drängen Anselms, der zwar kaum zu Hause gewesen war, nachgegeben und ihren Wohnsitz nach Nürnberg verlegt. Eine diesbezügliche Notiz im *Vermächtnis* enthüllt seine egozentrische Begründung: »Weshalb *wir* [Hervorhebung d. Verf.] Heidelberg verlassen haben? Weil *ich* ein leidenschaftliches und, wie ich glaube, berechtigtes Verlangen empfand, mich in einen andern, meiner Kunst günstigeren Boden zu verpflanzen.«[35] Anselm Feuerbach hegte gegen Baden, das er als Kind und junger Mann so sehr geliebt hatte, eine tiefe Abneigung, seit »die kleinliche Gesinnung der Karlsruher Gesellschaft«[36] ihm eine Präsentation im Kunstverein verweigert hatte. Diese Abneigung verstärkte sich noch, als sich der Großherzog weigerte, das Werk *Der Tod des Pietro Aretino* zu erwerben, was Feuerbach in seinem künstlerischen Stolz tief verletzte. Schließlich bezog er in seinen Widerwillen pauschal alle Deutschen ein, die – so Anselm Feuerbach – das Verdienst gehabt hätten, ihn immer schlecht behandelt zu haben.[37]

Die Villa in Nürnberg erwies sich nun für Henriette Feuerbach als zu teuer, und so erfolgte ein erneuter Umzug in eine billigere Wohnung. Noch häufiger hatte der Sohn sein Domizil gewechselt. Nachdem er in Rom eine zweite Heimat meinte gefunden zu haben, reiste er nach Orvieto, Neapel, Pompeji, ging nach Dresden, Berlin, Düsseldorf, München und Wien, das er 1876 verließ, um nach Venedig zu fahren, von dort wieder nach Rom und schließlich 1880 wiederum nach Venedig. Eine robuste Gesundheit, mit der er dieser Wandererdasein hätte problemlos bewältigen können, besaß er schon lange nicht mehr. Über Jahre hinweg klagte er immer häufiger über Fieber, Kopf- und Gliederschmerzen und ein allgemeines Unwohlsein, auch über Depressionen, ferner ist von »Drüsenschwellungen« die Rede und von Hirnhautentzündung. Diese Symptome legen die Vermutung nahe, daß Feuerbach sich bereits früh eine syphilitische Erkrankung zugezogen hat, der er am 4. Januar 1880 in einem Hotel in Venedig erlegen ist. Henriette Feuerbach wies in der Öffentlichkeit diesen Verdacht zurück. Für sie war der Sohn »nicht krank«, sondern starb »an gebrochenem Herzen«.[38] Doch ein Schreiben an den Vertrauten Heinrich Holtzmann verrät in einer Andeutung, daß sie die wahre Todesursache wohl kannte, denn sie gebrauchte die Wendung, daß dieser schnelle Tod den Verlauf einer »peinvollen Krankheit« beendet habe, die »schon im Beginn hervorgetreten«.[39]

Was auch immer die Ursache gewesen sein mag: Henriette Feuerbach hatte ihren Lebensmittelpunkt verloren. Sie, die sich zuerst für ihren kranken Mann und danach für den begabten, aber exzentrischen Stiefsohn aufopferte, konnte im Alter von knapp 68 Jahren nicht mehr plötzlich damit beginnen, ihr eigenes Leben zu leben, zumal ein sich langsam verschlimmerndes Augenleiden sie um die Erhaltung ihrer Sehkraft fürchten ließ. So blieb ihr nur übrig, das fortzusetzen, was sie über Jahrzehnte hinaus mitaufgebaut hatte: den Ruhm und das Andenken des Sohnes zu bewahren – was im übrigen genug Arbeit mit sich brachte. Sie hatte wenig Zeit, sich ihrer Trauer hinzugeben, denn sie mußte sich um den Nachlaß kümmern, der nicht ihr, sondern der Familie Feuerbach gehörte. Sie zahlte die rechtmäßigen Erben mit einer hohen Summe aus – ihren Angaben zufolge waren es 20 000 Mark – und beglich auch den ansehnlichen Schuldenberg von 15 000 Mark, den Feuerbach hinterlassen hatte. Hierfür mußte sie sowohl eigene Möbel als auch in ihrem Besitz befindliche Bilder des Malers verkaufen.

Beigesetzt wurde Anselm Feuerbach auf dem Johannisfriedhof in Nürnberg, nicht weit entfernt vom Grab Albrecht Dürers. Brahms ließ ihm noch eine posthume Ehrung zukommen: die Komposition *Nänie* für Chor und Orchester op. 82, die er auf einen Text Friedrich Schillers im Gedenken an den Freund 1881 in Preßbaum bei Wien vollendet hatte. Schiller hat für seine Klage um die Vergänglichkeit des Schönen die griechische Mythologie herangezogen: Orpheus verliert Eurydike wieder, als er sich nach ihr umdreht, bevor sie die Oberwelt erreichen. Adonis, der Geliebte der Aphrodite wird auf der Jagd von einem Eber getötet, und seinem Blut entspringen Anemonen und Rosen. Der Held Achill stirbt bei der Belagerung Trojas durch den Pfeil des Paris, der ihn in die verwundbare Ferse trifft. Mit der Wahl dieser Vorlage für seine Vertonung hat Brahms der Kunst des Malers Feuerbach Rechnung getragen – »nicht in dem Sinne, daß diese Nänie seine persönliche Totenklage um den befreundeten Künstler sei, sondern dem Künstlertum des großen Malers wird in ihr ein Denkmal gesetzt«.[40]

> Siehe, da weinen die Götter, es weinen die
> Göttinnen alle,
> Daß das Schöne vergeht, daß das Vollkommene
> stirbt –

Gewidmet hat Brahms seine Komposition Henriette Feuerbach, der Frau, die ihrem Stiefsohn durch unermüdliche und vielfältige Hilfen die Laufbahn überhaupt erst ermöglicht hat. Über diese Entscheidung schrieb er seinem Verleger: »Ich wollte das Stück eigentlich dem Andenken Anselm Feuerbachs widmen; verschleire das, indem ich seine Mutter nenne [...] Nun hätte ich gern ein paar Lorbeerreiser angebracht. Wenn es sich einrichten ließe, wäre es gar hübsch, wenn der Lorbeer etwa den Namen F. anginge – doch nicht auffallend.«[41] Ihrem Brief, mit dem Henriette Feuerbach dem Komponisten für dessen Nachricht von der Fertigstellung der Komposition und der geplanten Widmung dankte, ist die ganze Tragweite des Kummers über den Tod Anselms zu entnehmen, aber genauso ihr unbeugsamer Wille, sein Werk nicht in Vergessenheit geraten zu lassen: »Ich habe das Leben meines Lebens verloren, da ist weiter nichts zu sagen. [...] Es ist erbärmlich, so ganz allein zurückzubleiben, und doch liebe ich meine Einsamkeit, sie lehrt mich viele Wege, die ich bis jetzt nicht kannte, und auf denen zuweilen ein Tropfen, nicht Trost, aber ferne Erhebung zu finden ist.«[42] Uraufgeführt wurde die *Nänie* am 6. Dezember 1881 in Zürich, wo sie Brahms selbst direkt aus dem Manuskript dirigierte.

Noch im Todesjahr Anselms siedelte Henriette nach Ansbach über. Hier lebte sie, wie sie im Sommer 1882 an Widmann schrieb, »in großer Geistesöde«,[43] aber inmitten ihrer Erinnerungen:

Man betrat zwei Räume. Im ersten stand ein Flügel; der zweite war, möchte man sagen, von Abgeschiedenen bewohnt. Hohe Blattpflanzen standen in den Fensternischen und dämpften das Licht. Was der alten Frau noch von Werken des Sohnes geblieben war, hing hier an den Wänden. Die Farbenskizze einer Kreuzabnahme in friesartigem Breitformat, eine Blumenstudie aus der Zeit, da das Gastmahl des Plato gemalt wurde; schließlich das Hauptstück, in dunkel eichenem Empirerahmen die Zeichnung einer stehenden Iphigenie, nach dem ›Land der Griechen‹ ausblickend [...] Das war ihr ›Altarbild‹. In einem Glasschrank standen vor den Büchern ein paar kleine antike Bronzen, sie waren von dem Vater Anselms, dem Archäologen.[44]

Ihr Auskommen sicherte eine kleine Pension, die sie aus Baden erhielt und eine Rente, die der bayerische Staat aus dem Ertrag des Feuerbachschen künstlerischen Nachlasses gewährte. Von Ansbach aus unternahm sie – was sie bisher in ihrem Leben noch nie so häufig getan hatte – Reisen, um der eintönigen Umgebung zu entfliehen und um geschäftliche, aber auch private Kontakte zu pflegen. Nach wie vor kümmerte sie sich auch um Ausstellungen und Bilderverkäufe, bei deren Vermittlung hin und wieder auch Hermann Levi half.

Im Vordergrund jedoch stand die Arbeit an den Aufzeichnungen und die Zusammenstellung der Briefe für das *Vermächtnis,* was nicht des Augenleidens wegen, sondern auch in der schmerzlichen Erinnerung an den Sohn für sie eine schwierige Aufgabe bedeutete. Die stark subjektive Darstellungsweise verdeutlicht ein später zugefügter Kommentar, aus dem hervorgeht, daß das Werk nicht eine »in allen Teilen zuverlässige Quelle« ist, denn trotz gegenteiliger Beteuerungen hat Henriette Feuerbach massive Eingriffe vorgenommen. Julius Allgeyer vertrat die Auffassung, daß »die Art der Zusammenstellung und durch Auslassungen« das *Vermächtnis* mehr den »subjektiven Wünschen der Mutter als den Tatsachen« entsprochen habe.[45] Dennoch muß das *Vermächtnis* »auch für wissenschaftliche Arbeit herangezogen werden, da die Mutter manche Briefe ihres Sohnes benutzt hat, deren Urschriften verloren gegangen sind. Auch hat seine geschlossene künstlerische Form einen eigenen Reiz. Die Aufzeichnungen des Künstlers freilich sind von der Mutter so stark überarbeitet, daß sie kaum noch als Erzeugnis Anselm Feuerbachs angesprochen werden können.«[46] Henriette Feuerbach sah dies ganz anders. An Brahms schrieb sie, daß das »kleine Buch« ganz »wahrhaftig« sei »bis in die letzte Tiefe«; um diese aber aufzuschließen, bedürfe es »freilich einer liebevollen Hand«.[47]

Einen erschütternden Brief richtete Henriette Feuerbach im Dezember 1884 an die befreundete Rosalie Artaria Braun. Das Ausmaß an Verzweiflung über ihre Einsamkeit und die frühere prekäre finanzielle Situation werden deutlich, wenn sie schreibt, daß sie »in die Geistesöde und Kleinlichkeit« des fränkischen Ansbach gezogen, weil sie zu arm gewesen sei, irgendwo anders zu wohnen. Und sie hält Rückschau auf ihr Leben, in dem sie »Schiffbruch gelitten« habe zu einer Zeit, als es für sie zu spät war, ein eigenes Leben zu beginnen, das sie »überhaupt nie hatte« und das »mit dem Jahr 80 gründlich zu Ende gegangen ist«.[48]

Eine späte Wiedergutmachung an ihrem Sohn konnte Henriette Feuerbach mit dem Beschluß des badischen Landtages verzeichnen, für Karlsruhe eines der Hauptwerke, *Das Gastmahl des Plato*, anzukaufen und einen Feuerbachsaal einzurichten. Die Stadt, in der einst Anselms Hoffnung auf die Berufung an die Akademie zunichte gemacht worden war, in der er das Desaster um sein Werk *Der Tod des Pietro Aretino* erleben mußte, ehrte ihn nun als einen großen Künstler, der ihren Mauern entstammte. Im Juli 1890 war Henriette Feuerbach selbst ein letztes Mal längere Zeit in Heidelberg und Karlsruhe gewesen und auch von der Großherzogin Luise in einer »dreiviertelstündigen ergreifenden und erschütternden Audienz«[49] empfangen worden.

So gut es ihr mit der schwindenden Sehkraft möglich war, arbeitete sie ununterbrochen weiter, ordnete Briefe und Aufzeichnungen, sorgte sich um deren Verbleib. In großer geistiger Klarheit diktierte die fast 80jährige letzte Verfügungen, die in der Hauptsache den Nachlaß des Sohnes betrafen, so auch dessen Briefe, die sie in der Nationalgalerie in Berlin verwahrt wissen wollte. Nur zwei offizielle Schreiben – an die Nationalgalerie in Berlin und nach München – scheint sie nicht mehr vollendet zu haben; diese hatte sie dem Kunsthistoriker Wilhelm Lübke (1826–1893) mit den Worten angekündigt, daß danach ihre »irdischen Geschäfte so ziemlich abgewickelt seien«.[50] Am 5. August 1892 starb Henriette Feuerbach in Ansbach und wurde dort neben ihrer Mutter beigesetzt.

Anmerkungen

1 Brief Henriette Feuerbachs an Emma Herwegh vom 31. 7. 1846, in: Henriette Feuerbach. Ihr Leben in ihren Briefen, hg. von Hermann Uhde-Bernays, Berlin/Wien 1912, S. 99.

2 Ebd., S. 137.

3 Ulrike Leonhardt: Prinz von Baden, genannt Kaspar Hauser. Eine Biographie, Reinbek 1992, S. 204

4 Anselm Ritter von Feuerbachs weiland königlich bayerischen wirklichen Staatsraths und Appellationsgerichts-Präsidenten Leben und Wirken aus seinen ungedruckten Briefen und Tagebüchern, Vorträgen und Denkschriften, veröffentlicht von seinem Sohne Ludwig Feuerbach, 2 Bde., Leipzig 1852.

5 Henriette Feuerbach (Hg.): Ein Vermächtnis von Anselm Feuerbach, Wien 1882, S. 2.

6 Vgl. Henriette Feuerbach: Briefe, a. a. O., S. 83.

7 Ebd., S. 66.

8 Ebd., S. 17.

9 Ebd., S. 29.

10 Ebd., S. 35.

11 Ebd., S. 47.

12 Ebd., S. 35.

13 Anselm Feuerbach: Ein Vermächtnis, Wien ⁵1902, S. 8–10.

14 Ebd., S. 34.

15 Anselm Feuerbachs Briefe an seine Mutter, hg. von G. F. Kern u. Hermann Uhde-Bernays, 2 Bde., Berlin 1911, Bd. 1, 189–191.

16 Henriette Feuerbach: Briefe, a. a. O., S. 134.

17 Ebd., S. 138.

18 Ebd., S. 25.

19 Ebd., S. 136.

20 Ebd., S. 144.

21 Ebd., S. 144–146.

22 Heftiges Feuer. Die Geschichte der badischen Revolution 1848, erzählt von Amalie und Gustav Struve, Bern 1849/Hamburg 1850, NA Freiburg i. Br. 1998, S. 49 f.

23 Henriette Feuerbach: Briefe, a. a. O., S. 169.

24 Ekkehard Mai: Im Widerspruch zur Zeit oder von der Tragik der Ideale. Feuerbachs Kunstentwürfe, in: »In uns selbst liegt Italien«. Die Kunst der Deutsch-Römer, hg. von Christoph Heilmann, München 1987, S. 81.

25 Zit. nach Anselm Feuerbach (1829–1880), zusammengestellt und bearb. von Elke Bratke und Hans Schimpf, Speyer 1980, S. 15.

26 Karl Quenzel (Hg.): Der Maler Feuerbach. Leben-Briefe-Aufzeichnungen, Leipzig 1919, S. 352.

27 Henriette Feuerbach: Briefe, a.a.O., S. 161.

28 Carl Spitteler: Autobiographische Schriften, Gesammelten Werke, Zürich 1947, Bd. 6, S. 413.

29 Vgl. Henriette Feuerbach: Briefe, a.a.O., S. 302.

30 Ebd., S. 56.

31 Siegfrid Kross: Johannes Brahms. Versuch einer kritischen Dokumentar-Biographie, Bd. 1, Bonn 1997, S. 467.

32 Henriette Feuerbach: Briefe, a.a.O., S. 255.

33 Ebd., S. 268.

34 Ebd., S. 443.

35 Henriette Feuerbach: Vermächtnis, a.a.O., S. 141.

36 Ekkehard Mai, a.a.O., S. 87.

37 Henriette Feuerbach: Vermächtnis, a.a.O., S. 84.

38 Henriette Feuerbach: Briefe, a.a.O., S. 361.

39 Gert Mattenklott u.a. (Hg.): Deutsche Briefe 1750–1950, Frankfurt a.M. ²1988, S. 185.

40 Siegfried Kross, a.a.O., S. 850.

41 Ebd., S. 377.

42 Henriette Feuerbach: Briefe, a.a.O., S. 389f.

43 Ebd., S. 404.

44 Ebd., S. 359.

45 Anna Ettlinger: Lebenserinnerungen für ihre Familie verfaßt, Leipzig o.J. [1920], S. 69.

46 Karl Quenzel, a.a.O., S. 455.

47 Henriette Feuerbach: Briefe, a.a.O., S. 403.

48 Ebd., S. 416f.

49 Ebd., S. 454.

50 Ebd., S. 465.

Dichtermutter und Waschfrau

MARIA URSULA GÖTT
1842–1927

Gar zu gern hätte sich Maria Ursula Gött in der Rolle einer »Frau Aja« gesehen. Und der Name Gött wies doch in der Tat eine klangliche Gemeinsamkeit mit Goethe auf. Ihrem Sohn Emil, dem Gymnasiasten, hatte sie auf dessen inständige Bitten hin gerade antiquarisch Goethes Werke gekauft, als ihr von der Kanzel das schreckliche Wort »Gottesleugner« entgegengeschleudert wurde, mit dem der Pfarrer Johann Wolfgang von Goethe belegte. Als gute und gläubige Katholikin hätte Maria Ursula diese schmähliche Verunglimpfung nun ohne Wenn und Aber akzeptieren müssen. Doch sie hatte noch des Dichters Wort im Ohr, daß der Mensch edel, hilfreich und gut sein solle. Eben hatte sie die Briefe der Frau Rat gelesen, die sich ihrer Meinung nach mit Sicherheit »mit den Frauen im christlichen Mütterverein« hätte messen dürfen,[1] und daher war Maria Ursula Gött nicht im mindesten gewillt, die Botschaft des Pfarrers gelten zu lassen.

Ihre eigenen Gedanken hat sich sie immer gemacht, und auf ganz verschiedene Weise mußte sie sich immer wieder durchsetzen. Doch die Bedeutung, die sie für sich und vor allem für ihren Sohn Emil erträumt hatte, erreichten die beiden, die von ihrem Charakter her so verschieden waren, trotz aller Anstrengungen nie. Zwar gelangen Emil einige beachtenswerte Werke, vor allem für die Bühne, doch obwohl er vielseitige Talente besaß, zählte er nie zu den »Großen« seiner Zeit, war auch zu eigensinnig im wahrsten Sinne des Wortes und außerdem zu sehr Zweifler an sich selbst gewesen, um seine Werke mit der nötigen Energie durchzusetzen. Das Verhältnis von Mutter und Sohn stellte Volker Schupp dar: »Ihr ging es um die Erlangung einer gesellschaftlichen Position, sie glaubte an sein Dichtertum und erhoffte für sich einen Abglanz des Erfolges; er tendierte zum Lebenskonzept des Dichters und Bauern und Täters, suchte die strengste Wahrhaftigkeit, kümmerte sich wohl nicht sehr um gesellschaftliche Zwänge. Er eckte an und scheiterte.«[2]

Maria Ursula Gött unternahm auch selbst einige schriftstellerische Versuche, die in ihrer Qualität jedoch nicht über die der üblichen Kalendergeschichten hinausgingen, was sie wohl selbst empfand, denn sie bekannte: »Wer sein Lebtag mehr gewaschen und gebügelt als geschrieben hat, dem will der Satzbau nicht recht glücken.«[3] Und es glückte es ihr wirklich nicht, als berühmte und geachtete Dichtermutter ein wenig Glanz, den sie so sehr ersehnt hätte, auf sich zu ziehen. Dabei ist es in der Hauptsache ihr zu danken, daß der Sohn Emil überhaupt die Voraussetzungen und Möglichkeiten erhielt, sich so zu entfalten, daß er als »Dichterphilosoph« – wie er in einschlägigen Nachschlagewerken bezeichnet wird –, als Dramatiker, Erfinder und Lebenskünstler seinen Platz innerhalb der Kulturgeschichte erringen konnte. Ohne ihre beständige und aufopferungsvolle Hilfe hätte er es nicht geschafft, sein Leben so zu gestalten, wie er es für richtig hielt. Daß Maria Ursula glaubte, ein Recht zu haben, sich in das Leben des Sohnes einzumischen, z. B. immer dann, wenn es wieder einmal um die Verwendung ihrer Ersparnisse ging, mit der sie nicht einverstanden war, ist verständlich, zumal diese wirklich hart erarbeitet waren. Und ihr verzweifelter, in ihren Aufzeichnungen geäußerter Seufzer, daß sie »starr vor Sorge« nicht mehr in der Lage gewesen sei, lachen zu können, als sich Emil wieder einmal allzu sehr in die Pläne für die Gestaltung einer Gartenstadt verbissen hatte, entsprach sicherlich der Wahrheit. Viele Erinnerungen hat sie in diesen Aufzeichnungen, die nach dem frühen Tod des Sohnes entstanden, idealisiert, »an der eigenen Legendenbildung nicht weniger interessiert als an der um ihren Sohn«,[4] und so sind solche Bekenntnisse auch zu werten. Ihr schien die kostbare Zeit, die der Sohn mit solchen und ähnlichen Projekten verbrachte, vergeudet. Ausschließlich als Dichter wollte sie ihn sehen – am Schreibtisch. Doch wann er sich welcher Arbeit zuwandte, ließ sich Emil Gött nicht vorschreiben, schon gar nicht von der Mutter.[5]

Leicht hatte sie es ihr ganzes Leben nicht gehabt, nur die Kindheit, die sie am Kaiserstuhl verbracht hatte, schien ihr im nachhinein uneingeschränkt glücklich und ohne Belastungen gewesen zu sein. Bis zum Jahre 1692 läßt sich die Linie der Familie Schneller in Jechtingen nachweisen. Hier war Maria Ursula am 6. April 1842 geboren worden. Der verehrte Vater Konrad Schneller (1799–1863), ein »Mann von Geist und Moral«, der sich zudem durch große »Mildtätigkeit« auszeichnete,[6] arbeitete als »Küfermeister, Eichmeister und Weinsticher«. Seinen Kindern schien er »der tüchtigste und beste Mann« und die aus Rottweil stammende Mutter Veronika »die fleißigste Frau«. Die Kinder »zu achte oder neune« gesellten sich am liebsten zum Vater in die Werkstatt, »der alles wußte« und nebenbei noch die Amtsgeschäfte eines Bürgermeisters verwaltete und sich auch als Lehrer betätigte. Maria Ursula war sich später sicher, daß ihr Sohn Emil alles Gute von ihrem Vater, alle »seine guten Gesinnungen gegen den Nächsten« geerbt habe.[7] Die Atmosphäre im Hause Schneller war durch die Bildung des Vaters sicherlich um einiges weltoffener als in anderen Handwerker- oder Bauernfamilien im Dorf, und Maria Ursula Gött beklagte später in ihren Aufzeichnungen, daß sie in der Schule so wenig gelernt habe, denn außer »Religion und Singen« habe man den Schulkindern nicht viel beigebracht. Als sie nach der Schulzeit in Stellung ging und gern etwas von dem nachgeholt hätte, was in der Schule versäumt worden war, besaß sie nicht genug Geld, um sich Bücher zu kaufen.[8] Das Interesse an Literatur verlor sie nie, und ihr Talent zum Schreiben versuchte sie später umzusetzen. Ihr ganzes Sehnen aber ging dahin, den Sohn Emil als bekannten Schriftsteller zu etablieren. Die schriftstellerische Begabung setzte sich bei Maria Ursulas Neffen Franz Schneller (1899–1968) fort, der »Schüler, Freund und Wandergefährte«[9] seines Onkels wurde, und als Autor volkstümlicher Plaudereien vom Oberrhein bekannt geworden ist. Er hat mit dem Aufsatz »Emil Gött, ein Genie des Sich-Verschwendens« 1964 persönliche Erinnerungen an Mutter und Sohn veröffentlicht, die in einigen Details allerdings etwas verschwommen sind und zum Teil auch nicht der Realität entsprechen.[10] Ganz genau aber scheint ihm noch die »Naturgewalt« seiner Tante gegenwärtig gewesen zu sein, die mit ihrem Temperament in der Lage war, »Männer in die Flucht zu schlagen«, die »ihre Brut« liebte, »besonders den Emil, für den sie das Hemd vom Leibe verkauft hätte«.[11]

Die doch recht behütete Kindheit der Maria Ursula endete, als sie »noch als Schulmädle bei's Waisenrichters in den Dienst ging«.[12] Solche Stellungen waren für junge Mädchen vom Land damals üblich, und meist wurden sie bis an die Grenze ihrer körperlichen Kraft ausgenutzt. Hinzu kam, daß solche jungen Mägde, die aus ihrer vertrauten Umgebung herausgerissen worden waren, sich nur schwer behaupten konnten und unter der Willkür von bereits länger in Haus und Hof beschäftigten Mägden und Knechten zu leiden hatten. Das war auch bei Maria Ursula der Fall, die »vom Knecht mit der Geißel gefitzt wurde, gerade als ob sie eine Kuh wäre«.[13]

Noch ein anderes Schicksal teilte sie mit vielen anderen ihrer Geschlechtsgenossinnen, nämlich das der ledigen Mutter. Am 13. Mai 1864 brachte die nach Jechtingen in das Elternhaus zurückgekehrte junge Frau ihren ersten Sohn zur Welt, der der damaligen Sitte gemäß auf den Namen des Heiligen seines Geburtstages getauft wurde: Servatius Schneller. Wie er später zum Namen Emil kam, ist nicht ganz geklärt. Vermutlich geschah dies jedoch bei der Anerkennung als eheliches Kind nach der Hochzeit der Eltern.[14] Der Klatsch im Dorf blühte selbstverständlich angesichts dieses »Fehltrittes«.

In den handschriftlichen Aufzeichnungen der Maria Ursula Gött finden sich einige Andeutungen, die vermuten lassen, daß ihr späterer Ehemann Joseph Gött nicht ihre große Liebe war, sondern daß sie diese schon zuvor erlebt hatte. Von einer ihr sehr wertvollen und gehüteten, mit Blumen bemalten Schachtel ist die Rede, in der sie jene schönen Briefe aufbewahrte, die »so traurig von unglücklicher Liebe redeten«.[15] Daß ihr Joseph Gött davon erfahren hat, verdankte sie, ihren Angaben zufolge, dem Dienstmädchen, mit dem sie das Zimmer teilte und das die Schachtel entdeckte. Dieses – so Maria Ursula – hatte nichts besseres zu tun, als von ihrem Fund lauthals überall zu berichten. Wie ein roter Faden zieht sich dieses Vorkommnis durch die Erinnerungen Maria Ursulas, die jedoch nicht bereit war, die ihr »so heiligen Geheimnisse« anderen preiszugeben. Was nun Wahrheit und was nur böswilliger Klatsch war, läßt sich im nachhinein kaum mehr klären.[16] Sie selbst notierte in den Aufzeichnungen, die sie auf Bitten ihres Sohnes zu Papier brachte, über diese für sie sicherlich nicht einfache Zeit: »Ich war verloren, gerichtet fürs ganze Leben!«[17]

Mit solchen Erfahrungen hatte nicht nur Maria Ursula Bekanntschaft gemacht. Solidarität zwischen den Hausangestellten gab es selten, es herrschte ganz im Gegenteil eine strenge Hierarchie, an deren Spitze bei den weiblichen Angestellten meist die Köchin stand. Klatsch und Verleumdungen waren an der Tagesordnung, denn das Verhältnis zwischen Dienstmädchen und Herrschaft beschränkte sich häufig nicht nur auf die Aufgaben im Haushalt. Stillschweigend wurde oft geduldet, daß der Hausherr oder auch der erwachsene Sohn ihre sexuelle Abenteuerlust bei den weiblichen Untergebenen befriedigten, die in ihrer Naivität sich Hoffnungen auf einen gesellschaftlichen Aufstieg durch eine entsprechende Heirat machten. »So lebten die Mädchen oft in einer für sie unüberschaubaren Zwischenwelt der Werte und Normen, in der man sich am leichtesten durch Folgsamkeit zurechtfand.«[18]

Genauso verhielt sich auch Maria Ursula. Sie machte gar nicht erst den Versuch, sich zu verteidigen, fügte sich »mit stiller Ergebenheit« in ihr Geschick, »verdoppelte« ihren Fleiß und die Aufmerksamkeit der Herrschaft gegenüber. Dennoch kamen die Gerüchte auch jenem »schönen Feldwebel« zu Ohren, der sich für das Dienstmädchen Maria Ursula interessierte und sie eines Abends ansprach. Doch obwohl er »gewiß schöne Worte« gefunden hatte, klopfte das Herz der jungen Frau »gar nicht so wie damals«. Der »ganze Vorgang jener großen heiligen Liebe«[19] wiederholte sich nicht, die Beziehung verlief eher prosaisch. »Nach langem Hin- und Herzerren, nach bitteren Erfahrungen und Minderwärtigkeiten« wurden die beiden schließlich ein Paar, allerdings erst einige Zeit nach Emils Geburt: »Während Vater ½ Jahr nochmals im Lazarett lag, kamst du in meinem Heimatdorf bei meiner Mutter auf die Welt. Darum hing die Großmutter so sehr an dir. Mein lieber Vater starb ein Jahr vorher 63 Jahre alt. [...] Nein das Leben lag nicht hell vor mir. Es faßte mich furchtbar hart an.«[20]

Ihr Bräutigam Joseph Gött (1837–1889), den Maria Ursula in der Freiburger St. Martinskirche heiratete, stammte wie sie aus einer kinderreichen Familie, deren Vater Gastwirt in Edingen bei Heidelberg war.[21] Während seiner Militärzeit hatte Joseph vor allem Strenge, Disziplin, Fleiß, Pflichtbewußtsein und Unterordnung kennengelernt. Das alles verlangte er selbstverständlich nun auch von seiner Familie. Für intellektuelle Höhenflüge und sinnlosen Zeitvertreib, wie z.B. das Lesen von Büchern, hatte er kein Verständnis. Für den Militärdienst war er nicht mehr tauglich, da er eine schwere Verletzung erlitten hatte, die ihn zwang, seine bisherige Laufbahn nach zehn Dienstjahren aufzugeben. Immerhin hatte er während dieser Zeit 600 Gulden zusammengespart, die es ihm ermöglichten, einen eigenen Hausstand zu gründen. Hinzu kam ein kleines Vermögen, das Maria Ursula von ihrem nach Amerika ausgewanderten Halbbruder Fridolin per Vollmacht erhielt, so daß die Familie keinen Mangel litt.[22]

Die große Liebe war es nicht, die das Paar zusammenführte, eher ein Zweckbündnis, das auch auf dem Mitleid Maria Ursulas für Joseph Gött beruhte, der zum einen unter den Folgen seiner Verletzung litt, zum anderen unter dem Zwang, sich nun in einem Zivilberuf bewähren zu müssen, was er möglicherweise als Makel empfand. Immerhin brachte er es »durch seine Tüchtigkeit zum Stellvertreter des Grund- und Pfandbuchführers« der Stadtverwaltung.[23] Dennoch saß er »oft tagelang niedergeschlagen da«,[24] während es seine Frau gewohnt war, tatkräftig zuzupacken.

Es waren keine idealen Voraussetzungen für eine glückliche Ehe, denn sowohl in Erziehungsfragen waren beide Partner meist völlig unterschiedlicher Meinung als auch bei den einfachsten Dingen des täglichen Lebens: »Der Vater war ein nüchterner sparsamer, bis zum Geiz geneigter Charakter«, der »krankhafte Schrullen« hatte und oft einen »ungemütlichen Kasernenton« anschlug:

> Dummes Zeug nannte er die schönsten Gedichte und Briefe, dummes Zeug, Larifari, das ist was für die vornehmen Leute, aber nicht für Unsereins. Vater hieß überhaupt alles Larifari, was kein Geld einbrachte. Auf diese Art wurde mir alles untersagt. Ich durfte nie singen, kein Buch lesen, keine Zeitung halten. Er ließ dieselbe auf der Kanzlei. Schaff du, das ist gescheiter hieß es [...] Zu was brauchst du Zeitung lesen, sagte er jedesmal, wenn ich ihn darum bat.[25]

Nie in ihrem Leben – so Maria Ursula Gött – hat sie getanzt, nie sich ein Vergnügen außer der Reihe gegönnt, sich nicht einmal eine Zeitschrift, außer dem *Franziskusglöcklein* geleistet, in dem ihre beiden bigotten Schwestern lasen und die darin enthaltenen Legenden »aufs Wort glaubten«. Sie aber »hätte anderes gebraucht«.[26]

Solche patriarchalischen Auffassungen waren bei den Familienvätern des Kleinbürgertums in der zweiten Hälfte des 19. Jahrhunderts an der Tagesordnung. Ein Aufbegehren der Ehefrau beschwor größte Krisen herauf und setzte einiges an Mut voraus. Für ihren geliebten Sohn Emil, zu dem die Mutter von Anfang an eine sehr enge Bindung hatte, nahm Maria Ursula aber auch dies auf sich. Immer wieder verstand sie es, zu beschwichtigen, die Wogen zu glätten und, wenn es gar nicht anders ging, sich auch für das Wohl des Sohnes gegen den Willen des Vaters zu stellen. Dies war der Fall, als es um die Anmeldung zum Gymnasium ging, gegen die der Vater sich sträubte. Trotz der Empfehlung des Volksschullehrers war er nicht bereit, Emil den Besuch der weiterführenden Schule zu gestatten. Er sollte lieber »ein Handwerk lernen, bälder Geld verdienen«, war seine Meinung. Eine Weile gelang es ihm auch, Mutter und Sohn einzuschüchtern, doch dann meldete Maria Ursula ihren Emil kurzerhand im Gymnasium an, »ohne lang zu diskutieren«.[27] Nicht nur von ihrem Mann wurde ihr diese Eigenmächtigkeit lange vorgehalten, sondern auch von der Verwandtschaft, als diese später all ihre Befürchtungen bestätigt sah, da Emil nicht gewillt war, einen »ordentlichen Beruf« zu ergreifen. Auf Verständnis konnten weder Emil noch seine Mutter hoffen, schon gar nicht, als er später an der Universität Freiburg die Fächer Germanistik, Romanistik, Philosophie und Geschichte belegte. Das traf nicht die Erwartungen des Vaters, der nach der langen Schulzeit gehofft hatte, daß der Sohn Pfarrer oder doch mindestens Lehrer werden würde. So hatte die Mutter ständig zwischen Vater und Sohn zu vermitteln und gegen die zunehmende Entfremdung zwischen den beiden anzukämpfen. Vier jüngere Geschwister hatte Maria Ursula im Laufe der Jahre noch zu versorgen: Ida (1866–1960), Amalie (1868–1931), Anna (1876–1939) und Theophil (1878–1950). Freie Zeit für die Pflege von Freundschaften hatte sie seit ihrer Heirat nicht mehr »vor lauter Arbeit und Sorgen […] Ich hatte jedes Jahr ein Kind zu wickeln und ich wickelte sie gut, was mir auch meine Feindinnen und Verleumderinnen lassen mußten«, schreibt sie in den Aufzeichnungen *Emil Gött. Sein Anfang und sein Ende.*[28] Darin glorifizierte sie zwar den Werdegang und das Leben ihres Sohnes in höchstem Maße, doch einige Schlaglichter, die sich auf ihre Empfindungen und ihr Erleben beziehen, sind aus sehr realistischer Sicht dargestellt.

Seine Stelle bei der Stadt kündigte Joseph Gött zum 1. Mai 1889. Er wollte eine selbständige Existenz gründen, die man heute wohl am ehesten mit einer Agentur für Anlageberatung vergleichen könnte. Doch dazu kam es nicht mehr. Seine alte Verletzung machte einen langen Aufenthalt im Lazarett in Karlsruhe sowie eine Operation notwendig, von der er sich nicht mehr erholte. Im Oktober desselben Jahres starb er. Dadurch daß er seine Anstellung im Freiburger Rathaus selbst gekündigt hatte, konnte seine Witwe keinerlei Pensionsansprüche geltend machen. Die Militärpension hatte man Joseph Gött bereits kurz nach dem Krieg 1870/71 entzogen. Maria Ursula Gött blieb das Haus in der Hebelstraße 24, die damals noch am äußersten Stadtrand von Freiburg lag.

Dem Sohn Emil war es zwischenzeitlich in Freiburg zu eng geworden, es zog ihn nach Berlin, wo er sich während eines Semesters mit Archäologie beschäftigte; ein Aufenthalt in Genf schloß sich an, dem noch einmal ein Semester in Berlin folgte, während dessen er auch sein erstes Drama *O Academia* schuf, das die Eltern immer wieder »mit Rührung« lasen,[29] »der Vater vielleicht im Gefühl einer Schuld, die Mutter eher in Rührung darüber, daß der Sohn begonnen hatte, ihre Ahnungen zu erfüllen«.[30] Der große literarische Erfolg blieb jedoch aus, auch nach der Aufführung des Stückes *Freund Heißsporn* im Februar 1890 im Freiburger Stadttheater. Für Maria Ursula Gött waren dies »unbeschreiblich schwere und trübe Jahre«.[31] Sie litt vor allem darunter, daß Emil sich nicht für einen Beruf entscheiden konnte und planlos herumstudierte bzw. hochfliegende Pläne schmiedete. So hatte sie sich das nicht vorgestellt, als sie damals die Anmeldung zum Gymnasium durchgesetzt und viele Jahre lang die schiefen Blicke ihrer übrigen Kinder und der Verwandtschaft ertragen hatte. Sie konnte nicht verstehen, daß ihr reisefreudiger Sohn eine solide Anstellung mit geregeltem Einkommen, etwa bei der Stadt, verweigerte. Seine Auffassungen und idealistischen Vorstellungen vermochte sie nicht nachzuvollziehen. Damit stand sie nicht allein. Selbst guten Freunden, wie z. B. Gustav Manz, fiel es bisweilen schwer, die ambivalenten Stimmungen Götts zu ertragen, und so manches Mal mußten sie Brüskierungen hinnehmen. Manz machte keinen Hehl daraus:

> Mit Gött befreundet zu sein, war freilich kein Leichtes. In demselben Maße, wie er es immer wieder verstand, durch den Zauber seiner Persönlichkeit oder die beredsam bescheidene Not seiner Verhältnisse Freundesgesinnung in schnellbereite Freundestat umzuwandeln, vermochte er es auch, die Empfinden seelischer Verbundenheit mit ihm Belastungsproben zu unterwerfen, die nur der stärkste Grad innerer Zuneigung aushalten konnte.[32]

Auch in das zuweilen schwierige Verhältnis zwischen Mutter und Sohn hatten die Freunde Einblick. Das auf ihm lastende Schuldbewußtsein machte Emil aggressiv, denn er wußte sehr genau, daß »er aus dem Stolz immer mehr zum Schmerz seiner tapferen Mutter wurde, daß er in den Unbeherrschtheiten seiner Augenblicksimpulse sich in geschäftliche Unternehmungen einließ, die sein Schuldbuch um Tausende vermehren mußten, während die treue sorgende Seele [...] in schwerster Arbeit sich unentwegt ihren bescheidenen Verdienst sucht«.[33] Andererseits schob Gött die Bedenken und Einwände seiner Mutter auch einfach beiseite, machte sich über ihre Vorhaltungen sogar lustig, wie eine Tagebuchnotiz vom 1. März 1903 verrät: »Die Mutter hat sich mit dem Gedanken abgefunden, ihr Geld vorläufig zu verlieren, verloren anzunehmen; die Hauptsache ist ihr, daß ich der Sorgen loskomme. Drollig war, daß sie gestern ausrechnete, welche Möbel ihr gehörten, wenn ich – gepfändet würde.«[34] Mit der ihr eigenen Energie hat die Mutter dem Sohn mehr als einmal klarzumachen versucht, daß sie seine Lebensweise mißbilligte, da sie schließlich großteils auf ihre Kosten ging. Dennoch – und auch dies ist in den *Aufzeichnungen* spürbar – hoffte sie nach wie vor unverbrüchlich auf eine Zukunft, in der Emil endlich mit seiner Arbeit als Schriftsteller die Aufmerksamkeit der literarischen Welt auf sich ziehen würde.

Maria Ursula Gött,
die Mutter Emil Götts

Die enge Beziehung zwischen Mutter und Sohn war einseitig
geworden. Er fühlte sich durch die ständigen Ermahnungen ein-
geengt, hatte sich auch schon längst aus der familiären Umklam-
merung gelöst, was so weit führte, daß er selbst den Geburtstag
der Mutter vergaß bzw. ihn auch gar nicht als wichtig erachtete.
In einem Brief vom 6. April 1893 entschuldigt er sich bei ihr dafür,
daß er ihren 50. Geburtstag vergessen habe. Am 1. April sei er mit
»einem wichtigen Brief« beschäftigt gewesen, und erst als er nach
dem Datum gefragt habe, sei ihm eingefallen, daß sie demnächst
ihren Geburtstag feiere. »Daß es aber der 50. war wußte ich nicht;
ich glaubte, erst der 49. Aber als der andere Brief geschrieben
war, trug ich ihn zur Post, kam heim zum Essen, ging Mittags an
die Arbeit, kurz ich dachte nicht mehr daran.«[35] Angesichts der
Tatsache, daß ihm auch der 50. Geburtstag entgangen sein muß,
denn im Jahre 1893 vollendete die Mutter bereits ihr 51. Lebensjahr, ist man fast geneigt, von einer großen Gleichgültigkeit zu
sprechen, die er ihr gegenüber an den Tag legte.
Von 1894 an wurde Emil Gött seßhaft. In Zähringen, das bis zum
Jahre 1906 noch ein selbständiges Dorf war, erwarb er am 23. 2. 1894
auf der Leinhalde 15 Morgen Land.[36] Eine genaue Wegbeschrei-

bung lieferte Hans Killian, der Sohn des Arztes und Freundes von Emil Gött Gustav Killian:

> Wer den Dichter, Denker und Bauer Emil Gött einst besuchen wollte, mußte Zähringen in Richtung des Altbachtales durchschreiten, dann aber links in den Leinhaldenweg einbiegen, der in einem Dobel am Hang unterhalb der Zähringer Burg endet. Im hinteren Abschnitt des kleinen Nebentales passierte man zwei kleine, von alten Erlen und dichtem Buschwerk umstandene Weiher [...] Der Weg krümmte sich in einer Kurve, plötzlich stand man vor einem wild überwachsenen kleinen Haus: Götts Heim [...] ein Paradies im Rosenhag.[37]

In Berlin hatte Götts Drama *Der Adept* Aufnahme in das Repertoire des Theaters gefunden, und die Tantiemen hierfür verwendete er für den Kauf des Grundstückes und den Bau seines Holzhauses, der den Kostenvoranschlag allerdings um einiges überschritt. Hier verwirklichte er seinen Traum vom Leben auf dem Land. Nach den Angaben der Mutter pflanzte er 300 Obst- und Zierbäume und Sträucher. Als das Häuschen fertig war, »dröhnten die Böller, daß das ganze Tal weit und breit das Echo zurückgab«.[38] Maria Ursula war weniger zum Feiern zumute, denn »neben ihr ging immer Frau Sorge im grauen Kleide«.[39] Die Hypotheken, die aufgenommen werden mußten, belasteten sie ungeheuer; schließlich war überhaupt nicht klar, wie sie zurückgezahlt werden sollten. Ihr Sohn nannte seine Neuerwerbung ironisch deshalb »Leihhalde«. Vielleicht hatte die Mutter insgeheim gehofft, hier ebenfalls einziehen zu können, um dem Sohn den

Emil Gött
Zeichnung von A. Haueisen

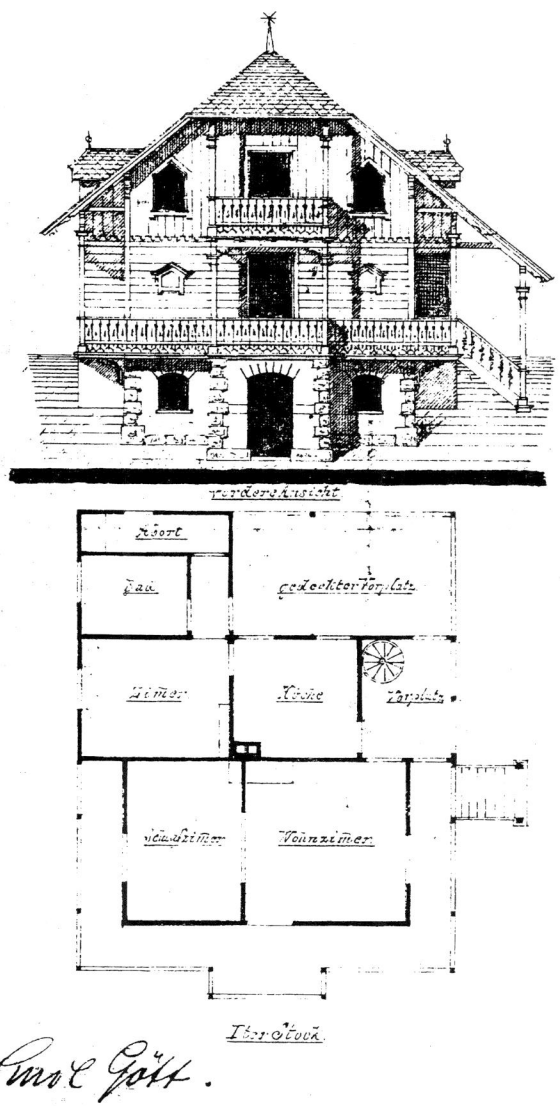

Fassade und Grundriß des Hauses auf der »Leihalde« (aus: Volker Schupp,
Dokumente und Darstellungen zu Leben, Dichtung und früher Lebensreform,
Freiburg i. Br. 1992; mit freundlicher Genehmigung des Kulturamtes der
Stadt Freiburg i. Br.)

267

Haushalt zu führen. Doch davon war keine Rede, auch dann nicht, als sie das Haus in der Hebelstraße, das ihre Mutter und ihr Mann einst gemeinsam gekauft hatten und in dem nun auch eine der Töchter mit ihrer Familie wohnte, verließ und in den fünften Stock eines Mietshauses in die Breisacherstraße 2 zog. Erst als Emil Gött pflegebedürftig wurde, bezog die Mutter ein Zimmer im ersten Stock des »Leihhalden«-Hauses.

Die übrigen Kinder mußten sich mit der Großzügigkeit der Mutter dem ältesten Bruder gegenüber abfinden, und die Verwandtschaft vertrat die Auffassung, daß sie selbst schuld sei an dieser Entwicklung, denn sie habe ja immer den Sohn unterstützt und ihm das Leben zu leicht gemacht. Hätte sie »nicht immer Brot hinaufgetragen, dann stünde er auf einem andern Standpunkt«.[40] Diese Kritik kränkte sie tief, zumal in ihr mehr als nur ein Körnchen Wahrheit steckte.

In der Tat hatte Maria Ursula, die weiterhin als berufstätige Frau mit Waschen und Bügeln ihr Geld verdiente, einiges in die Unternehmungen des Sohnes investiert. Gleich ob es 1899 um die Anlage einer Sandgrube ging oder um die Einrichtung einer Ziegelei, zu der übrigens auch der Freiburger Verleger Friedrich Ernst Fehsenfeld, in dessen Verlag die ersten Karl May-Romane erschienen, Mittel vorstreckte,[41] immer war sie diejenige, die für seinen Lebensunterhalt sorgte. Daß es der vielen Schulden wegen häufig zu Spannungen zwischen Mutter und Sohn kam, ist nicht verwunderlich. Ihn belastete die Aufopferung der Mutter, nahm ihm die Luft zum Atmen: »Die Mutter! Die Mutter! sie ist tapfer, weil sie hofft, aber wie ein Alp liegt dieses Hoffen auf mir! Und die Knie zittern!«[42] Sie konnte sich nie mit dem aus ihrer Sicht sorglosen Leben des Sohnes abfinden und fühlte sich ausgenutzt. Außerdem glaubte sie ein Recht darauf zu haben, sich in seine Angelegenheiten einmischen zu dürfen. Ein Dorn im Auge mögen ihr auch die Besucher gewesen sein, die sie so gern als Hausherrin begrüßt hätte. Doch das ließ der Sohn nicht zu, er empfing zwar gern Gäste, doch auf Dauer jemanden um sich zu haben, war ihm lange Zeit ein Greuel gewesen. Erst mit der um sechs Jahre älteren Antonie Bell fand Gött eine Mieterin und Freundin, »eine höchst anregende Hausgenossin«, wie er an seinen Freund Manz schrieb.[43] Ihr öffnete er seinen »heiligsten Bezirk«,[44] im Gegensatz zur – wie er es empfunden haben mag – ewig nörgelnden, sich in alles einmischenden Mutter. Es muß zu handfesten Krächen zwischen Mutter und Sohn gekommen sein, wie nachfolgender Brief belegt, den sie voller Wut an den Sohn richtete. Wie aufgebracht sie beim Schreiben war, beweisen auch die ungewöhnlich riesigen Schriftzüge, die von ihrer gewohnten Schrift auffällig abweichen. Wütend warf sie ihm vor:

> Du darfst mir nicht mehr in meine Wohnung kommen, bevor du mir endlich mein Recht gelten lassest. Ich sage dir nochmals, daß ich nichts von dir will als mein Recht. Du brauchst nicht zu rasen und zu wüten wie ein Tier gegen deine Mutter, welche im vollen Recht ist, wenn sie ihre Sache will. Ich habe lange genug zugesehen, wie du allen Freunden hilfst und dein Geld an sie hängst, während ich mich im tiefsten Schmutz erniedrigen muß, und mein armes, vom Vater so furchtbar bitteres Geld in deinen Händen verlottern sehen muß. [...] noch schöner ist es aber, daß ich die vollen 6 Jahre keinen Zins bekommen konnte und dafür soll ich am Ende noch mißhandelt werden. Ich will kein Wort mehr mit dir reden. Du verdienst es nicht. [...] Warum hilfst du dir und mir nicht. Auf was wartest du denn. Ich will mein Geld, ich will keine Wäscherin sein und mich bis in Schmutz erniedrigen vor dem Gesindel. [...] Ich verbitte mir vor allem deine Grobheiten und den Vergleich mit den schlampigen Bettelweibern. So eine war ich überhaupt nie. Ich habe Kinder und die sollen für mich sorgen. [...] Verstehst du das. Aber meine Kinder nehmen mir noch alles statt [zu] sorgen. Pfui, pfui! Schande über euch.[45]

Man sollte diesen, sicherlich in höchster Erregung geschriebenen, Brief nicht vorschnell interpretieren. Maria Ursula Gött dachte mit Recht an ihre nicht vorhandene Altersversorgung, schließlich gab es in jenen Jahren keine soziale Absicherung, wie dies heute der Fall ist. Sie wußte sehr wohl, wie es um die Gesundheit ihres Sohnes stand und konnte sich ausrechnen, daß sie von ihm

269

keinerlei Unterstützung im Alter erwarten konnte, etwa durch Tantiemen o. ä., und ihr gesamtes Vermögen war aufgebraucht. Die Pläne, die »Leihalde« zu verkaufen, die Emil Gött wiederholt hegte, scheiterten bzw. er selbst verwarf sie immer wieder, obwohl er sich im klaren darüber war, daß »die Leihalde als Schaumblase eines übertriebenen Wollens« nichts einbringen würde und als solche eigentlich auch gesehen werden sollte: »ohne Pietät und Aberglauben«.[46] Erst auf dringendes Anraten Gustav Killians konnte sich Gött entschließen, wenigstens einen Teil des Besitzes, den er seiner Krankheit wegen sowieso nicht mehr bearbeiten konnte, aufzugeben.[47] Bisweilen hatte er sogar mit dem Gedanken gespielt, von seinem Nachbarn, dem Fabrikanten Ernst Oskar Tröscher, noch mehr Grund zu erwerben, um das erweiterte Projekt der Rohstoffgewinnung der Ramse-Faser zu realisieren, ohne allerdings zuvor die Beschaffenheit des Rohmaterials überprüft zu haben. Als die Mutter davon erfuhr, schrieb sie – ohne Wissen des Sohnes – voller Entsetzen einen verzweifelten Brief an Tröscher, in dem sie auch die Beweggründe für ihr Handeln nennt:

> Wie ich vor kurzem vernommen, so will mein Sohn Emil Gött das Feld von Renz Ihnen abpachten. Du lieber Gott haben denn wir nicht selbst Feld mehr als genug. Könnten wir nur dieses in Stand halten. Es ist ja schrecklich wie es aussieht. [...] Ich sank fast in die Erde als er von Renzens Häuschen fabelte. So einen Schweinestall will er zurecht machen? [...] Ich habe im Sinn in das St. Annastift zu gehen, wenn alles gefehlt ist. Denn Emil hat mein ganzes Vermögen von 16 000 Mk verplempert durch Hausbau, Sandgrube, Ziegelei usw. Ich bin durch ihn gänzlich arm geworden u. nicht nur das; meine anderen Kinder sind mir feindlich gesinnt deshalb. [...] O Bitte, weisen Sie ihn im guten auf seine Schriftstellerei zurück. [...] Ich muß vor allem dafür sorgen, daß ich einen Unterschlupf habe im Alter [...] Ich habe mich seit 20 Jahren tapfer gehalten und mit Waschen und Bügeln mein Brot verdient. Ihn unterstützt und anderen geholfen.[48]

Im gleichen Brief klagt sie am Schluß, daß viele Menschen ihren jetzt schwerkranken Sohn, der »immer die Welt verbessern wollte« und über seinen Erfindungen grübelte, maßlos »ausgebeutet« hätten.

Genauso heimlich wandte sich Emil Gött vier Tage später in der gleichen Angelegenheit mit einen Brief an Tröscher, in dem er ihn inständig bat, das Vorhaben insbesondere vor der Mutter geheimzuhalten, die man »trotz ihres äußern heitern und kräftigen Auftretens doch nicht hinsichtlich ihrer Gemütsverfassung falsch einschätzen« dürfe. Sie sei »maßloser Aufregungen fähig«, und augenblicklich könnten sie dies beide nicht verkraften.[49] Die Argumente der Mutter leuchteten Tröscher wohl mehr ein, und er tendierte – wie aus dem nachfolgenden Briefwechsel hervorgeht – zu ihrer Auffassung.

Aus all diesen Vorgängen, Reibereien und gegenseitigen Vorwürfen den Schluß ziehen zu wollen, daß Emil Gött seine Mutter skrupellos ausgebeutet habe, wäre nicht richtig. Seine Hilfsbereitschaft gegen jedermann, die in ihren Aufzeichnungen allerdings im Übermaß und allzu verherrlichend dargestellt wird, kostete ihn tatsächlich viel Geld sowie auch seine Unternehmungen und Erfindungen, bei denen es sich meist gelohnt hätte, sie zu realisieren. Doch dazu fehlte dem »Akademiker mit der Mistgabel«,[50] dem »friedlichen Dichter«, der im Aussehen eher einem »Waldschrat oder Rübezahl«[51] glich, kaufmännisches Denken und Wissen. Er war auch nicht in der Lage, regelmäßig und konsequent zu arbeiten. Freunde, unter ihnen Gustav Manz, der Feuilleton-Redakteur der Berliner *Täglichen Rundschau,* versuchten, ihn zu bewegen, Beiträge für Zeitungen und Zeitschriften zu schreiben, damit wenigstens sein Lebensunterhalt gesichert wäre. Das Ergebnis war jedoch meist enttäuschend. »Nur tropfenweise«[52] gingen seine Artikel und Aufsätze in den Redaktionen ein, so daß man dort ziemlich bald die Lust verlor, seine Schriften – wenn sie überhaupt kamen – zu veröffentlichen. Gött besaß auch nicht die Härte und Ausdauer, seine sechs Dramen dauerhaft auf der Bühne durchzusetzen, vor allem deshalb nicht, weil er mit dem Ergebnis seines Schreibens nie wirklich zufrieden war. So existieren allein vom *Schwarzkünstler* sechs Fassungen mit unterschiedlichen Titeln.[53] Daß er demgegenüber den Ausgleich bei landwirtschaftlicher Arbeit suchte, bei der wenigstens sicht- und greifbare Ergebnisse der Anstrengungen entstanden, ist verständlich.

Auf das Geld der Mutter konnte er nicht verzichten, doch jedes Mal zerrann es in seinen Händen. Mit der gleichen Naivität, die ihn dazu brachte, anderen vorbehaltlos zu helfen, war er davon überzeugt, daß ihm ihr Geld zustehe. Daß er seiner Mutter gegenüber ständig ein schlechtes Gewissen hatte, daß er ihr trotz allem von ganzem Herzen ein besseres Leben wünschte, geht aus etlichen Bemerkungen in seinen Tagebüchern hervor, beispielsweise, als er am 13. 12. 1898 davon berichtet, wie er sie abends noch in der Waschküche angetroffen und es ihn »wie mit Entsetzen« durchgerüttelt habe bei der Vorstellung, daß es ihm »auch diesen Winter mißlänge, sie zu befreien!«[54] Seiner inneren Zerrissenheit, dem Hin- und Hergeworfensein zwischen unbedingtem Wollen und Können war er sich sehr wohl bewußt, doch er fand keinen Ausweg, wie die Tagebuchnotiz vom 1. Weihnachtsfeiertag 1898 belegt:

> Ich habe immer noch kein Klargefühl für mein Verhalten. Die äußeren Nöte reden so vorlaut und gebieterisch mit mir, daß die Stimme der inneren Notwendigkeit undeutlich wird, und die der Lust überhaupt verstummt, oder nur in abgerissenen Lauten sekundenlang durch den wüsten Lärm klingt. So brachte ich es nicht über die Lippen, was mir die Tage her im Herzen saß: der Mutter gestern abend als Weihnachtsgeschenk die Zusicherung der baldigen Befreiung vom Wäschzuber zu geben! Ich spürte, es war zuviel Revolte gegen die schäbige Not darin, die uns im neuen Jahr droht, und noch zu wenig freie Luft.[55]

Jegliches Verständnis Emil Götts für die Mutter versagte jedoch dort, wo sie versuchte, sich in seine schriftstellerische Arbeit einzumischen oder gar seine intellektuellen Höhenflüge zu beeinflussen. Sie war entsetzt, als sie erfuhr, daß er sich mit der Philosophie Friedrich Nietzsches auseinandersetzte. Von diesem »Menschenirrlehrer und Gottesleugner« hatte sie zwar noch nie

272

etwas gelesen, während der Predigt im Münster wurde er jedoch verdammt. Ihr wurde angst und bange, so daß sie sofort versuchte, ihren Sohn von Nietzsches Einfluß zu befreien. Das war ihm denn doch zuviel, und es muß eine gewaltige Verteidigungsrede gewesen sein, mit der er die vom katholischen Priester geweckten Ängste der Mutter zerstreute. Sie begriff, daß sie hier nicht mitreden durfte und kümmerte sich nicht weiter um Nietzsche, »hatte auch gar keine Zeit dazu«. Ihr genügte es, daß der Sohn »behauptete, er sei ein guter Mensch; der Prediger konnte sich ja auch irren«.[56] Ein anderes Mal ging es um das Lustspiel *Mauserung,* mit dessen Titel sie überhaupt nicht einverstanden war und statt dessen nach bester *Gartenlauben*-Manier »Gräfin Herlinde« vorschlug. Doch es blieb bei der *Mauserung.*

Mit der Hoffnung auf Linderung und Besserung des schweren Herzleidens – nach Aussage Hans Killians handelte es sich um eine Coronarsklerose – gab er ungern dem Drängen der Mutter nach und fuhr widerwillig zur Kur nach Bad Nauheim, was aber nur eine vorübergehende kurze Besserung bewirkte. Emil Gött starb am 13. April 1908 im Carolushaus in Freiburg, das in Zähringen neben der Klinik von Gustav Killian lag, der ihn bis zum Schluß betreute.

Nach seinem Tod bemühte sich dieser, alle nachgelassenen Schriften und Dokumente zu sammeln. Maria Ursula Gött trug das ihre dazu bei. Vermutlich unterbreitete Killian den Vorschlag, dem Literaturwissenschaftler Roman Woerner, der als Professor an der Universität Freiburg lehrte, und dessen Schwester Uta Carolina die Bearbeitung und Herausgabe der Werke anzuvertrauen. Die Geschwister waren mit Emil Gött befreundet gewesen. Maria Ursula hatte in dieser Angelegenheit wohl die Dichterin Marie von Ebner-Eschenbach um Rat gefragt, denn diese bestätigte ihr auf einer Karte vom 20. 10. 1910, daß der Nachlaß bei dem »edlen Geschwisterpaar Woerner [...] in guten Händen« sei.

Gött hatte Roman Woerner Mitte November 1907 – ein knappes halbes Jahr vor seinem Tod – in Freiburg kennengelernt und war von ihm sehr angetan. Er hatte ihm »viel Gutes« über sein Drama *Edelwild* gesagt, »sogar Befreiendes«.[57] Seine Schwester Uta Carolina, von Gött ihrer blonden Haare wegen zärtlich »Schimmelchen« genannt, war ebenfalls schriftstellerisch tätig. Marie von Ebner-Eschenbach hatte sich für die Veröffentlichung einer Erzählung dieser ihrer Meinung nach »ernsten und hochbegabten Dichterin« 1908 bei Julius Rodenberg eingesetzt, dem Herausgeber der *Deutschen Rundschau*.[58] Mit Uta Carolina fühlte sich Gött besonders verbunden, da sie beide das gleiche Schicksal einer schweren Krankheit trugen; seine wenigen Briefe an sie spiegeln wie kaum eine andere seiner schriftlichen Äußerungen auch seinen Humor wider.

Noch am Tag vor seinem Tod äußerte er die Hoffnung, doch bald wieder »droben« auf seinem Besitz sein zu können, um die Pfirsiche und Kirschen blühen zu sehen. Gött hatte sich im Herbst zuvor sogar mit der Absicht getragen, den neuen Freunden ein Heim auf der »Leihhalde« zu schaffen. Mit der ihm eigenen Großzügigkeit hatte er ihnen angeboten, für sie ein »Häusle« zu bauen.[59]

Maria Ursula Gött veröffentlichte ihre Erinnerungen an den früh verstorbenen Sohn, in deren Darstellungen sein Leben in weiten Teilen in verklärendem Licht erscheint, im Jahre 1921. 1928 erfuhr diese Verherrlichung noch eine Steigerung durch die Lehrerin Eva Hermine Peter (1863–1945), die sich mit mehreren Werken als Schriftstellerin versuchte, und unter dem Pseudonym Max Hero *Legenden um Mutter und Sohn* veröffentlichte.[60] Dem Ansehen des Dichters hat sie damit im nachhinein mehr geschadet als genutzt. Mit ihrem ausgeprägten Hang zum Mystisch-Religiösen breitete sie naive Episoden aus, die zwar nicht der Wahrheit entsprachen, dafür aber erkennen ließen, daß sie vom Sinngehalt seiner Werke völlig unberührt geblieben war.

Nach dem Tod ihres Sohnes versuchte Maria Ursula in ihr Leben nun doch ein wenig von jenem Glanz zu bringen, den sie sich so lange erträumt hatte. In Karlsruhe hatte sie Verwandte ihres Mannes besucht und bei dieser Gelegenheit den Maler Hans Thoma und dessen Schwester Agathe kennengelernt. Aus der Bekanntschaft entwickelte sich bald eine Freundschaft, die durch einen regelmäßigen Briefwechsel gepflegt wurde. Er war Maria Ursula überaus wichtig, vielleicht nicht nur, weil sie sich so sehr geschätzt fühlte, sondern weil ihr die Natürlichkeit und Wärme, mit denen der Maler seine Briefe zu schreiben verstand, wohl taten. Vom März 1912 datiert seine erste Mitteilung an sie, die Maria Ursula Gött mit der Notiz versah: »Dieß ist der erste Brief vom großen Altmeister Hans Thoma.«[61] Sie revanchierte sich mit Gedichten und fühlte sich hochgeehrt, daß er, der »das menschenmögliche erreicht«, nun sie, die »das menschenmögliche erlitten« hatte, als »Freundin« bezeichnete.[62]

Im Juli 1917 verbrachte sie gemeinsam mit den Geschwistern Thoma eine Woche in Karlsruhe, während der die Komödie *Der Schwarzkünstler,* die Emil Gött ursprünglich unter dem Titel *Verbotene Früchte* konzipiert hatte, aufgeführt wurde. In einem Brief berichtete sie begeistert vom Erfolg dieser Aufführung, die sie in Begleitung Hans Thomas gesehen hatte: »Der Vorhang wurde unzählige Mal gehoben am Schluß [...] Herr Intendant Bassermann kam zweimal herauf um erstens mich zu begrüßen, zweitens mir zu gratulieren.« Nach Schluß des Stückes habe sich der »edle Künstler« Hans Thoma ihr zugeneigt mit den Worten: »Es macht mich stolz die Mutter Gött meine Freundin nennen zu dürfen.«[63] Zufrieden und voller Genugtuung schließt sie ihren Brief mit der Bemerkung: »Alles das was ich nun nach einem schweren leidvollen Leben schönes genieße, ist belohntes Gottvertrauen.«

Aus den Briefen, die Hans und Agathe Thoma an die »liebe Freundin« richteten, spricht eine große Hochachtung sowohl ihr als auch dem Werk ihres verstorbenen Sohnes gegenüber. Agathe verstand es zudem sehr gut, sie der verschiedenen Kümmernisse und körperlichen Beeinträchtigungen wegen, die Maria Ursula in ihren Briefen beklagte, zu trösten und ihr neuen Lebensmut zu

Freiburg 14. April 1918.

Liebe Freundin!

[handschriftlicher Brief]

Brief von Hans Thoma an Maria Ursula Gött vom 14. April 1918
(Mit freundlicher Genehmigung des Stadtarchivs Freiburg i. Br.)

geben, indem sie z. B. schrieb: »Ihr so starkes Innenleben und Ihr stets reger Geist werden Ihnen über vieles hinweghelfen.«[64]
Das Verständnis, das beide Frauen füreinander hatten, war sicherlich auch daraus entstanden, daß ihr Schicksalsweg eine ent-

scheidende Parallele aufwies: Beide hatten sich – zwar in ganz unterschiedlicher, aber dennoch vergleichbarer Weise – ein Leben lang um die Betreuung ihnen nahestehender Menschen gesorgt: Maria Ursula Gött opferte sich für ihren Sohn auf, Agathe Thoma kümmerte sich zunächst jahrelang um die alte Mutter, dann um die Familie ihres Bruders, und nach dem Tod von dessen Frau war sie ausschließlich für ihn da. Eine Andeutung von Hermann Eris Busse läßt darauf schließen, daß die »stille Schwermut« der Schwester Agathe, die dennoch die Harmonie im Hause Thoma bestimmte, aus einem »tiefen Leid um Liebe«, der sie sich hatte »verschließen« müssen, resultierte.[65]

Das Umfeld, in dem die beiden Frauen ihr Leben verbracht hatten, war völlig verschieden. Dies zeigt sich schon an den entgegengesetzten Auffassungen Hans Thomas und Emil Götts hinsichtlich der sozialen Stellung der Frau. Hans Thoma war von dem Gedanken der Gleichberechtigung von Mann und Frau überzeugt.

Hans Thoma:
Bildnis seiner Schwester
Agathe (1868)

Hans Thoma: Mutter und Schwester des Künstlers, in der Bibel lesend (1866)

Aus München schrieb er bereits im Jahre 1876 an seine Schwester: »Mann und Frau sollten auf gleicher Stufe stehen, und die Menschen sollten endlich in diesem Punkte einmal klar und ruhig denken lernen.«[66] Von solch modernen Auffassungen war Emil Gött noch 21 Jahre später weit entfernt, als er 1897 in seinem Tagebuch notierte: Das Studium sei »dem Manne natürlich«, aber »dem Weibe ist es unnatürlich«.[67]

Anders als Maria Ursula hatte Agathe auch Gelegenheit, in Begleitung des Bruders zahlreiche Reisen innerhalb Deutschlands, nach Italien und in die Schweiz zu unternehmen, und ihr Bruder war sich der Hilfe, die er durch Agathe erfuhr, sehr wohl bewußt. In vielen Briefen kam er darauf zu sprechen und hob stets hervor, wieviel ihm ihre Hilfe bedeutete, und damit meinte er keineswegs nur ihre hausfraulichen Tugenden, sondern vor allem auf ihre Fähigkeit, ihm Beistand und Hilfe zu bieten. So schrieb er an Gräfin Erdödy am 29. November 1893: »Agathe ist ein Engel. Sie war all die Jahre hindurch mein guter Engel.«[68] Weder diese unvoreingenommene Form der Bestätigung hatte Maria Ursula Gött von ihrem Sohn erfahren dürfen, noch hatte sie Gelegenheit, die Eindrücke zu sammeln, die Agathe Thoma auf Reisen und im gesellschaftlichen Kreis ihres Bruders erwerben konnte. Am 25. Juli 1927 starb Ursula Gött in Freiburg und fand auf dem Hauptfriedhof ihre letzte Ruhe: auf einem kleinen, von Bäumen und Büschen umgebenen Platz. Auf der Steinplatte über ihrem Grab ist nur ihr Name und ein Kreuz eingemeißelt. Doch es liegt genau gegenüber des Steinsarkophages, den die Stadt über der letzten Ruhestätte des Sohnes hatte errichten lassen – eine Ehrung, über die sich die Mutter einst so sehr gefreut hatte.

Maria Ursula Gött
(aus: Volker Schupp, Dokumente und Darstellungen
zu Leben, Dichtung und früher Lebensreform,
Freiburg i. Br. 1992; mit freundlicher Genehmigung
des Kulturamtes der Stadt Freiburg i. Br.)

Anmerkungen

1 Emil Gött. Sein Anfang und sein Ende. Aufzeichnungen seiner Mutter Maria Ursula Gött, München 1921, S. 50.

2 Volker Schupp: Emil Gött. Dokumente und Darstellungen zu Leben, Dichtung und früher Lebensreform, Freiburg i. Br. 1992, S. 220.

3 Emil Baader: Maria Ursula Gött. Die Mutter eines Dichters, in: Die Markgrafschaft 8. Jg., 1956, S. 6.

4 Franz Schneller: Emil Gött, ein Genie des Sich-Verschwendens, in: Badische Heimat, 44. Jg. 1964, Heft 1/2, S. 96.

5 Vgl. ebd., S. 38.

6 Aus handschriftlichen Aufzeichnungen Maria Ursula Götts, verwahrt im Stadtarchiv Freiburg i. Br. K1/12.

7 Franz Schneller, a. a. O., S. 32 f.

8 Aus handschriftlichen Aufzeichnungen Maria Ursula Götts, verwahrt im Stadtarchiv Freiburg i. Br. K1/12.

9 Hans Killian: Nachwort, in: Emil Gött. »Selbstgespräch«. Aphorismen, hg. in Zusammenarbeit mit der Emil-Gött-Gesellschaft von Volker Schupp und Reinhard Pietsch, Waldkirch 1982, S. 81.

10 Der Autor nennt z. B. für eine der Schwestern einen falschen Vorname: Cäcilie statt Amalie.

11 Ebd., S. 95.

12 Emil Gött: Tagebücher und Briefe, 3 Bde., hg. von Roman Woerner, München 1914, Bd. 1, S. 83 f.

13 Ebd.

14 Vgl. Volker Schupp, a. a. O., S. 33.

15 Aus handschriftlichen Aufzeichnungen Maria Ursula Götts, verwahrt im Stadtarchiv Freiburg i. Br. K1/12.

16 Ebd.

17 Ebd.

18 Ingeborg Weber-Kellermann: Frauenleben im 19. Jahrhundert, München [3]1991, S. 131.

19 Ebd.

20 Ebd.

21 Volker Schupp, a. a. O., S. 29.

22 Aus handschriftlichen Aufzeichnungen Maria Ursula Götts, verwahrt im Stadtarchiv Freiburg i. Br. K1/12.

23 Volker Schupp, a. a. O., S. 30.

24 Aus handschriftlichen Aufzeichnungen Maria Ursula Götts, verwahrt im Stadtarchiv Freiburg i. Br. K1/12.

25 Ebd.

26 Ebd.

27 Emil Gött. Sein Anfang und sein Ende, a. a. O., S. 9.

28 Ebd., S. 61.

29 Ebd., S. 21.

30 Hans Killian: Emil Gött – ein Jechtinger, o. O., o. J.

31 Emil Gött. Sein Anfang und sein Ende, a. a. O., S. 22.

32 Emil Gött. Briefe an einen Freund. Nebst einer literarischen Nachlese, hg. von Gustav Manz, München 1919, S. 12.

33 Ebd., S. 14.

34 Emil Gött. Tagebücher und Briefe, Bd. 2, a. a. O., S. 98 f.

35 Unveröffentlichter Brief Emil Götts vom 6. April 1893 an seine Mutter. Aus dem Nachlaß, verwahrt in der Universitätsbibliothek Freiburg i. Br.

36 Vgl. Volker Schupp, a. a. O., S. 61–70.

37 Hans Killian, a. a. O., S. 79.

38 Emil Gött. Sein Anfang und sein Ende, a. a. O., S. 27.

39 Ebd.

40 Ebd., S. 61.

41 Vgl. Volker Schupp, a. a. O., S. 64.

42 Emil Gött. Tagebücher und Briefe, Bd. 2, a. a. O., S. 384.

43 Brief vom 5. Juni 1903 an Gustav Manz, in: Emil Gött. Briefe an einen Freund, a. a. O., S. 121.

44 Emil Gött. Tagebücher und Briefe, Bd. 1, a. a. O., S. 67.

45 Brief Maria Ursula Götts ohne Datum. Aus dem Nachlaß, verwahrt in der Universitätsbibliothek Freiburg i. Br.

46 Zit. nach Volker Schupp, a. a. O., S. 67.

47 Vgl. Hans Killian, a. a. O., S. 25.

48 Brief Maria Ursula Götts an E. O. Tröscher vom 2. 2. 1908, verwahrt im Stadtarchiv Freiburg i. Br.

49 Brief Emil Götts an E. O. Tröscher vom 6. 2. 1908, verwahrt im Stadtarchiv Freiburg i. Br.

50 Emil Gött. Briefe an einen Freund, a. a. O., S. 1.

51 Hans Killian, a. a. O., S. 79.

52 Emil Gött. Briefe an einen Freund, a. a. O., S. 15.

53 Vgl. Volker Schupp, a. a. O., S. 93.

54 Emil Gött. Tagebücher und Briefe, a. a. O., Bd. 1, S. 181.

55 Ebd., S. 182.

56 Emil Gött. Sein Anfang und sein Ende, a. a. O., S. 49.

57 Emil Gött. Tagebücher und Briefe, a. a. O., Bd. 3, S. 404.

58 Mechtildis Alkemade: Die Lebens- und Weltanschauung der Freifrau Marie von Ebner-Eschenbach, Graz 1935, S. 145, Anm. 101.

59 Emil Gött. Tagebücher und Briefe, a. a. O., Bd. 3, S. 368 f.

60 Max Hero: Legenden um Mutter und Sohn. Dem Andenken des Dichters Emil Gött, Freiburg 1928, ²1986.

61 Unveröffentlichter Brief von Hans Thoma an Maria Ursula Gött vom März 1912, Stadtarchiv Freiburg i. Br.

62 Unveröffentlichter Brief Maria Ursula Götts an Hans Thoma angeblich vom 10. Januar 1911, was möglicherweise eine im nachhinein falsch erinnerte Angabe ist. Stadtarchiv Freiburg i. Br.

63 Unveröffentlichter Brief Maria Ursula Götts vom 7. 7. 1917 an das Ehepaar Stadler, verwahrt im Stadtarchiv Freiburg i. Br.

64 Unveröffentlichter Brief von Agathe Thoma an Maria Ursula Gött vom 4. Mai 1925, Stadtarchiv Freiburg i. Br.

65 Hermann Eris Busse: Hans Thoma. Sein Leben in Selbstzeugnissen, Briefen und Berichten, Berlin 1942, S. 99.

66 Brief von Hans Thoma an seine Schwester Agathe vom 17. Februar 1876, in: Hans Thoma. Aus achtzig Lebensjahren. Ein Lebensbild aus Briefen und Tagebüchern gestaltet von Josef August Beringer, Leipzig 1929, S. 161.

67 Emil Gött. Tagebücher und Briefe, Bd. 1, a. a. O., S. 147.

68 Hermann Eris Busse, a. a. O., S. 179.

Konservative Fortschritte
auf dem Weg zur Gleichberechtigung

ADELHEID STEINMANN
1866–1925

Diese Welt hat immer den Männern gehört.«[1] Mit dieser Feststellung beginnt Simone de Beauvoir das zweite Kapitel ihres Buches *Das andere Geschlecht.* Sie will wissen, wie es dazu gekommen ist, »daß der Mann den Willen hatte, die Frau zu beherrschen«. Gleich daran anschließend stellt sie die provozierende Frage, welcher Vorteil es ihm erlaubt habe, »sich diesen Wunsch zu erfüllen«.[2] Sie versucht, diesem Phänomen aus biologischer und historischer Sicht auf die Spur zu kommen. Das Maß der Benachteiligung und Zurücksetzung der Frau, das Simone de Beauvoir noch in den später 40er Jahren des 20. Jahrhunderts dazu veranlaßte, sich einer solch umfangreiche Darstellung zu widmen, war beispielsweise im deutschen Bürgertum des 19. Jahrhunderts noch sehr viel fester verankert. Man sah die Frau am liebsten am häuslichen Herd, zurückgezogen und bescheiden, integriert in eine patriarchal organisierte Gesellschaft. Eine auch nur annähernd ausreichende Bildung wurde nicht vielen jungen Frauen zuteil, denn die Unerbittlichkeit des Systems verlangte eng verflochtene Abhängigkeiten, in der kein Platz war für die Entfaltung kreativer und geistiger Fähigkeiten. Nur wenige Frauen schafften es aus eigener Kraft, sich aus dem fest gesponnenen familiären Kokon zu befreien und unerhörterweise in die Berufs- und Geisteswelt der Männer einzudringen. Caroline Schlegel (1763–1809) zählte zu ihnen, ebenso Rahel Varnhagen von Ense (1771–1833) und Fanny Lewald (1811–1881) oder auch Marie Ellenrieder und Emma Herwegh. Sie sind jedoch Ausnahmeerscheinungen, denn nicht oft gelang es einer ihrer Geschlechtsgenossinnen, ihre Fähigkeit zu geistiger Tätigkeit öffentlich unter Beweis zu stellen. Die männliche Überheblichkeit verwies selbst zaghafteste Ansätze zur Weiter- oder Fortbildung in die häuslichen Schranken. Amalie Holst (1758–1829), eine der ersten Vorkämpferinnen für die Emanzipation der Frauen, umriß die ungenügenden Voraussetzungen für bessere Bildungschancen mit wenigen, aber treffenden Worten: »Von Jugend auf mit Kleinigkeiten umringt, von Tand gefesselt, durch Zwang zurückgeschreckt, von Trägheit, die es sich bequemer machen kann, zurückgehalten, wie kann, wie soll der Geist eines Weibes durch diesen vierfachen Nebel hindurchdringen?«[3]

Damit auch ganz sichergestellt war, daß Frauen nicht etwa auf politischer Ebene versuchten, Bildungsreformen, Mitspracherecht oder Forderungen nach mehr Unabhängigkeit zu entwickeln, war 1850 das Preußische Vereinsgesetz erlassen worden, dessen § 8 bestimmte, daß in Vereinen, »welche bezwecken, politische Gegenstände in Versammlungen zu erörtern [...] keine Frauenspersonen, Schüler und Lehrlinge« aufgenommen werden durften.[4] Ebenso galt ein Versammlungsverbot, dessen Nichtbeachtung strafrechtliche Folgen hatte.

Im argen lag vor allem die schulische Bildung. Für die Töchter der bürgerlichen Mittelschicht gab es noch im späten 19. Jahrhundert nur drei mögliche Arten der Schullaufbahn: die Volks- und die Mittelschule, außerdem die höhere Mädchenschule, die meist als privates Institut geführt wurde, was sich nur die finanziell besser Gestellten leisten konnten. Im Gegensatz zu den sogenannten Knabenlehranstalten existierten keine umfassenden Lehrpläne, das Abgangszeugnis war dem Abitur der männlichen Schüler nicht vergleichbar, und der Zugang zur Universität sowieso ausgeschlossen. Möglich war eine Ausbildung zur Lehrerin in entsprechenden Seminaren, als Absicherung, falls es das Schicksal ganz schlecht meinte und die jungen Frauen, wenn sich kein Mann für sie fand, mit dem sie in den gesicherten Hafen der Ehe einlaufen konnten, mindestens auf einen ihnen angemessenen Broterwerb zurückgreifen konnten. In den Lehrerinnenseminaren wurde vorrangig Wert auf die Vermittlung vaterländischer Gesinnung gelegt. Fachliche Qualifikation und intensive pädagogische Schulung waren weniger gefragt. Die Absolventinnen durften dann an den Volksschulen und in den unteren Klassen der höheren Mädchenlehranstalten unterrichten. Für »berufslose« höhere Töchter blieb immer noch der soziale und ehrenamtliche Einsatz in karitativen Einrichtungen.

In den Fortbildungsschulen, die vorwiegend von den Töchtern des Kleinbürgertums besucht wurden, brachte man den Mädchen ein wenig Buchführung, ein wenig Nähen und Zeichnen, ein wenig kaufmännische Kenntnisse und ein wenig Englisch oder Französisch bei. Das genügte für die Ehe und für berufliche Tätigkeiten in untergeordneter Stellung.

Soviel Ungleichbehandlung und deprimierende Unterdrückung konnte auf Dauer nicht hingenommen werden. Im Zusammenhang mit den demokratischen Bestrebungen und Gesinnungen der Revolution von 1848, als Frauen wie Amalie Struve, ebenfalls eine ehemalige Lehrerin, Mitstreiterinnen für ihre Ziele suchten, entstanden die ersten politisch orientierten Zusammenschlüsse von Frauen. Sie forderten mehr Gerechtigkeit in der Ausbildung, um für die Frauen bessere Ausgangspositionen für eine selbständige und gleichberechtigte Existenz zu schaffen. Luise Otto-Peters (1819–1895) war eine der bürgerlichen Vorkämpferinnen für die Emanzipation. Sie identifizierte sich mit den demokratischen und sozialen Forderungen der 1848er Revolution und war im Jahre 1865 Mitbegründerin des »Allgemeinen Deutschen Frauenvereins«, der sich wie alle anderen nachfolgenden Vereinigungen nach außen hin selbstverständlich einen unpolitischen Anstrich geben mußte.

Die Ziele dieser Emanzipationsbestrebungen waren vor allem gerichtet auf politische Gleichberechtigung der Frau, gleiche Bildungschancen, das Recht auf Erwerbsarbeit, gleichen Lohn bei gleicher Arbeit, bessere Arbeitsbedingungen und die Einführung des Mutterschutzes. In der Folge wurden zahlreiche Vereine und Gruppierungen gegründet, die allerdings keineswegs von einheitlichen Reformvorstellungen geprägt waren. Es gab nicht *die* Frauenbewegung, sondern ideologisch höchst unterschiedlich orientierte Verbände und Zusammenschlüsse. Die bürgerliche Frauenbewegung verfolgte naturgemäß andere Intentionen als die proletarische, die Bedürfnisse der konfessionellen waren ganz andere als beispielsweise die der sexuellen Reformbewegung, die dem radikalen Flügel der Frauenbewegung zugerechnet werden kann und hauptsächlich mit dem Namen Helene Stöckers (1869–1943) verbunden ist. Radikal demokratischen Traditionen entstammten Anita Augspurg (1857–1943), auch sie hatte zunächst den Beruf einer Lehrerin ergriffen, und Lida Gustava Heymann (1868–1943), die 1896 eine Reformschule gründete.

Bei soviel unterschiedlichen Initiativen sollte man eigentlich annehmen, daß sich, wenn nicht die Mehrzahl, so doch ein Großteil der Frauen interessiert und offen gezeigt hätte für die eine oder andere Richtung, die mit Hilfe eines allgemeinen Engagements möglicherweise Verbesserungen für die eigene Lage hätten bringen können. Doch sowohl in der zweiten Hälfte des 19. wie noch zu Beginn des 20. Jahrhunderts stießen die einzelnen Gruppierungen der Frauenbewegung auf große Vorbehalte von Seiten ihres eigenen Geschlechts, von den Männern ganz zu schweigen. Die ehemalige Lehrerin Minna Cauer (1841–1922), die der radikalen bürgerlichen Frauenbewegung zuzurechnen ist, hatte 1880 mit viel Mut und Enthusiasmus die Aufgabe in Angriff genommen, gegen die niedere Stellung der Frau anzukämpfen. Sie erschien ihr »sklavenhaft«, »rechtlos« und »unwürdig«.[5] Ihr Ziel war es, den Frauen soviel politisches Bewußtsein zu vermitteln, daß sie ihre Lage erkennen und in der Folge zum Besseren verändern konnten. Doch nur wenige Jahre später mußte sie feststellen, daß »die deutsche Frau [...] noch keine Verantwortlichkeit für die

Geschicke des Landes« fühlte.[6] Nicht nur die Lethargie der breiten Masse ließ Minna Cauer verzweifeln, sondern viel mehr noch die Uneinigkeit ihrer Mitstreiterinnen aus den verschiedenen Lagern. Am 24. Februar 1899 notierte sie verbittert in ihrem Tagebuch: »Eine trostlose Zeit liegt hinter mir; ich habe allen Glauben an die Frauenwelt verloren, allen. Was für eine entsetzliche Führerschaft haben Deutschlands Frauen, alles Lug und Trug, alles Eitelkeit und Bosheit, Neid und Niedertracht!«[7] Wesentlich hoffnungs-voller klangen ihre Berichte sieben Jahre später von der Ver-sammlung des Bundes Deutscher Frauenvereine in Nürnberg, wo Minna Cauer mit dafür gesorgt hatte, daß eine »Wendung in der Frauenbewegung« stattfand:

> Ich wagte [...] den Schritt zu tun [...] zu verbinden, zu versöhnen, die Streitaxt zu begraben, um die Einheitlichkeit der deutschen, unabhän-gigen Frauenbewegung anzubahnen, um den Fortschritt zu retten. 16 Stunden lang wogte der Kampf [...] des Fortschritts gegen die Reaktion. Wir hielten den Fortschritt aufrecht und errangen moralische Siege, überbrückten Gegensätze und bahnten Verständnis an.[8]

Doch die Bewegung glich einem Wechselbad, sie trug »den Stem-pel der Zerrissenheit«,[9] Fortschritte wurden durch Stagnation und Rückgang abgelöst. Minna Cauer beklagte die Planlosigkeit und Desorganisation des Bundes deutscher Frauenvereine. Auch ge-gen die »Provinzialverbände« hatte sie Vorbehalte, denn sie fürch-tete, daß sie »einmal so mächtig werden, daß sie alles an sich reißen und zwar in gemäßigter Richtung«. Diese Aussicht war ihr deshalb ein Greuel, weil sie bei den gemäßigten Anhängerinnen keine entschiedenen Grundsätze sehen konnte bzw. nur solche, bei de-nen es »gefahrlos ist, für sie einzustehen«.[10] Cauer hatte bei dieser Kritik insbesondere den Ortsverein Freiburg und dessen Vorsit-zende Adelheid Steinmann im Visier. Der sehr radikal denkenden Minna Cauer war die Freiburgerin zu vorsichtig.
Solche Querelen und Zerwürfnisse beschäftigten die meisten Vor-kämpferinnen für die höhere Frauenbildung in den kleinen Orts-verbänden weniger. Sie waren zum einen fest überzeugt von ih-

rem Ziel, die Bildungschancen für Mädchen zu verbessern, zum anderen aber noch verwurzelt in den gemäßigten, traditionell geprägten Auffassungen des konservativen Bürgertums, denen jedoch nicht mehr die frühere unbedingte Durchschlagskraft eigen war. Trotz der, für heutige Begriffe, äußerst maßvollen Forderungen, die zudem noch durch eine gewisse Kompromißbereitschaft entschärft wurden, schlugen die Wellen hoch.

In Karlsruhe setzte sich Hedwig Johanna Ketteler für die Schaffung eines Vollgymnasiums für Mädchen ein. Sie hatte am 30. März 1888 in Weimar den »Frauenverein Reform« gegründet, der die Zulassung von Frauen an die Universitäten und Hochschulen forderte.[11] Voraussetzung hierfür war jedoch eine vernünftige und umfassende Schulausbildung. Die von Helene Lange 1889 eingeführten sogenannten dreijährigen »Realkurse«, die sich an die höhere Töchterschule anschlossen, lehnte Ketteler als unzureichend ab. Es war ein dornenvoller Weg, den sie und ihre Anhängerinnen einschlugen: Eingaben, Petitionen und Bitten an die Kultusministerien von Preußen, Bayern und Württemberg blieben unbeachtet oder wurden abgelehnt. Einzig in Baden schien die Schulaufsichtsbehörde geneigt, den Versuch eines Mädchengymnasiums zu wagen. Am 16. September 1893 war es geschafft: In Karlsruhe konnte das erste Mädchengymnasium eröffnet werden. Neben Hedwig Johanna Ketteler war bei den Feierlichkeiten zu diesem Anlaß auch Anita Augspurg anwesend, die in ihrer Ansprache darauf hinwies, daß die Frauen »jetzt nicht mehr im Auslande Bildung« suchen müßten, die ihnen das Vaterland bisher versagt habe.[12] Worauf sie anspielte, waren die besseren Ausbildungsbedingungen z.B. in der Schweiz, wo Frauen zum Teil schon seit Jahrzehnten zum Universitätsstudium zugelassen waren: in Zürich seit 1864, in Genf seit 1872, in Bern seit 1873 und in Basel und Lausanne seit 1890, Fribourg hatte erst 1905 nachgezogen.

Im Freiburger Ortsverein »Frauenbildung – Frauenstudium«, einer Nachfolgeorganisation des von Ketteler gegründeten »Frauenvereins Reform«, wurde der nächste Schritt unternommen: Hier wollte man dem bestehenden Knabengymnasium eine Erweiterungsmöglichkeit für Mädchen angliedern. Die Initiative wurde wesentlich mitgetragen von Adelheid Steinmann, die sich zunächst als Schriftführerin und Schatzmeisterin engagierte, und im Jahre 1900 zur Vorsitzenden des Ortsverbandes gewählt wurde. Sie war am 26. April 1866 in Straßburg als Tochter von Karoline Holtzmann, geb. Weber (1840–1888) und Heinrich Holtzmann

Adelheid Steinmann

(1832–1910) geboren worden. Ihr Vater war Professor für Theologie, und auch ihre Brüder schlugen die Universitätslaufbahn ein. Robert Holtzmann (1873–1946) wurde Professor für Geschichte, Friedrich Holtzmann (1876–1948) wählte das Fach Hygiene. Adelheid Holtzmann setzte die akademische Tradition in der Familie insoweit fort, als sie am 12. Juni 1886 einen Universitätslehrer heiratete, nämlich Gustav Steinmann (1856–1929), der als Professor für Geologie und Paläontologie zunächst in Jena und danach an der Universität in Freiburg lehrte. So erlebte sie aus nächster Nähe mit, daß die wichtigste Voraussetzung, ein Studium beginnen zu können, die war, dem männlichen Geschlecht anzugehören. Höhere Bildung war ausschließlich Sache der Männer.

Im Gegensatz zu vielen anderen Ehemännern unterstützte Gustav Steinmann das Engagement seiner Frau für eine verbesserte Ausbildung der Mädchen und ihre Zulassung zum Studium an der Universität nach Kräften. Als er 1899/1900 Prorektor der Freiburger Universität wurde, führte er in diesem Sinne Verhandlungen zwischen dem Senat der Universität und dem badischen Ministerium der Justiz, der Kultur und des Unterrichts, um die ordentliche Immatrikulation von Studentinnen durchzusetzen. Adelheid Steinmann hatte innerhalb des Vereins »Frauenbildung – Frauenstudium« zuvor versucht, die als Hörerinnen zugelassenen Frauen zu überreden, eine Eingabe an den Senat zu richten. Doch solche Überzeugungsarbeit war schwierig. Hier zeigte sich jene zögerliche Zurückhaltung, die Minna Cauer so sehr geschmerzt hatte: Selbst jene, die unmittelbar davon betroffen waren, waren kaum zu bewegen, ihre Unterschrift unter die Eingabe zu setzen. Sie fürchteten, daß in Freiburg der Frauenanteil bei der Bewilligung des Ersuchens überwiegen könnte und sie daher in der Öffentlichkeit noch mehr in Mißkredit gerieten. Hauptsächlich durch Johanna Kappes, die ihr Abitur am Mädchengymnasium Karlsruhe gemacht hatte, kam das Gesuch dann doch zustande. Am 9. Dezember 1899 richtete das Ministerium an den Senat der Universität daraufhin folgende offizielle Anfrage:

Nachdem im laufenden Jahr erstmals Schülerinnen des von der Stadt Karlsruhe errichteten staatlich anerkannten und geförderten Mädchengymnasiums mit dem Zeugnis der Reife entlassen wurden, müssen wir die Frage neuerlich einer Prüfung unterziehen, ob nicht auch diesen Mädchen, welche die Voraussetzung für die Zulassung zur Immatrikulation (wie sie für die männlichen Studierenden bestimmt wird) völlig erfüllt haben, die Immatrikulation an den badischen Hochschulen ermöglicht werden sollte, da nur unter dieser Voraussetzung für dieselben ein geordnetes und ungestörtes Hochschulstudium ermöglicht ist.

Wir wären geneigt, Höchsten Orts einen entsprechenden Antrag zu stellen, sofern seitens der Hochschule nicht schwerwiegende Bedenken gegen eine solche Zulassung von Frauen zum akademischen Bürgerrecht geltend gemacht und begründet werden sollten.

Wir gehen dabei allerdings von der Annahme aus, daß in der Regel die weiblichen Studierenden gemeinsam mit den männlichen die akademischen Vorträge und Übungen besuchen sollen, daß somit (insolange als die Raumverhältnisse dieses gemeinsame Studieren nicht erschweren und die Trennung in Abteilungen verlangen) besondere Kurse für die weiblichen Studierenden regelmäßig *nicht* einzurichten sind.

Wir veranlassen den Senat, sich über die vorliegende Frage in Bälde zu äußern.[13]

Am 27. Dezember des gleichen Jahres erfolgte die einschränkende Antwort des Senats. Die Bedenken, die geäußert wurden, richteten sich gegen eine Ausnahmestellung der Freiburger Universität. Letztlich konnte dies aber als Aufforderung für das Ministerium verstanden werden, auf die Regierungen der anderen Länder entsprechend einzuwirken. Für die studierwilligen Frauen schienen sich gute Chancen zu ergeben, daß sich die Tore der Hochschulen endlich für sie öffneten: »Der Senat der Universität Freiburg erklärt sich dem Ministerium gegenüber dahin, daß er gegen die Immatrikulation von Abiturientinnen Bedenken hat, solange nicht die übrigen Landesregierungen die gleichmäßige Behandlung der Frage an den deutschen Hochschulen verbürgen.«[14]

In erstaunlich kurzer Zeit wurde der Erlaß verwirklicht. Das Ministerium entschied am 28. Februar 1900, daß die »versuchs- oder probeweise«[15] Immatrikulation von Abiturientinnen an den badischen Universitäten erfolgen solle. Sogar das Angebot einer Rückdatierung der Immatrikulation auf den Beginn des Wintersemesters 1899/1900 war damit verbunden. Die fünf Studentinnen, die als erste ihre Chance genutzt und sich in der medizinischen Fakultät eingeschrieben hatten, befolgten den Rat Gustav Steinmanns, dieses Angebot wahrzunehmen. Freiburgs Universität war also Vorreiterin für eine bahnbrechende Veränderung im Bildungswesen, was gleichzeitig ein wichtiger Schritt im Kampf für die Gleichberechtigung der Frau war. 1908 hatten sich bereits 58 Mädchen für ein Studium entschieden. Vier wählten das Fach Jura, 34 immatrikulierten sich an der Medizinischen Fakultät, 20 an der Philosophischen. Außerdem gab es 74 zum Hören zugelassene sogenannte Hospitantinnen.

Erst im Jahre 1908 öffneten die letzten bis dahin noch starr im alten System verharrenden deutschen Universitäten, unter ihnen Berlin, die Hörsäle für weibliche Studierende. Formell besaßen diese zwar nun das gleiche Recht wie ihre männlichen Kommilitonen, doch man kann nicht behaupten, daß sie die öffentliche Meinung hinter sich oder gar unvoreingenommene Universitätslehrer vor sich hatten: »Es waren besonders die Professoren der Psychiatrie und der Gerichtsmedizin, die in ihren Vorlesungen keine Frauen sehen wollten.«[16] Man ging nicht zimperlich mit den Studentinnen um. Das Schimpfwort »Blaustrumpf« wurde so oft gebraucht, daß sie sich schon fast daran gewöhnt hatten. Spott und Anfeindungen waren an der Tagesordnung:

> bald war es ein Mediziner, der [...] sich in öffentlicher Versammlung gegen das Frauenstudium erklärte, bald ein konservativer Kultusminister, der von dem Studium der Frauen den Verlust ihrer »Gefühlswärme, Naivität und Frische« befürchtete, bald wurde das Gespenst des Sozialismus und Nihilismus an die Wand gemalt – nicht zu gedenken der Tätigkeit der Witzblätter, für die die rauchende, mit Schmissen gezierte, couleurtragende Studentin eine geradezu unerschöpfliche Quelle der Belustigung darstellte.[17]

Adelheid Steinmann konnte dennoch mit dem Erfolg ihres Ortsvereines erst einmal zufrieden sein, zumal im Oktober des gleichen Jahres vom Ministerium auch die »provisorische und versuchsweise« Zulassung der Mädchen zu Gymnasien und Oberrealschulen gestattet wurde. Mit dieser ministeriellen Verfügung waren zwar theoretisch einige der Schwierigkeiten, den Mädchen gleiche Bildungschancen einzuräumen wie den Jungen, beseitigt, doch jetzt kam es darauf an, auch im Bewußtsein der Eltern und der breiten Öffentlichkeit eine Änderung herbeizuführen. Insbesondere im ländlichen Raum war die althergebrachte Auffassung, daß sich eine längere Schulausbildung für Mädchen nicht lohne, kaum auszurotten.

Gleichzeitig baute sich eine andere Hürde auf. Der Unterricht von Jungen und Mädchen erfolgte in getrennten Klassen bzw. verschiedenen Schulen, was aus der Sicht der Reformerinnen nicht tragbar war. Das neue Reizwort hieß folglich Koedukation, d.h. gemeinschaftlicher Unterricht für Jungen und Mädchen. Ein weiterer Aspekt, den es zu bedenken galt, war das uneinheitlich geregelte Schulsystem. In Preußen herrschten ganze andere Bestimmungen als in Baden.

Die deutschen Unterrichtsministerien konnten sich nicht zu neuen, allgemeingültigen Regelungen durchringen. Das ist insofern nicht verwunderlich, da selbst Frauen, die in der Bewegung in vorderster Reihe standen, sich noch darüber ereiferten, daß verheiratete Lehrerinnen eingestellt wurden. Nur ledige Frauen galten ihnen prädestiniert für die besonderen erzieherischen Aufgaben in der Schule:

> Die unverheiratete Frau findet in der Schule wie kaum in einem andern Beruf Ersatz für Entgangenes und Ziel für überschüssige Einfühlungs- und Liebeskräfte. Darum ist der Ruf nach der verheirateten Lehrerin durchaus kein pädagogisch zu begründender und die Zulassung verheirateter Frauen zum Lehramt nur in vereinzelten Fällen ein Gewinn für die Schule.[18]

Bei soviel Borniertheit stellt sich unmittelbar die Frage, worum es der Verfasserin dieser Zeilen wirklich ging, jedenfalls nicht in erster Linie um das Wohl der Schülerinnen und Schüler. Wollte sie das Zölibat für Lehrerinnen einführen, oder sah sie in der Schule einen Ersatz für die vornehmen Damenstifte früherer Zeiten, in denen unverheiratet gebliebene Frauen ihr Dasein fristeten? Es wäre weitaus wichtiger gewesen, sich für eine bessere Ausbildung der Lehrerinnen einzusetzen sowie für eine gleiche Bezahlung wie ihre männlichen Kollegen, als sich darüber Gedanken zu machen, ob die Qualität des Unterrichts von ihrem Status als Ledige oder Verheiratete abhing.

Agnes von Zahn-Harnack, von der diese reichlich merkwürdigen Überlegungen stammten, war die letzte Vorsitzende des Bundes Deutscher Frauenvereine. Zu Beginn der 1920er Jahre äußerte sie sich in ähnlich frauenfeindlicher Weise über Akademikerinnen, die inzwischen fast schon zur Normalität gehörten. Sie zweifelte an ihrer »Befähigung zur reinen Forschung«, die im Gegensatz zu den männlichen Kollegen noch nicht erwiesen sei. In vollem Ernst sprach sie den Frauen die Intelligenz und Tauglichkeit hierfür ab:

> die Frauen gehen mit großem Ernst, mit bienenhaftem – man kann manchmal sagen – mit subalternem Fleiß und äußerster Genauigkeit an die Arbeit; aber das Problem lebt ihnen nicht; es ist von außen an sie herangetragen. Umgekehrt kann ich mich an manchen Kommilitonen erinnern, der, aus wenig gebildeten Verhältnissen stammend, mit dürftigen allgemeinen Kenntnissen ausgestattet, sich auf eine Frage der reinen Wissenschaft stürzte und etwa in dem Problem a oder å vollkommen aufging.[19]

Selbst wenn man diesen Vorwurf hinnähme, so müßte ihn die Verfasserin dieser Ausführungen zuallererst an sich selbst richten, denn sie war anscheinend nicht auf den Gedanken gekommen, nachzufragen, welche Gründe dafür ausschlaggebend sein könnten, daß Frauen in der Forschung nicht zu finden waren. Ohne umfangreiche Untersuchungen anstellen zu müssen, wäre sie ganz schnell darauf gekommen, daß es noch immer mehr als genug männliche Lehrstuhlinhaber gab, die Frauen in der Forschung nicht ernst nahmen bzw. nicht duldeten.

Adelheid Steinmann wandte sich, nachdem sie und der 1887 geborene Sohn Gustav ihrem Mann 1906 nach Bonn gefolgt waren, neuen Unternehmungen zu. Zwar unterhielt sie weiterhin gute Kontakte zu den Freiburger Frauenkreisen, doch wichtiger war ihr nun die politische Arbeit, der Einsatz für das aktive und passive Wahlrecht der Frauen. August Bebel (1840–1913), dessen bedeutendste Schrift *Die Frau und der Sozialismus* 1879 illegal in Leipzig erschienen war, hatte im Jahre 1911 zehn Punkte zusammengestellt, die klarmachen sollten, weshalb für Frauen das Wahlrecht unerläßlich war. Unter anderem führte er die »schreiende Ungerechtigkeit« an, die »Frauen von den politischen Rechten und Freiheiten, die die Männerwelt besitzt, nur aus dem Grund auszuschließen, daß der Zufall der Geburt sie Frauen werden ließ«.[20] Die SPD hatte schon 1891 die Forderung nach Wahlrecht und Gleichstellung der Frau in ihr Erfurter Programm aufgenommen, verwirklicht wurde es jedoch erst 1918, die Zulassung der Frauen zu politischen Vereinen war bereits zehn Jahre zuvor erfolgt.

Der Weg zu offizieller politischer Betätigung für Frauen war nun frei, so daß Adelheid Steinmann aktiv bei der Gründung der linksliberalen Deutschen Demokratischen Partei (DDP) im Rheinland mitarbeiten konnte, zu deren Parteiprogramm u. a. die Einführung der Einheitsschule gehörte. Sie wurde Mitglied im Reichsparteiausschuß und kandidierte auch für die Nationalversammlung, überließ ihren sicheren Listenplatz jedoch der späteren Reichs- und Bundestagsabgeordneten Dr. Marie Elisabeth Lüders.[21]

Neben diesen politischen Aktivitäten fand Adelheid Steinmann noch Zeit zu schriftstellerischer Tätigkeit. Sie rezensierte Bücher, die sich mit den Aufgaben der Frau in der Familie und im Staat auseinandersetzten und verfaßte mehrere Aufsätze. Hierin wird ihre sehr gemäßigte, mitunter aber auch erstaunlich konservative Haltung deutlich, ebenso ihre Einschätzung der Bedeutung der

Frauenbewegung. Mit großem Optimismus war sie davon überzeugt, daß in der Frauenbewegung »im ganzen die Stimmung einer zuversichtlichen Selbstbehauptung vorherrscht«.[22] Eine völlig gegensätzliche Meinung hatte Minna Cauer. Sie hatte am hellsichtigsten erkannt, daß trotz allen Engagements die Gesinnung der meisten Frauen im Konservativen steckengebliebenen war und diese sich von althergebrachten und anerzogenen Denkmustern und Weltbildern nicht trennen konnten.

Adelheid Steinmann schrieb ihre Definition von den Aufgaben und Zielen der Frauenbewegung in die Rezension »Zwei Frauenurteile über Mann, Frau und Familie« ein: »Die Frauenbewegung will die Frauen lehren, sich der ihnen eigentümlichen Gaben bewußt zu machen, und sie in sich zur Entfaltung zu bringen, sie will andererseits Platz dafür schaffen, daß dies Wesen der Frau sich betätigen kann und zur Wirkung komme. Dies gilt nicht nur für die Öffentlichkeit, sondern ebenso sehr für die Familie.«[23]

Auch auf die Notwendigkeit einer umfassenden Bildung für Mädchen kommt sie zu sprechen. Hier war sie weniger davon überzeugt, daß man sich mit den bisher erreichten Ergebnissen zufrieden geben dürfe. Denn die »sogenannte Mädchenschulreform« sei für die »höheren Töchter« keinesfalls ein »für immer überwundenes Stück Vergangenheit«. Das Problem liege tiefer, nämlich in der »verkehrten Grundauffassung von dem, wozu Mädchen erzogen werden sollen«. In erster Linie sollte die Erziehung bestimmt sein von »mehr Sachlichkeit, mehr Erfassen des ganzen Menschen mit allen Kräften des Intellekts und Willens«. Außerdem müsse verstärkt der Gedanke an den zukünftigen Beruf eingebracht werden, der nicht nur als eine Übergangslösung zwischen Schule und Heirat betrachtet werden dürfe. Mit »wahrem Schrecken« erfüllte sie die Vorstellung, daß »eine Studentin, selbst kurz vor ihrem Examen, wenn sie sich verlobt, ihre ganze seitherige Arbeit unvollendet liegen läßt« und mit »großer Leichtigkeit«[24] alles bisher Erreichte aufgibt, um sich zukünftig nur noch auf die Ehe zu konzentrieren.

Mit diesem sehr modernen Standpunkt befand sie sich im Gegensatz zu den gesamten, noch heute viel gelesenen »Mädchenbüchern«. In den überaus beliebten *Nesthäkchen*-Bänden von Else Ury (1877–1943) beispielsweise gibt die Hauptfigur Annemarie ihr bereits ziemlich weit vorangeschrittenes Medizinstudium bedenkenlos auf, hat lediglich ein etwas schlechtes Gewissen, weil sie dem Arzt-Vater versprochen hatte, seine Assistentin zu werden. Doch ihr künftiger Mann wischt solche Argumente beiseite, als er ihr einen Heiratsantrag macht: »Es sind ja Hirngespinste, Annemarie, die du als Trennungsgründe anschaust. Dein Vater ist der letzte, der sich dem Glück seines Kindes in den Weg stellen würde. Und schlimmstenfalls meld' ich mich bei ihm als Ersatzmann. Also ich denk', du fügst dich, mein Lieb − wenn's auch das erstemal in deinem Leben ist.«[25] Die promovierte Freundin heiratet gar einen Bauern und läßt sich mit ihm fernab jeder kulturellen Abwechslung auf einem einsamen Hof an der Ostsee nieder. Ähnliche Verhaltensmuster werden den jungen Leserinnen in vielen Publikationen dieses Genres angeboten. Den Einfluß dieser »heimlichen Erzieher« auf die Sozialisation und die Urteile der Rezipientinnen sollte man nicht unterschätzen. Doch damals fragte noch kaum jemand nach den Wirkungsmechanismen solcher Literatur.

Indem Adelheid Steinmann für die Berufstätigkeit der Frau plädierte, hätte sie eigentlich gleichzeitig Lösungen für die daraus resultierende Doppelbelastung anbieten müssen, was sie mit Recht als ein »Leben in seiner Sphinxgestalt« bezeichnete. Doch außer einigen halbherzigen Vorschlägen hat auch sie keinen akzeptablen Ausweg anzubieten. Die radikale These Clara Zetkins, die keinen Unterschied sah zwischen »Berufssklaverei« und »Nichts-als-Hausfrauentum«[26] und folglich einzig den Kampf gegen den Kapitalismus propagierte, konnte die liberal denkende Professorengattin Adelheid Steinmann, die gesellschaftliche Rücksichten zu nehmen hatte, natürlich nicht teilen.

In einem 1918 erschienenen Buch, das sich mit den *Frauenaufgaben im künftigen Deutschland* angesichts des noch herrschenden Krieges auseinandersetzte, beschäftigte sich Adelheid Steinmann mit dem Thema »Die Frau in der Familie«.[27] Auch hier ist Erziehung und Ausbildung der Mädchen wieder ein wichtiger Aspekt genauso wie die Fortbildung, die einer »erhöhten Arbeitsleistung der Frau im Beruf« diene, außerdem einem »erhöhten häuslichen Behagen, der gesundheitlichen Förderung der Familie, der Vereinigung von Beruf und Haushalt«.[28] Weit mehr aber als im zuvor erwähnten Aufsatz kommt hier Steinmanns konservative Auffassung zum Ausdruck, wie sie vielen Frauen innerhalb des Bundes Deutscher Frauenvereine eigen war, der sozialistisch und radikal-pazifistisch gesonnene Frauen in seinen Reihen nicht duldete. Als 1894 durch polizeiliche Anordnungen zahlreiche Arbeiterinnenvereine aufgelöst worden waren, sah der Bund dieser Aktion ruhig zu, ohne irgendwelchen Protest zu erheben.

Unter dem Eindruck der Begleiterscheinungen des Krieges geht Steinmann auf verschiedene Probleme ein, so z.B. auf die kriegsbedingte größer gewordene Selbständigkeit der Frau, die sich jetzt auch dort bewähren mußte, wo früher ausschließlich Männer das Sagen hatten. Doch sie fürchtete, daß der noch geringe Einfluß der Frau in der Öffentlichkeit durch diese neue Selbständigkeit keine bleibende Steigerung erfahren würde. Des weiteren stellte sie die Frage nach der zukünftigen Form des Familienlebens nach dem Krieg, wenn die Männer auf ihre angestammten Rechte pochen würden. Wie sollten sich die Frauen, die das Geschäft des Mannes weitergeführt hatten, die durch »Erwerb selbst den Unterhalt der Familie bestritten haben«[29] nun verhalten? Steinmann plädierte für ein vorsichtiges, rücksichtsvolles Miteinander, in dem es der Frau nicht darauf ankommen dürfe, »eine Fülle der vielseitigsten Gaben und Talente vorzuführen, sondern die vorhandenen zu einer harmonischen Persönlichkeit zusammenzuschließen«.[30] Das heißt, sie vertrat nicht die entschiedene Haltung, die die Frauen bestärkt hätte, das einmal Erreichte nicht wieder aufzugeben, sondern sie setzte auf ein ausgeglichenes, die Frau letztendlich wieder zurücksetzendes, Umfeld: »eine gemeinsame Atmosphäre«, für deren Zustandekommen hauptsächlich die Frau verantwortlich sei.

Weiterhin spricht sie den Mangel an volkswirtschaftlichem und staatsbürgerlichem Verständnis an, den viele den Frauen vorwarfen und zwar hauptsächlich aus dem Grund, weil sie nicht in der Lage seien, »kriegsgemäß zu wirtschaften«. In der Begründung, mit der Steinmann diesen Vorwurf zurückweist, sind ihre, trotz aller fortschrittlichen Bestrebungen, noch fest in der traditionellen und konservativen Weltanschauung verhafteten Denkschemata erkennbar:

> Kann man im Ernst glauben, daß dieselbe Mutter, die mit stiller Tapferkeit ihre Söhne hinausgab in die unerhörten Gefahren und Schrecken eines Krieges von noch nicht dagewesener Furchtbarkeit aus Mangel an Vaterlandsliebe das soviel bescheidenere Stück Heroismus nicht aufbringen könnte, auf gewohnte Kochmethoden und kulinarische Genüsse zu verzichten?[31]

Sie schließt ihre Abhandlung über die neuen Aufgaben der Frau mit der Feststellung, daß deren Dienst an der Familie gleichzeitig »ein Dienst am Vaterland« sei.[32] Die Verantwortung für das Glück der Familie, für ihr Wohlergehen und für die Fortsetzung dieser Institution übertrug sie allein der Frau und bezeichnete die Erfüllung dieser Aufgabe als »erhöhtes staatsbürgerliches Bewußtsein«. Angesichts solcher schon fast reaktionär zu nennenden Auffassungen kann man es Minna Cauer nicht verdenken, daß sie sich – allerdings schon im siebzigsten Lebensjahr – zu Beginn des Jahres 1919 ohne Abschiedsschmerz aus der Frauenbewegung zurückzog: »Ich fühle mich wie erlöst. Schon lange war ich innerlich fertig mit dieser Art Frauenbewegung. Neue Wege müssen gefunden werden, [...] aber wo, wo sind sie?«[33]

Die höchst unterschiedlichen Strömungen innerhalb der Frauenbewegung machen es schwer, eine jeweils einigermaßen gerechte Einschätzung zu treffen. Man sollte aber grundsätzlich bedenken, daß selbst die moderatesten Ansätze bisweilen auf taube Ohren bzw. auf Ablehnung selbst bei den Geschlechtsgenossinnen stießen. Zu groß waren noch die Ressentiments, die den nach Neuerungen trachtenden Frauen von allen Seiten entgegengebracht wurden. Adelheid Steinmann pflegte sie mit ihrer berühmten »badischen Schwertgosch« beiseite zu fegen. Sie, die »nur« im Rahmen des Bildungsbürgertums für neue Ziele Partei ergriffen hatte, war immerhin motiviert genug gewesen, während ihrer Freiburger Zeit 27 Ortsvereine zu gründen, in denen der Gedanke der Mädchen- und Erwachsenenbildung, der Koedukation und der Notwendigkeit sozialer Arbeit weitergetragen wurde.

Nachdem sie am 20. Januar 1925 in Bonn gestorben war, wurden ihre Verdienste in mehreren Nachrufen gewürdigt. Neben ihrer vielfältigen Tätigkeit in den verschiedensten Bereichen wurde auch ihr glückliches Privatleben hervorgehoben. Es habe den »Grundakkord ihres Lebens« gebildet: »das Wirken in einer glücklichen Häuslichkeit, als geistige Gefährtin des Gatten, des bedeutenden Gelehrten, als Mutter des einzigen Sohnes und nach dem frühen Tod der geliebten Schwiegertochter als treusorgende Pflegerin des verwaisten Enkelkindes«.[34]

Anmerkungen

1 Simone de Beauvoir: Das andere Geschlecht. Sitte und Sexus der Frau, Hamburg 1951, S. 69.
2 Ebd.
3 Zit. nach Ingeborg Weber-Kellermann: Frauenleben im 19. Jahrhundert, München [3]1983, S. 37.
4 Preußisches Vereinsgesetz, in: Frauenemanzipation und Sozialdemokratie, hg. von Heinz Niggemann, Frankfurt a. M. 1981, S. 57.
5 Minna Cauer. Leben und Werk, dargestellt an Hand ihrer Tagebücher und nachgelassenen Schriften von Else Lüders, Gotha 1925, S. 49.
6 Ebd., S. 111.
7 Ebd., S. 121.
8 Ebd., S. 137.
9 Ebd., S. 150.
10 Ebd.

11 Vgl. Susanne Asche, Barbara Guttmann, Olivia Hochstrasser, Siegrid Scham-
    bach, Lisa Sterr: Karlsruher Frauen 1715–1945. Eine Stadtgeschichte, Karlsruhe
    1992, S. 203.
12 Ebd.
13 Zit. nach Ernst Theodor Nauck: Das Frauenstudium an der Universität Frei-
    burg, = Beiträge zur Freiburger Wissenschafts- und Universitätsgeschichte,
    3. Heft, Freiburg i. Br. 1953, S. 53.
14 Ebd.
15 Grete Borgmann: Freiburg und die Frauenbewegung, Ettenheim 1973, S. 19.
16 Ebd., S. 21.
17 Agnes von Zahn-Harnack: Die arbeitende Frau, Breslau 1924, S. 70.
18 Ebd., S. 77.
19 Ebd., S. 71 f.
20 Zit. nach Heinz Niggemann, a. a. O., S. 179.
21 Vgl. Jan Merk: Adelheid Steinmann, in: Badische Biographien, NF, hg. von
    Bernd Ottnad, Stuttgart 1996, Bd. 4, S. 286.
22 Adelheid Steinmann: Zwei Frauenurteile über Mann, Frau und Familie, in:
    Die Frau. Monatsschrift für das gesamte Frauenleben unserer Zeit, hg. von
    Helene Lange, 20. Jg., Berlin 1913, S. 155.
23 Ebd. S. 159.
24 Ebd., S. 156 f.
25 Else Ury: Nesthäkchen fliegt aus dem Nest, Düsseldorf 1959, S. 176.
26 Zit. nach Heinz Niggemann, a. a. O., S. 16.
27 Frauenaufgaben im künftigen Deutschland. Jahrbuch des Bundes Deutscher
    Frauenvereine 1918, hg. von Dr. Elisabeth Altmann-Gottheiner, Leipzig/Berlin
    1918.
28 Ebd., S. 41.
29 Ebd., S. 35.
30 Ebd., S. 36.
31 Ebd., S. 39.
32 Ebd., S. 48.
33 Minna Cauer, a. a. O., S. 229.
34 Martha Dönhoff: Adelheid Steinmann †, in: Die Frau. Monatsschrift für das
    gesamte Frauenleben unserer Zeit, hg. von Helene Lange und Gertrud Bäumer,
    Berlin 1925, S. 184.

Namensregister

 REGIONALIA

Peter Kalchthaler
**Kleine Geschichte
der Stadt Freiburg**
225 S., 52 s/w Abb.,
Pb., 15,4 x 22,8 cm
DM 29,80 / sFr 29,80 / öS 218,–
ISBN 3-7930-0797-9

Diese »Kleine Geschichte der Stadt Freiburg« beginnt mit ihrer Gründung in der Zeit der Zähringer (12. Jahrhundert) und endet mit dem Jahr 1996. Sie informiert über die für die Stadt und ihre Bewohner wichtigsten Daten und Ereignisse. Dabei erläutert der Autor auch viele historische Details, die nicht allgemein bekannt sind. Gerade sie aber geben tiefen Einblick in gesellschaftliche Strukturen und politische Machtspiele, die das Bild dieser Stadt im Lauf der Zeit geprägt haben. Diese konkurrenzlos preisgünstige kleine Stadtgeschichte wird illustriert mit 52 Schwarzweiß-Abbildungen. Die chronologische Folge der Stadtgeschichte unterbricht der Autor durch Schilderungen wichtiger Ereignisse und außergewöhnlicher Lebensläufe.

Die Geschichte der Stadt Freiburg auf einen Blick

Erhältlich in Ihrer Buchhandlung

ROMBACH ▼ VERLAG

Bertoldstraße 10, 79098 Freiburg i. Br.
Telefon Verlag 07 61/45 00 - 330